市川理恵　著

正倉院文書と下級官人の実像

同成社　古代史選書　15

まえがき

私が正倉院文書研究をはじめたのは、博士論文を書き終えた後だった。論文は平城京・平安京など「京」の行政機関である「京職」と、そこに本籍をもつ「京戸」の実態を制度史的に解明しようとしたもので、後に『古代日本の京職と京戸』（吉川弘文館、二〇〇九年）として刊行された。しかし書き終えても「もっと実態を知りたい」という思いが残った。そして実態を追究するためには、これまでほとんど扱ったことのない正倉院文書を研究するしかなかった。

本書のなかで最初に手がけたのは、第Ⅱ部第三章の「宝亀年間の布施申請解案の考察」であった。正倉院文書研究をはじめると決めたものの、研究方法も何もわからなかったので、まず何か文書を自分なりに整理してみようと思ったのだった。そして幸運なことに断簡の接続を発見し、また布施支給基準の変遷もあきらかにすることができた。正倉院文書の扱い方が何となくわかった時点で、次に手がけたのが第Ⅰ部第二章「造石山寺所関係文書からみた安都雄足の官司運営」であった。造石山寺所関係文書は正倉院文書のなかでも先行研究が多く、帳簿の読み方や解釈はここから学んだ。また幸い、先行研究で触れていなかったことがらもいくつか発見できたので、論文にすることができた。そして続けて第Ⅰ部第三章「二部大般若経写経事業の財政とその運用」を執筆した。これは造石山寺所関係文書と年代的に連続しており、帳簿の解釈は比較的容易であった。しかしこの財政の帳簿には調整された痕跡があり、財政の「建前」と「実態」とをわけて考える必要があった。

次に財政関係の帳簿が豊富に残る宝亀年間の写経所財政に焦点をあて、第Ⅱ部第二章の「下級官人と月借銭—宝亀年間の一切経写経事業を中心に—」を執筆した。当初は宝亀年間の写経所財政の解明をめざしていたが、私の発見したことは、すべて栄原永遠男氏の論文「奉写一切経所の財政」（『奈良時代写経史研究』塙書房、二〇〇三年、初出、一九七九年）で指摘されていた。そして栄原氏の写経所財政の自立性の喪失や造東大寺司財政への一本化という主張には、批判の余地もなかった。一度は論文作成をあきらめようかとも思ったが、栄原氏が今後の課題として、月借銭の運用と写経所財政との関係をあきらかにする必要があると述べていたことを思い出し、月借銭について調べはじめた。そうするうちに当時は、称徳・道鏡政権から光仁天皇へと政治情勢が大きく変化した時期であり、写経事業も何らかの影響を受けていたのではないかと思うようになった。そこで当時の政治情勢、とくに西大寺・造西大寺司との関係を含めて検討し直した。これがはじめて政治史に踏み込んだ論文となった。その後に執筆したのが、第Ⅱ部第一章の「称徳・道鏡政権の経済政策―神功開宝の発行を中心に―」であった。これは以前から帳簿に記される物価が激しく変動していることが気になっており、この現象を自分なりに解釈したいと思ったのである。現代においてもインフレ時に実施される通貨切り下げ（デノミネーション）が、奈良時代の、しかも称徳・道鏡政権が行っていたとする結論は、私自身、迷うところであった。しかし帳簿に記されたことがらを合理的に解釈すれば、この結論しかないように思う。読者諸賢のご批判を仰ぎたい。最後に執筆したのは、第Ⅰ部第一章「橘奈良麻呂の変と知識経書写」であった。この天平宝字二年の財政関係の帳簿は、解釈が難しく写経所財政の全体像は今でも掴めていない。しかし御願経料を知識経書写に流用していることから、藤原仲麻呂が知識経書写を最も重視していたこと、そしてそこには下級官人掌握という政治的意図があったことを論じた。この論文はさらに深く政治史に踏み込んだものとなった。

本書は従来貴族に虐げられ、生活に困窮していたと考えられていた下級官人を、官司運営を実質的に担い、その財力をもって国家機構のなかで出世しようとする上昇志向の強い人々であったと捉え、さらに彼らの動向が政権運営に大きな影響を与えていたと結論づけている。「斬新」な記述の多い著作となってしまった。皆様のご批判を待ちたい。

目 次

第Ⅱ部　称徳〜光仁朝の下級官人

序章　下級官人と正倉院文書研究

一　問題の所在

古代国家においては位階制度が貫徹していた。この位階は個人に与えられるもので、昇進が可能であったが、これによって官人の官職・給与・衣服の色までが決められていた。中央の官人は、勤務形態により六年か八年（慶雲三年格制では四年か六年）で、昇進の機会が訪れるため、基本的には勤務年数が増えるほど位階は高くなった[1]。しかし貴族は最初から蔭位の制などを活用し、出身した時から高い位階を得ることができた。一方、下級官人は無位から出身する者も多く[2]、彼らが昇進するには時間がかかった。また五位と六位の間にはガラスの天井があり、貴族でなければ五位以上の位階を得ることは困難であった。ここから何十年働いても低い位階に留まっていた下級官人は、貴族に虐げられた憐れな人々と捉えられてきた。そして正倉院文書に一〇〇通近く残存する宝亀年間（七七〇～七八〇）の月借銭解からは、下級官人が布施（＝給与）や家、口分田などを質物として、高利の月借銭の借用と返済をくり返していることが知られ[3]、彼らは実際に生活に困窮する人々であったと考えられた。

しかし一方で天平宝字六年（七六二）の造石山寺所関係文書においては、吉田孝氏[4]によって造石山寺所・石山寺写経所などの別当である安都雄足が、官司運営に便乗して交易活動を行い、また墾田を経営して私富を貯えていたことを指摘した。そして鬼頭清明氏(5)は、正倉院文書にあらわれる三人の下級官人、高屋赤万呂・安都雄足・上馬養について検討し、皇后宮職下の写経所に出仕した高屋赤万呂は、流通経済にまきこまれることも、利用することもなかったとし、安都雄足の場合には天平宝字年間（七五七〜七六四）の造営事業を背景に流通経済と積極的に接し、それを利用した私富をはかりつつ官衙財政の実務を遂行するという展開を示しているとする。ところが上馬養の場合には舞台は暗転し、巨大な造営事業の追究は平城京の経済的基礎の動揺を生み出していたとし、上馬養自身が月借銭を請求しようとしていたことから、彼のような畿内富豪層の一部まで平城京の経済的危機が及びつつあったとした。このように鬼頭氏も宝亀年間に入ると、下級官人は窮乏すると捉えているのであり、現状において下級官人は、古代国家の犠牲者であるかのように論じられている。

しかし前著『古代日本の京職と京戸』では京貫記事を考察し(6)、諸国に本籍をもっていた下級官人たちが、八世紀末から京に本籍を遷したこと、そしてこれは彼らが自らの意思で中央政府に申請したものであり、政府は彼らへの恩典として許可していたことをあきらかにした。すなわちこのころ下級官人は出身地と疎遠になり、古来からの職掌や本拠地から離脱し、中央官人として再出発することを強く望んでいたと考えた。もしそうであるならば八世紀の下級官人は、官司機構のなかにあって力強く生き抜いていたはずである。

この問題をあきらかにするため本書では、正倉院文書を再検討し、八世紀における下級官人の活動を明確にしたい。そして古代国家にとって下級官人がどのような存在であったのか突き止めたい。

二　本書の構成

序章　下級官人と正倉院文書研究（新稿）
第Ⅰ部　藤原仲麻呂と安都雄足
第一章　橘奈良麻呂の変と知識経書写（新稿）
橘奈良麻呂の変の翌年の天平宝字二年（七五八）において、藤原仲麻呂は官人・僧侶を対象に自弁で奉仕的に写経する知識経書写を企画した。本章では、知識経書写の実態をあきらかにするとともに、この知識経書写こそが、仲麻呂が最も力を入れた写経事業であり、その目的は下級官人の掌握にあったことを論じた。
第二章　造石山寺所関係文書からみた安都雄足の官司運営（『東京大学史料編纂所研究紀要』二四、二〇一四年）
本章では、石山寺造営事業における安都雄足の具体的な官司運営をあきらかにし、彼が造石山寺所の別当として人事・財政、そして業務遂行の権限をもつとともに、所の新置と停廃をも主導していたことを論じた。古代国家の官司機構が、下級官人によって運営されていた実態をあきらかにした。
第三章　二部大般若経写経事業の財政とその運用（『ヒストリア』二二六、二〇一一年）
藤原仲麻呂政権下に行われた二部大般若経写経事業（天平宝字六〜七年、七六二〜六三）の帳簿を分析したもの。この写経事業においては、未曾有の米価高騰などにより、その財政運用が失敗していたことを論証し、このことで安都雄足が失脚したため、仲麻呂政権は大きな打撃を受けたと考えた。
第Ⅱ部　称徳〜光仁朝の下級官人

第一章　称徳・道鏡政権の経済政策―神功開宝の発行を中心に―（新稿）

本章では天平宝字元年（七五七）から宝亀二年（七七一）までの物価動向を調査し、称徳・道鏡政権が優れた経済政策により、物価高騰の収拾に成功したことを論証した。藤原仲麻呂政権の崩壊や称徳・道鏡政権の成立に、下級官人が大きく関わっていたことを主張した。

第二章　下級官人と月借銭―宝亀年間の一切経写経事業を中心に―（『史学雑誌』一二二―六、二〇一三年）

正倉院文書には下級官人が、高利の月借銭を借りていることを示す月借銭解が一〇〇通近く存在し、ここから下級官人は生活に困窮していたと解釈されてきた。本章では、写経所が月借銭を運用した背景や下級官人の私的な経済活動の実態を調査し、下級官人が私財を蓄える富裕な人々で、その財力をもって古代国家の官司機構のなかで出世しようとする意欲的な人々であったことを論じた。

第三章　宝亀年間の布施申請解案の考察（『正倉院文書研究』一二、二〇一一年）

本章では正倉院文書に現存する二十数点の宝亀年間の布施申請解案（写経生への給料支払の申請書）を分析した。それぞれの文書の年代や接続関係を解明し、宝亀年間における布施の支給基準の変遷をあきらかにするとともに、布施支給の実態を論じた。そして下級官人が布施収入に頼る貧しい人々であるとするこれまでの見解を否定し、彼らはむしろ富裕な人々で国家からの給与に依存していなかった可能性を指摘した。

終章　正倉院文書と奈良時代政治史（新稿）

注

（1）　野村忠夫『律令官人制の研究』（吉川弘文館、一九六七年）、『官人制論』（雄山閣出版、一九七五年）。

（2）中村順昭「律令制下における農民の官人化」（『律令官人制と地域社会』吉川弘文館、二〇〇八年、初出、一九八四年）。
（3）栄原永遠男「平城京住民の生活誌」（岸俊男編『日本の古代9　都城の生態』中央公論社、一九八七年）。
（4）吉田孝「律令時代の交易」（『律令国家と古代の社会』岩波書店、一九八三年、初出、一九六五年）。
（5）鬼頭清明「上馬養の半生」（『日本古代都市論序説』法政大学出版会、一九七七年）。
（6）拙著『古代日本の京職と京戸』第二部第二章（吉川弘文館、二〇〇九年）。

第Ⅰ部　藤原仲麻呂と安都雄足

第一章　橘奈良麻呂の変と知識経書写

はじめに

天平宝字二年（七五八）は前年の橘奈良麻呂の変の鎮圧により、敵対勢力を一掃した藤原仲麻呂がその勢力を大きく拡張した年であり、八月に淳仁天皇の即位を実現させ、自身も紫微内相から大保（右大臣）に遷り、太政官を舞台に独裁政治を展開した。そしてこの年には、六月十六日に金剛般若経千巻（以下、千巻経と呼ぶ）、七月四日に千手千眼経千巻・新羂索経十部二百八十巻・薬師経百二十巻（以下、千四百巻経と呼ぶ）、八月十六日に金剛般若経千二百巻（以下、千二百巻経と呼ぶ）の紫微内相宣が出された。これら三六〇〇巻に及ぶ大がかりな御願経書写は、仲麻呂の肝いりの写経事業であった。その一方でこれとは別に、国家写経でありながら官人各自が紙筆墨など自弁で奉仕的に写経する知識経書写が行われていた。この知識経書写は、大般若経六百巻を一人一巻ずつ書写するものであり、各官司にまたがって合計六〇〇人に割り当てられた。(1)

御願経書写（千巻経・千四百巻経・千二百巻経書写）においては、山本幸男氏(2)によって、その書写期間や進捗状況、写経生の構成や財政などの詳細があきらかにされているが、知識経はその書写時期すらはっきりしない。また山本氏(3)

は、知識経書写は仲麻呂政権が人心の掌握と統制をはかるために命令したとし、宮﨑健司氏[4]は、御願経が仲麻呂政権におけるブレーン的僧侶である慈訓が建議者であったのに対し、知識経は光明皇太后に信任されたが仲麻呂政権には距離をもっていた慶俊が建議者であり、両写経事業は対抗関係をもって実施されていたとする。

本章では、天平宝字二年における知識経書写の実態をあきらかにするとともに、この知識経書写こそが、仲麻呂が最も力を入れた写経事業であり、政治的思惑が絡んでいたことを論証する。

一　天平宝字二年の知識経書写

知識経が官司ごとに一人一巻ずつ割り当てられていたことは、次の史料にあきらかである。

〔史料1〕造東大寺司解（『大日本古文書』[5]四ノ三九七～三九八、二九三～二九六）

次官従五位下[a]高麗朝臣大山　*「九十一」[6]　二百五十文
判官外従五位下河内画師祖足　*「九十二」　二百九十文
　外従五位下上毛野君真人　*「九十三」　*「紙二十」
　正六位下下日佐若麻呂　*「九十四」　三百文
主典正六位上葛井連根道　*「九十五」　三百文
　従六位上美努連奥麻呂　*「九十六」　三百文
（中略）
大初位上土師宿祢男成　*「百十」　自写

大初位上賀陽朝臣田主　*「百十一」私奉写
番上少初位上(b)今来人成　*「百十二」私外奉写
無位高乙虫　*「百十三」三百文 十二月二日進
造仏司主典従六位下(c)志斐連麻呂　*「百十四」私外奉写
木工寮長上正六位上猪名部百世　*「百十五」二百五十文 「紙二十」
左大舎人正七位上建部広足　*「百十六」自写
従七位下(d)能登臣忍人　*「百十七」二百五十 紙二十　自写
正八位下玉手朝臣道足　*「百十八」二百九十 二十九日
従八位上(e)能登臣男人　*「百十九」自写

（中略）

従八位下(f)上村主馬養　*「百二十八」紙二十 銭一百三十文二十八日

（中略）

大初位下(g)阿閇臣乙麻呂　*「百三十一」「紙二十張」 二百五十文

（中略）

未選息長(h)丹生真人常人　*「百三十五」二百九十文

（中略）

筑紫虫麻呂　*「百三十七」三十日進 二百九十文

以前、応レ参二入奉写大般若経之例一人等歴名、申挙如レ前、謹解、

天平宝字二年(i)八月二十八日主典従六位上阿刀連酒主

長官正四位上兼行左勇士衛督左右馬監播磨守坂上伊美吉使

次官従五位下高麗朝臣大山

判官外従五位下河内画師使

判官外従五位下上毛野君真人

判官正六位下日佐若万呂

主典正六位上葛井連使

主典従六位上美努連暇

主典正八位上安都宿祢仮

「(j)*十月五日以前出銭九貫二百四十文 之中加入実名史生二百五十 美努大史三百文」

「*可残迄」

(k)界法　段界高八寸　広八分　都高九寸五分

紙軸褾帯各随所堪

「*武部少安都佐官一巻　三百三十八　送布一端」

ここでは造東大寺司次官以下の官人、大舎人・舎人・散位、留省・未選ら合計四六人の知識大般若経書写に参加すべき官人名を列挙した報告書である。官人名の下には朱で「九十一」から「百三十七」の数字をうたれ、これは大般若経の担当巻数を示す。またその下に「自写」「私奉写」「私外奉写」が記載されており、「私外奉写」については左記の史料がある。

〔史料2〕造仏司牒（十四ノ一七一）

造仏司

奉請大般若経二巻　第一百十四之巻 第一百十二之巻

右、為レ用二本経一、件経三四日間、奉請如レ件、

天平宝字二年九月二十一日未時

主典志斐連麻呂

謹牒　写経司務所

「判主典安都宿祢」　使竹田真弓

この第百十二巻と第百十四巻は、〔史料1〕によれば、「私外奉写」の(b)今来人成と(c)志斐麻呂の担当分である。そして志斐麻呂が造仏司主典であり、造仏司が写経所に経典の借用を求めていることから、造仏司で書写する予定であったと思われる。つまり「私外奉写」は写経所の外で奉写することを意味する。そして「自写」「私奉写」は本人が写経することを示していると思われる。

このように造東大寺司では、自写・私奉写・私外奉写を除く三八人が写経所に書写を依頼していた。その場合の写経料は銭三〇〇文か、銭二五〇文・紙二〇張のいずれかで支払うことになっていた。そして他の官司からも、写経所に書写依頼が来ていた。

〔史料3〕坤宮下官葛木戸主状（十四ノ六二）

応三今奉二写大般若一十四巻一

右件経、今欲二奉写一、不レ蒙二恩沢一不レ能也。何者経師清好、皆在二寺家一、是以所レ望如レ之、儻垂二恩沢一、幸々甚々、子細之事、即在二使口一、不レ具、謹状、

*「送料銭三貫六百四十八文」

九月十四日坤宮下官葛木戸主

謹上　　阿刀曹官尊者左右

*「且充布施九百十文　所レ残二貫七百三十八文」

生江五百守十月一日充布施銭百三十文(7)

ここから九月十四日に葛木戸主が、写経所に大般若経一四巻の写経依頼を出していることが知られる。このほか坤官（坤宮官）安宿弟見（四ノ二九七）、左虎賁衛（左兵衛府）為奈豊人（二十五ノ二三五）、武部（兵部省）安都佐官（四ノ二九六）、左大史美努智万呂（二十五ノ二四二）などの写経依頼があり、外部からの依頼はあわせて七〇巻あまりあった(8)。

そして具体的な書写期間については、次の史料がある。

〔史料4〕食口帳（十六ノ五～九）

九月三日(a)下大炊食口下

合食口二十人　　装潢三人二升　校生四人一升六合　　案主三人一升六合　舎人十人一升二合　　用米二斗九升二合

四日食口合十五人　　経師二人別二升　一人(b)美乃命婦一人題師　装潢四人別二升　　案主三人別一升六合　舎人六人別一升二合　　用米二斗四升

五日食口合十五人　　経師一人二升　美乃命　装潢四人別二升　　案主三人別一升六合　舎人七人　四人別一升二合　三人別一升(c)義部省　　用二斗二升六合

六日食口十七人　　経師一人別二升　美乃命　装潢四人別二升　　案主四人別一升六合　舎人八人　五人別一升二合　三人別一升義部省人　　用二斗五升四合

又経師五人別一升六合義部省　　用米八升

（中略）

自月五日迄十日用米九斗二升六合見米一俵　于十八日一石五斗一升四
(d)一石報納了十二日

十一日食口合二十八(9)□(人)案主二人別一升六合　美乃命婦一斗六升　報納一百文
経師十四人二人別二升　一人題師省　一人美乃命婦　十二人省人別一升六合　報納二百三文
(e)弁官二斗六升八合単十七人

装潢三人別二升　舎人六人別一升二合　仕丁三人別一升省

更請飯一石　用米八斗二升六合

（中略）

十八日食口合十五人　案主二人別一升六合　経師四人別一升六合三人義部省　一人弁官
装潢二人別二升　舎人五人別一升二合　仕丁二人別一升
用米二斗一升六合

惣用米五石一升六合(f)見下米四石未下米一石一升六合乗米二斗四升　十月二日大炊下米一石付広嶋

十月三日司食口二人別二升　並画師大般若軸

（略）

これは九月三日から十八日までと十月三日の、日別の食口用米およびその内訳を主に経師・装潢・案主・舎人・仕丁ごとに記録した帳簿である。この帳簿は日ごとに記載され、さらに経師・舎人・仕丁別の食口数をさらに(c)義部（刑部）省・(b)美乃命婦・(e)弁官別に注記している。これは山本氏の主張するように、美乃命婦・義部省・弁官の依頼をうけた、もしくはその関係の人々が写経所において知識経書写を行っていたと考えられる。すなわち写経所においては、九月四日から十八日までの間、知識経書写が行われていたのである。そして先の造東大寺司関係の知識経書写については、〔史料2〕によれば九月二十一日に三～四日の借用を申請しているので、志斐麻呂と今来人成は九月二十一日から二十五日くらいに書写したと考えられる。その他は不明であるが、御願経料以外の支出を書き留めた帳簿である東大寺写経所間銭下帳（十四ノ二〇一～二〇四、十五ノ四五二～四五三）の十一月九日条に千二百巻経と知識経に従事した経師らの布施銭が支出されているので（十四ノ二〇三）、山本氏(10)は書写と校正も千二百巻経の経師と校生が担当したものとし、千二百巻経書写と同時期に知識経も書写されたと考えている。

二　御願経書写と知識経書写

1　写経事業の概要

知識経の実態を探るために、まず天平宝字二年に行われた写経事業について考えたい。写経事業の概要は、山本幸男氏(11)によっておおよそあきらかにされている。すなわち千巻経の書写は六月十六日に宣が出て、二十二日には写紙が充当され、八月十六～十七日に書写が終了した。千四百巻経は七月四日に宣が出て、その二日後に予算書が作成されるが、これには訂正がみられ、紙一張あたりの行数を二～三行増やして、書写日数を短縮している。七月五日から千巻経を書写していた経師のうち二〇人が選ばれ、千手千眼経二十巻の書写が開始され、八日に完成する。残りの一三八〇巻は八日から書写し、十一日には予定の経師がほぼ参集し、二十七日以降は千巻経の経師も合流して、八月三十日にはほぼ完了した。その結果、千四百巻経は、五五日間という短期間で書写が終了した。このように千巻経と千四百巻経は書写期間が重複しており、布施は九月十一～十二日にまとめて支給されている。

一方、千二百巻経は八月十六日に宣が出されるが、書写が開始されたのは九月十九日であり、十一月七日に校正が終了し、九日に布施が支給される。知識経は山本氏によれば、八月十八日ごろに宣が出て、九月四日から十八日に写経所において、「義部省」「美乃命婦」「弁官」の知識経が書写されたことがあきらかにされている。そして〔史料1〕の造東大寺司の分は千二百巻経と同じく、九月十九日以降に書写がはじまり、十一月九日に布施が支給されたとする。このように千二百巻経は八月十六日に宣が出たものの、義部省などの知識経書写が終了した後、九月十九日から書写が開始されたのであり、書写開始に向けての動きが遅い。

2　千巻経・千四百巻経の帳簿と財政

千巻経と千四百巻経の帳簿をみてみると、ほぼ同時期に書写されているにもかかわらず、銭用帳や雑物納帳・筆墨充帳・書上帳・装潢紙上帳・校帳などが別個に作られている。[12] たとえば銭用帳においては、七月二十一日には千巻経では筆・墨・茶の代金、五五〇文を支出しているが（十三ノ三七一）、同じ日、千四百巻経では、索餅の四九〇文の支出を記しており（十三ノ三六九）、両者は峻別されている。そして千四百巻経銭用帳の七月五〜八日、十日・十四日条には、「金剛般若経料用替」として筆・墨の代金、合計二貫八一〇文が計上されているように（十三ノ三六四〜三六八）、千巻経への流用は必ず帳簿に記しているのである。

しかし一方、写千巻経所食物用帳は、千巻経・千四百巻経で兼用されている。すなわち冒頭に「写千巻経所食物用帳」とあり、一見千巻経の帳簿にみえるが、山本氏[13]が指摘するように千四百巻経書写がはじまる七月八日から米の供給量が増加し、八月二十八日までその水準が維持されている。ここから写経料物が相互に融通されていたと考えている。また東大寺写経所食口帳（十三ノ三三七〜三五二）は、題籤軸に「月々用帳」とあり、六月三十日付、七月三十日付、八月三十日付の写経所食口が貼り継がれている。月ごとに経師・装潢などの人数、銭や米、副食物の用途や支出量を記しているが、ここでは千巻経や千四百巻経の区分はされていない。

また銭を下充した紫微中台も両写経事業を区別していなかったと思われる。千巻経の写千巻経所銭并衣紙等下充帳は、六月二十一日から八月十九日にかけての銭・浄衣・紙・軸などの支給を記録する帳簿である。現状では七月二十六日の後は八月十五日になっており（十三ノ二七三・二八三）、この間が欠損していることはあきらかである。したがって銭の支出は、一八貫一四九文以上になる。しかし千巻経の財源は、天平宝字二年六月十九日付の造東大寺司牒において、紫微中台宛に兎毛筆・墨・生菜・薪などの直として一八貫九二文が請求されているが（十三ノ二四一）、このうち収納が確認できるのは八貫九二文である（十三ノ二四四）。一方で千四百巻経は、七月五日から九月八日の銭・紙・浄衣・筆・軸・綺の支給を記す千手千眼并新羂索薬師経料銭并衣紙等下充帳（十三ノ三六四〜三七一、二六七〜二八三）で、合計五七貫二六文の銭の支出がある。しかしこのうちところどころに「金剛般若料」名目の筆・墨・凡紙の支出、すなわち千巻経用の支出がみられ、これらは合計二貫八三八文にのぼる。また千四百巻経は、予算書である天平宝字二年七月六日付造東大寺司解案（十三ノ三七三〜三八〇）が残存している。事書に「造東大寺司解　申請奉写経用度事」とあり、紙・筆・墨・綺・軸・黄蘗・橡・銭・浄衣・菲・木沓の用度、写経従事者の単功数と、これに必要な米などの食料雑物が見積もられ、ここでの銭の請求は三四貫七六一文である。そして収納が確認できる銭は七六貫三二五文である(14)。このように千四百巻経では請求の倍以上の銭が下充されていること、千巻経では請求よりも一〇貫少なく下充されていることを考えると、これらの銭は千四百巻だけではなく、千巻経も含めて写経所に下充したと思われる。すなわち紫微中台は、千巻経・千四百巻経を区別することなく、「写経所」宛に物資を下充していたのである。

そして布施も千巻経と千四百巻経とがまとめて支給されていた。東寺写経所解案（四ノ三〇一～三一一）では千巻経と千四百巻経の布施が一緒に請求され、これらの配当記録が東寺写経所解案（十四ノ二九～四五）に、さらにその草案が東寺写経所解案（十四ノ二八～二九）に残っている。

このように千巻経と千四百巻経の主な帳簿は別々に作成されていたものの、その財政は、混合されていたと思われる。

3　千二百巻経と知識経の帳簿と財政

千二百巻経の帳簿は、書写がはじまった九月十九日ごろ、すなわち九月中旬に作成されている。[15] しかし後金剛般若経料銭下充帳（十四ノ一～一四）は、九月一日から記載されており、その九月十五日条に「一千二百巻料物用始」と書き込まれており、この時以降の支出が千二百巻経料であることがわかる。そしてこれ以前の薪や雑菜、薬などの支出は、〔史料4〕の九月四日から十八日に写経所で書写された義部省・美乃命婦・弁官分の知識経のものであったと考えられる。さらに同帳簿には十月四日条にも四文の「加知識料」があり（十四ノ八）、知識経の支出がみられる。

そして先に第一節で述べたように御願経以外の銭を記す東大寺写経所間銭下帳があり、これは三つの断簡からなり、十月二十日から十二月二十一日までの主に知識経に関する支出が記される。この知識銭は書写を依頼した官人・僧侶から徴収したものであり、中央政府から下充される御願経料とは別個の財源である。したがって両者は峻別されるべきであるが、間銭下帳においても十月二十二日条に二五〇文の「奉写金剛般若経師等筆直料」、同月二十六日条に一二五文の「金剛般若写料筆直料」、十一月九日条に六貫一六四文の「奉写金剛般若経経師等布施料」など（十四ノ二〇二～二〇三）、千二百巻経に関する支出がみられる。

千二百巻経の布施は、東寺写経所解案（十四ノ二二六〜二三四）において十一月三日に布施布四三八端一丈二尺が請求されている。たとえば山田浄人の布施「十端二丈一尺」の端数「二丈一尺」は銭一三六文に換算されているように（十四ノ二二七）、調布の端数は銭に換算して支給された。この端数分の銭の合計が、間銭下帳十一月九日条の「奉写金剛般若経経師等布施料」六貫一六四文が該当すると思われる（十四ノ二〇三）。一方、知識経の布施は全額を銭で支給しており、経師一巻分の書写料は一三〇文であった[16]。そして山本氏が指摘するように、十一月九日に千二百巻経布施料の端数分の銭と知識経の布施料が同時に支出されており、ここから両写経事業の布施が同時に支払われたと考えられる。

このように財源が異なる千二百巻経と知識経は、本来なら帳簿も財政も区別するべきであるが、一部において帳簿の兼用と財政の混合がみられた。また布施は千二百巻経料の布が単独で請求され、端数分の銭は写経所の間銭から知識経料と同時に支出された。

三　写経所財政の特色

1　御願経料と紫微中台

天平宝字二年の御願経料は紫微中台との関係の深さが注目される[17]。天平宝字二年の帳簿には、はっきりと「紫微中台」や「嶋院」からの物資の下充が記されている。千手千眼并新羂索薬師経料自宮来雑物継文（四ノ二七四）は、千四百巻経書写を命じる内相宣を奉じた紫微中台少疏池原粟守の天平宝字二年七月四日付の文書と、題籤に「千手千眼并新羂索薬師経料」（表）、「自宮来雑物継文」（裏）と記す往来軸からなる[18]。ここから紫微中台から料紙が支給されていることが知られるが、題籤には「自宮来雑物」、すなわち「宮」から来たものとされている。さらにこの料紙六五〇〇張は、千手千眼并新羂索薬師経料銭并衣紙等納帳の七月六日条に「自内裏請来」とあり、この「内裏」の右に「嶋院」と書き込まれていることから、嶋院から送られたことがわかる（四ノ二七九）。そして千二百巻経の十月の写経所食口案では、「銭・米・塩・醤・酢・大豆・小麦」が「已上自宮請来」とあり（十四ノ十四〜十八、二一七）、宮から米四九斛五斗（十四ノ一六）、塩一斛三斗七升（十四ノ一七）が下充されたと記すが、後金剛般若経経師等食米并雑物納帳（十四ノ五五〜六〇）によれば、このうち米一〇斛・塩六斗は坤宮官（紫微中台）からきたものである（十四ノ五九）。

このように御願経は多くの物資を、宮、紫微中台、嶋院から下充されている。この宮と紫微中台、そして嶋院はいずれも光明皇太后に関する施設であり、一体のものであったと考えられる。つまり九月十五日付安都雄足牒に「所レ請雑物、差二舎人等一、進二出高丘佐官許一、催令レ受、今具レ状、以牒」とあるように（十四ノ六四）、上馬養に対し紫微中台少疏の高丘比良麻呂のもとに舎人を遣わし、これからはじまる千二百巻経の雑物を受け取るように指示している。つまり光明皇太后の財産は複数の場所に分置されており、それを統括していたのが紫微中台だったのである。

先の千四百巻経の予算書には「造東大寺司解」とあり（造東大寺司解案、十三ノ三七三〜三八〇）、千巻経の銭を請求する牒には、「造東大寺司牒紫微中台」とあることから（造東大寺司牒案、十三ノ二四一）、造東大寺司が太政官に請求した物資は、仲麻呂が主導する太政官において、紫微中台から銭が供給されることが決定されたと思われる。そして御願経料のかなりの部分が光明皇太后の関係官司から供給されたことからも、御願経写経事業は紫微内相であった藤原仲麻呂の肝いりの写経事業であったことがうかがえる。

さらに写経所の残物の返却方法も興味深い。すなわち東寺写経所解案（十四ノ二四七〜二四八）には、十一月二十日をもって、銭三貫七二〇文・米一三斛五斗・小豆五斗・小麦五斗・海藻五〇斤を嶋院に返上するとある。銭三貫七二〇文の内訳は、間銭下帳十一月二十日条に「二千文人々大般若料　一千文別当　六百文先残　一百二十文内侍等銭」とある（十四ノ二〇四）。これらの受取状に相当するのが、舎人大網広□勘受物送文（十四ノ二五九）である。

このようにまず十一月二十日に残物が嶋院に返上されたが、写経所解案（十四ノ二六六）には、十一月二十五日に造東大寺司に銭三貫四三〇文・米三斛・小豆五斗の進入を伝えており、その受取状が秦馬養収納米検納文（十四ノ二六五～二六六）で、十一月二十五日に経所から来た米三斛を検納したこと、小豆五斗の方は厨に下し大伴万呂が請けたことを伝える。そして経所雑物見注文（十四ノ二七五～二七六）において、十二月二十五日に写経所に残ったものが記されており、具体的には銭四九五文は儲として写経所に置くこと、その他、綺・布浄衣・刀子・黒柿・布綱・鎖子・図書寮櫃などを曹司に置いたり、あるいは本所や嶋院に返上している。

天平宝字六年においては、造石山寺所や石山寺写経所の残物は、基本的に造東大寺司に返却されているのに対し[19]、天平宝字二年の写経所では嶋院と造東大寺司に返却されているのであり、ここからも当時の写経所が紫微中台、すなわち仲麻呂の強い影響下に置かれていることがうかがえるのである。

2　十月五日時点の写経所財政

さて写経所の財政は、通常は中央政府から下充される写経料で成り立っている。しかし天平宝字二年には官人・僧侶から徴収した知識銭も写経所に蓄積されていた。その様子を具体的に示しているのは、次の十月五日時点の史料である。十月五日は、案主佐伯里足が淳仁天皇の大嘗祭準備の為に写経所を退出した日にあたり[20]、ここで一旦、決算が行われたらしい。この〔史料5〕は年次の記載がないが、十月五日付の奉写先後経料交替注文案（十四ノ一八七～一八八）と「葛木大夫所大般若布施料」「官人并舎人等他司人大般若奉写布施料」の金額が一致し、「一千二百巻経奉写経師等生菜并筆直料」の八貫五六〇文のうち八六〇文が「可納厨」、「定」が七貫七〇〇文となっていることが共通しているので、十月五日の史料であることが判明する。

〔史料5〕大般若布施銭并先経遺銭等注文案（十四ノ二四二〜二四三）

合銭十九貫八百九十四文
二貫六百一文葛木大夫所大般若布施料
四貫一百九十五文（↑三貫九百三十六文）(21) 官人并舎人等他司人大般若奉写布施料
八貫五百六十文一千二百巻経奉写経師等生菜并筆直料
(a) 八百六十文可納厨　一百文借用大原国持　定七貫七百文
八貫四百五十四文先経奉写経料遺
(b) 一貫五百文借用義部省　(c) 五百六十四文別当所
二百六十文借用佐伯里足　一千二文欠八百文建部広足時 二百二文佐伯里足時
見定五貫一百二十八文
(d) 三百七十文人々借用経料食物代
（下略）

知識経書写を割り当てられていた造東大寺司は、その官人たちに対し、写経料として銭三〇〇文か、銭二五〇文・紙二〇張のいずれかを徴収した。〔史料1〕の(j)に「十月五日以前出銭九貫二百四十文」とあるように、この知識銭は十月五日以前に九貫二四〇文に上り、写経所ではこれらを「官人并舎人等他司人大般若奉写布施料」（以下、「司并人々大般若経料」と呼ぶ）として区分していたのである。そしてこの史料によれば十月五日付の報告で、四貫一九五文に減ったことになっている。

　すでに書写が終了した千巻経・千四百巻経の残銭は、先経奉写経料（以下、先経料と呼ぶ）として把握され[22]、八貫四五四文のうち、(b)一貫五〇〇文が義部省、(c)五六四文が別当の、二六〇文が佐伯里足の借用で、一〇〇二文が欠とされ、残りは五貫一二八文とされる。

　千二百巻経料は九月十五日に五貫四二〇文（十四ノ五五）、九月十九日に一四貫四八〇文（十四ノ五六）の合計一九貫九〇〇文の下充が確認でき、先後経料銭用注文（十四ノ三一八）には、先経料八貫四五四文に対して、後経料一九貫九〇〇文と記されている。しかしこの十月五日の報告では、すでに残金が八貫五六〇文とされている。そして「可納厨」の八六〇文が引かれて、定七貫七〇〇文とされるが、一方の大原国持の一〇〇文の借用は引かれていない。

3　十一月七日時点の写経所財政

十月五日の決算のほか、千二百巻経の書写が終了した十一月七日にも決算が行われたようである。

〔史料6〕大般若経并先後経料銭用帳（十四ノ二三五～二三八）

司并人々大般若経料銭事

合銭五貫一百十五文　四貫一百九十五自先所定　(a)二百五十文次官之　二百九十丹生常□
　　　　　　　　　　二百五十文阿閇乙万呂之　一百三十文上馬養之

　用三貫二十文

　　一貫七百三十文浄衣料絁并細布等直

　　六百五十文近江絁一匹直

一貫八十文上総細布三端直 端別三百六十文

三百八十五文兎毛筆并墨直

三百六十文兎毛筆十八管 管別二十文

二十五文墨一廷直

五百三文装潢料　　造紙七百八十二張料

四百二文校生料　　校紙一千五百六十四張料

(b)残二貫九十五文 二貫下送嶋院料

以前、奉写大般若経四十巻料銭、用并所残如件、

二年十一月七日上馬養

奉写先経料銭事

合銭五貫一百二十八文（↑五貫三百二十八文） 五貫一百二十八文自先所定
(c)二〇〇文自厨来所

用銭四貫二百八十三文（↑四貫四百六十八文）

三貫七百六十八文借用秦稲持

五百文用奉写後金剛般若経々師等浄衣料布二端直 端別二百五十文

＊「十五文自宮運布施料布雇車賃料」

(d)二百文自厨来即用布乃利一石直 斗別二十文

二百四十五文雑用　六十文芋二斗直　四十五文栗子一斗直　二十文春芥子十一升直
六十文布乃利二斗直　二十四文菁七束直　三十六文大根十二把直

(e)残六百文（↑八百六十文）

以前、奉写千手并羂索経等料、用并所残如件

二年十一月七日上馬養

奉写後金剛般若経料銭事

合銭八貫五百六十文

用七貫九百文　七貫七百文自先所定
(f)二百文自厨所来

ここには写経所の財政を「司并人々大般若経料銭事」「奉写先経料銭事」「奉写後金剛般若経料銭事」に区分している。「司并人々大般若経料銭事」の(a)「二百五十文次官之　二百九十丹生常□　二百五十文阿閇乙万呂之　一百三十文上馬養之」は、〔史料1〕の(a)次官高麗大山二五〇文、(h)丹生常人二九〇文、(g)阿閇乙万呂二五〇文、(f)上馬養一三〇文が、知識経に参入する官人の歴名に記載されている金額に一致する。すなわちこれらはすべて知識銭であり、〔史料5〕の十月五日時点で、四貫一九五文であった「司并人々大般若経料」が九二〇文増えたことが知られる。そして「六百五十文近江絁一匹直」や「一貫八十文上総細布三端直」の支出は、間銭下帳の十月二十日条にみえ（十四ノ二〇一）、「五百三文装潢料」の支出は十月二十八日条の四八文と十一月三日条の四五五文を足したもので、「四百二文校生料」の支出は十一月三日条に一致する（十四ノ二〇二）。いずれも知識経の支出である。そして残金二貫九十五文のうちの二貫が嶋院に送られている。

一方〔史料5〕十月五日時点で残金七貫七〇〇文とされていた千二百巻経料は、さらに〔史料6〕十一月七日時点で(f)厨から来た二〇〇文を加えて、用七貫九〇〇文とされている。そしてなぜかまた八貫五六〇文から記載している。後欠なので支出の内容を知ることはできないが、ここから七貫九〇〇文を引くと残り六六〇文となる。さらにこの厨からの二〇〇文は、(c)と同じで(d)により、布乃利一石の直（斗別二〇文）とあることがわかる。当初は先経料の項に

記されていたが、なぜか抹消され、千二百巻経料の項目に付け加えられた。そして十一月七日以降の千二百巻経料の動向は、間銭下帳の十一月九日条において、金剛般若経布施料として六貫一六四文、同月十五日条にも同じく布施料として一〇〇文が支出されていることが知られる（十四ノ二〇三）。しかし同帳の十一月二十日条の嶋院に返上する銭の内訳には後経料はなく（十四ノ二〇四）、またこれ以降の文書にも記述はない。

4　写経所財政の実態

さきに残物が上級官司である造東大寺司だけではなく、嶋院にも返上されていることを指摘したが、その内訳が注目される。嶋院に返上した銭三貫七二〇文の内訳は、前掲の間銭下帳十一月二十日条に「二千文人々大般若料　一千文別当　六百文先残　一百二十文内侍等銭」とあり（十四ノ二〇四）、このうち先残の六〇〇文が〔史料6〕(e)にあたる。すなわち先経料のうち三貫七六八文の秦稲持の借用、五〇〇文の千二百巻経の経師等の浄衣料布直が支出され、さらに一五文の雇車料、二四五文の雑用が支出されたのである。しかしこの文書は書き換えられており、当初は残銭を八六〇文としており、その支出は三貫七六八文の秦稲持借用、五〇〇文の布直、そして二〇〇文の厨借用の合計四貫四六八文である。すなわち二〇〇文の厨借用が抹消され、一五文の雇車料、二四五文の雑用が加えられた。ちなみにこの雑用は後金剛般若経料銭下充帳の十一月某日条の記述と同一である（十四ノ一四）。帳簿では千二百巻経料から支出されていることになっているにもかかわらず、最終の公式報告では、先経料から支出されたことになっているのである。また先経料残銭は、千二百巻経の布直に使われているが、これも本来なら千二百巻経料から支出されるべきである。

さらに司并人々大般若経料は、十一月七日の報告をもとに、〔史料6〕(b)でその端数を除く二貫が最終的に嶋院に返上されている。しかし間銭下帳の十一月九日条には、この知識経を書写した経師の布施料七二七文が支払われている（十四ノ二〇三）。つまりあくまでも十一月七日時点での支出を記しているのであり、その後に支払われた経師の布施料は反映されていないのである。さらにこの財源は、官人たちから集めた知識銭であり、光明皇太后の関係機関から下充されたものでない。それにもかかわらず、なぜか嶋院に返上されているのである。[23]以上のように写経所の残物は十一月七日の報告にもとづいて、司并人々大般若経料や先経料から嶋院に返上されたものの、その根拠はきわめて曖昧である。

このように写経所の財政が、司并人々大般若経料（知識経料）・先経料（千巻・千四百巻経料）・後経料（千二百巻経料）に区分され、十月五日から十一月七日にいたる経過をみることができるが、天平宝字二年の帳簿の記載は不正確であり、ここから写経所財政の実態を追究するのは困難である。

5　安都雄足の財政運用

吉田孝氏[24]があきらかにしたように、天平宝字六年において安都雄足は石山寺写経所の別当として、写経所に下充された米を春に売却し、秋の収穫期に購入するという方法で写経所の財源を増やしていた。また造石山寺所の別当として、高嶋山にて廉価で購入した材木を泉津まで運搬して高値で売却するという方法で東塔所造営の費用を賄うとともに、自身の材木も一緒に売買することで私財をも増殖していた。このように安都雄足は巧みな財政運用によって写経所の財政や自身の私財を増やしていたことで有名である。しかしこの天平宝字二年は安都雄足が、越前国史生から奈良に戻り、写経所別当として手がけた最初の写経事業である。そして帳簿をみる限り、このような利潤獲得行為はみられない。

山本幸男氏は雄足の銭運用を検討し、千四百巻経料の遺銭が別当の判許によって別当自身に、さらに石山領秦稲持、写経所施設を使用する義部省官人らに融通されていることから、遺銭（先経料）は写経所財政とは別な場面で運用されていたとする。そして雄足は写経所財政とは別途に、この先経料と知識経料、そして造東大寺司から請けた公銭を運用していたと想定する。しかし別当が写経所の財政を自在に切り回す権限をもっていたことはあきらかであり(25)、千二百巻経料とともに、先経料・知識経料も写経所財政に組み込まれていたと考えるべきである。また雄足が造東大寺司から公銭を請けていたという根拠は弱い。たとえば山本氏は、次の史料を提示する。

〔史料7〕安都雄足報納銭并残銭注文（十四ノ五一〜五二）

所

報納銭一十貫五百六十四文

六貫九百文布施料売物直　白絁二匹直一貫五百文　橡絁四匹直二貫　羅絁一匹直八百文　庸綿四十屯直二貫六百文

借用三貫六百六十四文

以十月五日納一十貫

所残五百六十四文

右、報納并残勘注如レ件、

天平宝字二年十月五日

安都雄足

先述したように千巻経と千四百巻経の布施は同時に支給されており、その中身は坤宮官布施充当文（十四ノ五三〜

五四）にある如く、調布ではなく、ありあわせのものであった。すなわち布施料を請求された坤宮官（紫微中台）は調布を銭に換算し、さらにそれに見あう溢幡絁・橡絁・羅・白絁・調綿・庸綿を送った(26)。そして布施の端数は銭で支払われた。たとえば四四〇張書写した田部虫万呂の調布は一一端である。これを銭に換算すると二貫八六〇文であり、これらは匹別七五〇文の白絁二匹、屯別七〇文と六五文の調綿をそれぞれ一五屯、四屯支給することで、二貫八一〇文分を賄い、端数の五〇文は銭で支給した（十四ノ二九）。九月五日付東寺写経所解案（十四ノ二九～四五）と東寺写経所解案（十四ノ二八～二九）は中間欠で、一〇人分の組みあわせが不明であるが、端数の銭の合計は山本氏によれば九貫三八一文である。したがって雄足は、紫微中台から下充された絁や綿等の一部を銭に換え、一〇貫あまりの銭を用意しなければならなかった。山本氏(27)は〔史料7〕から、売却直のうち六貫九〇〇文を造東大寺司がこの銭を立て替え、別当らは請け負った売却分の価銭を借用するという形をとったとする。そして東西市などの流通経済に依拠して請け負った布施物を売却し、十月五日に報納したと考える。造東大寺司が立て替えたとする根拠は、次の史料にある。

〔史料8〕奉写経所庸綿等沽却銭用注文（十四ノ六二一～六二三）

A

合沽庸綿一百一屯 曹司五十屯　佐伯十（↑二十）建部二十　上二十　山一屯

直六貫五百六十五文

羅一匹　直八百文　唐斤

橡絁四匹　直二貫　白絁二匹　直一貫五百文

都一十貫八百六十五文

昨日給畢三貫一百七十一文司
　今所残七貫六百九十文

B
自政所来五貫　建部一貫三百文　上一貫三百文
　山六十六文　自余司者
　　　九月十二日　勘　雄足

C
　残物　美濃絁一匹　白絁八（↑七）匹　綿二十五屯
　　銭一貫三百　＊「残銭一千三百四十九文」

山本氏(28)はAを庸綿一〇一屯・羅一匹・橡絁四匹・白絁二匹を曹司・佐伯・建部・上・山で沽却すれば、銭一〇貫八六五文が得られるが、昨日はそのうち三貫一七一文を給したとし、またBの記述は「政所から来た銭五貫を建部・上・山・司（曹司）で分けた」もので、建部・上・山は自らの売却価銭を造東大寺司政所から請けたと解釈する。すなわち布施支給が急がれた関係からか売却直は政所などの銭により立て替えられたらしいとする。しかしBの建部と上の一貫三〇〇文は、Aの建部広足、上馬養の庸綿二〇屯を屯別六五文で売却した額と一致する。山の六六文は庸綿一屯の売却直であろう。そしてBの政所からの五貫は、Aの「羅一匹　直八百文、橡絁四匹　直二貫　白絁二匹　直一貫五百文」の合計四貫三百文に、庸綿の「佐伯十」の六五〇文を足した四貫九五〇文に近い。そして「自余司」とは、Aの庸綿の曹司五〇屯分、昨日得ていた三貫一七一文を示すものと思われる。すなわち実際には政所・建部・上・山に売却したのであり、その布施料売直として政所から五貫、建部広足・上馬養からそれぞれ一貫三〇〇文、山から六六文がやってきたのである。以上のように造東大寺司から銭を下充されたわけではないのである。〔史料7〕で雄足は一〇貫五六四文のうち、五六四文が未納となっていたが、これは〔史料5〕(c)の十月五日時点での先経料の用途にある「五百六十四文　別当所」が該当する。すなわち先経料から借用したことになっているのであり、当初の一〇貫五六四文も写経所財政から借用していたのであろう。

このように造東大寺司から請けた公銭は存在せず、先経料も知識経料も写経所財政に組み込まれていたのであり、雄足は写経所別当の権限を行使して、ここから借用していた。そして先述したように、雄足は先経料から借用するとともに、石山領秦稲持の借用や写経所施設を使用する義部省官人らへの支出（十四ノ五〇～五一）も判許していた。このうち義部省官人らへの融通は、すなわち知識経書写への支出である。天平宝字二年の写経所財政の最大の特色は、この知識経写経事業への支出にあると考える。この点をさらに詳しく論じたい。

四　知識経書写の実態

1　知識経の食費

義部省官人らへの支出は、〔史料5〕(b)により、十月五日時点で一貫五〇〇文を計上していることがわかる。[29]そしてさらに写経所において義部省分の知識経を書写する経師たちに食料も提供していた。

〔史料9〕充厨大炊雑物注文（十四ノ一二七）

九月二日充厨大炊　白米一斛　海藻十連

滑海藻十嶋　醤五升　酢三升

「未」滑海藻五升　生菜直銭二百文
六日充下厨米一石付粟田小蓑万呂　八日下米一俵義部省借用
又下米一石給建部　又二俵上　又二俵里足　又一俵禾田　又一俵優婆
九日一俵山　又二俵大炊下付粟田　又一俵小長谷工　十一日米五升凡屋人給
十二日二俵大炊下付禾田　又米一升乞者給
十三日食
十月二日下大炊下米一石付広嶋
右、先所レ用米報送如レ件、

ここで「厨大炊」とあるように、これは造東大寺司管轄下の大炊厨所(30)に対し、写経所が九月二日から十二日と十月二日にその米・副食物を下充していることがわかる。八日に「義部省借用」と記されているので、他の大炊ならびに建部や粟田、山あるいは優婆については米を下充しているようにみえる。しかしここにある「大炊」に下した米の合計は四石であり、これは先の〔史料4〕の(f)「見下米四石」の記述と一致する。すなわち大炊に下充したものは、写経所で行われていた義部省・美乃命婦・弁官の知識経書写の食費に使われたのである。抹消されているものの、〔史料4〕に(a)「九月三日下大炊食口下」とあることは、造東大寺司の大炊厨所において食事が供給されたことを暗示しているように思われる。

さて通常、御願経の食費は写経事業の必要経費に含まれ、用度案に記載され下充される。天平宝字二年の写経事業においては、第二節2項で述べたように東大寺写経所食口帳が存在し、その題籤軸に「月々用帳」とあり、六月三十日付、七月三十日付、八月三十日付の写経所食口が貼り継がれている。そして十月食口は写経所食口案（十三ノ三五

二、十四ノ十四～十八、二一七、二一六～二一七、二一四～二一五）にみられる。前者は六月・七月・八月、それぞれ一ヶ月ごとの写経所食口、銭、米などの食料雑物、燃料などの合計を記す文書を貼り付けており、後者は十月六日～二十九日にかけての食口と銭、米、食料雑物、燃料の合計が書かれている。すなわち御願経の書写期間における食口が判明するのであり、ここでは優婆夷がそれぞれ六月に九人、七月に二十九人、八月に三十人、十月に四十五人が計上されている。優婆夷は宝亀年間の一切経写経事業では、「八十二人優婆夷　料理経師等供養」などとあり（六ノ一〇六）、写経所の料理供養所に従事する人々である。すなわち御願経書写においては、下充された食費をもとに写経所の施設で食事が作られていたと思われる。このように御願経は写経所の料理供養所、義部省などの知識経は造東大寺司の大炊厨所が食事を提供していたのである。

　そして山本幸男氏が指摘したように、写経所は義部省に対し、食費を請求している。

〔史料10〕韓国毛人啓（十四ノ四七～四八）

謹啓

米一斛

右、米借請如レ件、謹啓、

天平宝字二年九月六日　韓国毛人

安都雄足」

「判充

＊「義部省借用米合二石二斗二升四合

以九月十二日報納米一斛　未納一石二斗二升四合

生菜直可納銭三百五十二文経師八十八人料　塩一升七合六夕

　経師并仕丁単一百二十三人 経師八十八人 仕丁三十五人

写経所から米一斛を借用した韓国毛人は、従六位上義部（刑部）省中解部であり千四百巻経書写にも参加した経師である。安都雄足が「判充」と記したのち、写経所が余白に義部省の米と生菜直の借用の合計額を書き込んでいる。ここに経師の人数を八八人としているが、山本氏が指摘するように〔史料４〕の義部省の経師の単口数は八八人である。そして追筆に「以九月十二日報納米一斛」とあり、義部省が米一斛を返納したことが知られるが、これは〔史料４〕(d)の九月十一日条の右に「一石奉納了　十二日」（十六ノ六）とみえる。このように義部省は知識銭を送った形跡はないが、写経所は義部省に写経の場所を提供するとともに知識経書写にかかる米と生菜直を貸与し、後に請求していたのである。そもそも知識経の書写は、大般若経六百巻をそれぞれの官司ごとに、一人一巻ずつ六〇〇人に割り当てるものであった。したがって本来、食費はその官人が所属する官司が負担すべきものであった。それゆえ、写経所では義部省などに食費を請求していたのである。

　このように本来義部省が負担すべき食費を、写経所が御願経料を割いて貸与していたことが知られる。そして他の官司の知識経の食費も同様に貸与していたと思われる。〔史料９〕で大炊厨所に充てられた米・副食物は、写経所で書写していた義部省・美乃命婦・弁官の分であるが、その他にも「建部」「上」「粟田（禾田）」などの舎人たちにも充てられている。さらに次の史料がある。

〔史料11〕安都雄足充米銭注文（十四ノ四九）

　合舎人十一人 米九俵 銭五貫五百文

「止」建部 米二俵 銭一貫　　上 米二俵 銭一貫

　佐伯 米二俵 銭一貫　　山 米一俵 銭五百文

禾田米一俵 銭三百文　　三国銭三百文
大原銭三百文　　宮戸銭三百文
工銭三百文 加米一俵　　文銭三百文
優婆夷米一俵 □升　銭□百文　海藻五連　　後請充調布一端 米二俵　海五連 大豆一斗　小麦一斗
右、依レ員施行、若可不何
九月七日　安都雄足
充人々遺銭四貫六五五文

山本氏[31]は、この文書を舎人一一人と優婆夷に米一二俵、銭五貫五〇〇文、海藻一〇連、それに調布・大豆・小麦を施行したことをあらわし、これらは写経の一段落にともない、料物の一部が報酬として彼らに与えられたものと解釈する。しかし銭とともに米や大豆・小麦が下充てられていることからも、これらは「食費」として写経所からもち出されたものと考えられる。さらに次の史料もある。

〔史料12〕安都雄足布施米注文（十四ノ五二）

合二十五俵三斗七升
入寺三石　大伴寺入一石　上四石五斗　三国真人一俵
禾田小蓑万呂一俵　宮門日野万呂一俵　大原二俵
建部一俵　穴大家男所報遣一俵　仕丁七人　□
□□五俵
□　少々物皆収納給　□

□年十一月二十四日行雄足

山本氏[32]は、寺・舎人・仕丁らに米二五俵三斗七升を給したとし、〔史料11〕にみえる米・銭の施行と類似のものとする。この史料も〔史料9〕〔史料11〕と同様に、少量の米を充てられ、禾田（粟田小蓑万呂）や大原（大原国持）など同じ舎人もあらわれる。すなわちこれらの舎人・仕丁・優婆に充てられた米や銭は、当時方々で書写されていた知識経の食費を、写経所の舎人たちが御願料から借用するかたちで賄っていたことを示すと思われる。米は俵単位で表記されているが、一俵は五斗であり、経師一日の支給量は二升なので、二五日分である。経師一日の仕事量を七張とすると[33]、全体で一七五張となり、一巻を一六張とすれば[34]、一〇～一一巻分となり、装潢・校生の分の食費を考慮すれば、これより少なくなる。実際、写経所に書写依頼をした大段内侍・鴨娘・忍海娘は三巻分であり（十四ノ二二五）、これらの少量の米や銭は、このような小規模な知識経書写の経師たちの食費に充てられたと考えられる。そしてそれぞれ舎人の名で借用されているように、これらはその舎人が請け負っているのであり、返済されない場合は彼らが自腹を切って補填するのである。

　このように九月七日以降は、知識経の食費は御願経料から借用されているが、それ以前は千巻経・千四百巻経の書写が終了した後、写経所に残った食物を大炊厨所に充てていたと思われる。そもそも写経所の帳簿には厨の借用が多く、八月末に作成されたと思われる本銭所用等注文（十四ノ四八）に厨の借用が四七〇文とあり、〔史料5〕(a)の十月五日時点で千二百巻経の項に「八六〇文可納自厨」とある。そして〔史料6〕(d)の十一月七日時点で厨から布乃利一石直の二〇〇文が来たことが確認できるので、その内容の一部が布乃利の直であることがわかる。つまり千巻経・千四百巻の書写が終了した写経所の料理供養所では、料理が作られなくなり、その間、写経所で行われていた義部省などの知識経書写においては大炊厨所が食事を提供していた。すなわち大炊厨所が写経所の布乃利などの残物を買い取ったと思われる。そしてさらに九月二日から大炊厨所に米などを充て、七日以降に舎人たちの借用というかたちで米や銭を充てることで、知識経書写に従事する経師たちの食費を負担していたと思われるのである。これらの舎人が借用した銭は知識経書写が一段落した時点で一括され、「人々借用経料食物代」（以下、人々食物代と呼ぶ）としてまとめられた。そして十月五日時点で、その残りの合計は〔史料5〕(d)にみられるように三七〇文であった。

一方、造東大寺司も知識経書写を割り当てられていたのであり、この分の食費は造東大寺司が負担すべきものであった。本来なら写経所は造東大寺司に食費を請求すべきであるが、知識経が千二百巻経と同じ経師によって同時期に書写されたことを考えると、千二百巻経料として下充された食費を流用していた可能性が高い。実際、人々食物代は、千二百巻経書写中は史料に出てこなくなり、校正が終了した十一月七日から四日後の間銭下帳の十一月十一日条の薬、十三日条の青奈・大根・春芥子、二十二日条の末醤・塩など、合計一二二文の支出が確認できる（十四ノ二〇四、十五ノ四五二～四五三）。経所雑物見注文案によれば「三百七十文人々借用食物代　一百二十二文薬并雑菜直　定二百四十八文」とみえ（十四ノ一九八）、十一月二十日ごろに最終的に二四八文が残っていることがわかる。このように造東大寺司分の知識経書写の食費は、千二百巻経料を流用していたのである。

以上のように写経所は、下充された御願経料を割いて、義部省など他官司の知識経書写の食費、すなわち米や副食物、銭を貸与していることが確認できる。つまり知識経書写に協力していたといえるのであり、宮﨑健司氏の主張するような御願経書写と知識経書写の対抗関係は存在しなかったのである。

2　さまざまな知識経書写

先述した造東大寺司分の知識経は、〔史料2〕により「私外奉写」の志斐麻呂と今来人成が九月二十一日から二十五日くらいに書写され、その他は千二百巻経と同じ時期、九月十九日頃から司并人々大般若経料の布施料が支出された十一月九日以前まで書写されていたと思われる[35]。しかし写経所が書写した知識経はこの他にも「葛木大夫」や「内侍等」「弓削并榎井内舎人」などがあった（十四ノ一九八）。葛木大夫は〔史料3〕により、九月十四日に写経所に写経を依頼し、十月一日には布施を支給していることがわかる。つまり九月十四日以降、十月一日以前に書写していたことがわかる。ここで一三〇文、すなわち一巻分の書写料を支給された生江五百守は、ここにしかみられない人物であり、御願経の書写には従事していない。

さらに興味深いのは義部省の知識経書写である。義部省の韓国毛人は九月四日から十八日まで写経所で義部省分の知識経書写に従事していたが、その後は千二百巻経の書写を行い紙充帳においては十月二日まで充てられている（十四ノ一三二）、しかし五日の分は抹消され、その後二十四日ごろにまた千二百巻経書写に戻ったと思われる（十四ノ一五〇）。十月五日から二十四日ごろまでの間、彼は千二百巻経に従事していないが、次の史料から「寺家」にいることがわかる。

〔史料13〕造東大寺司移案（四ノ三四三～三四四）

造東大寺司移義部省
中解部従六位上韓国毛人
史生大初位上韓国千村
右人等、預レ奉二写　勅旨経一、身在二寺家一、縁レ促二期限一、考唱之庭不レ得レ令レ向、今具二事状一、故移、
天平宝字二年十月十日主典正八位上安都宿祢
次官従五位下高麗

造東大寺司は、韓国毛人・千村は勅旨経を奉写するために寺家にいるので、考唱に参加できないと義部省に伝えているのである。つまりこの十月五日から二十四日までの間においても、写経していたのである。(36) 先の九月四日から十八日までの義部省の写経においては、六日に米一斛、八日に銭一貫五〇〇文を借りており（十四ノ四七・四八）、山本氏はこの銭は筆・墨・紙といった写経用途物の費用に充てられたとするが、十月六日にも一貫五〇〇文を借りている(37)（十四ノ五〇）。つまり十月中旬に再度、写経所で義部省分の知識経書写をしていた可能性が高い。このように義部省の知識経書写は、九月四日から十八日までと十月五日ごろから二十四日ごろまでの二回にわけて行われたと思われる。

義部省は知識銭を送った形跡はないが、写経所という場所を借り、また大炊厨所から食事の供給を受け、写経所から銭や米を借用していた。一方、葛木大夫は知識銭をすべて写経所に送り、写経所はこれを他の財源と区分して管理していた。大分内侍并忍海娘等と弓削并榎井内舎人等も（十四ノ一九九～二〇〇）、同様に知識銭を写経所に送り、知識経書写を丸投げしていたと思われる。このように知識銭を送っている場合は、基本的に写経所の経師が書写し、食費は千二百巻経料から流用していたと思われる。

さて山本氏が指摘するように千二百巻経は、九月十八日まで義部省・美乃命婦・弁官の知識経書写が行われていたこともあり、八月十六日に宣が出たにもかかわらず、書写が開始されたのは九月十九日であった。しかし九月十九日以降も経師の集まりが悪く、写経所が経師を召集する牒が多く残っている。そのなかでも注目されるのは、嶋院・文部（式部）省・御書所のものである。次の史料は嶋院宛てのもので、八人の経師が召集されており、うち五人は不参であった。

〔史料14〕東寺写経所牒（二十五ノ二四四・二五五）

東寺写経所　牒嶋院

合請経師八人
　将軍水通　三嶋岡万呂　若倭部国梓　岡大津　阿閇広人　余乙虫　秦忍国　丈部浜足
　牒、依二大保去八月二十一日宣一、為レ令三奉写金剛般若経一、所レ請如レ件、故牒、
　　　　天平宝字二年十月三日主典正八位上安都宿祢雄足

ここから十月三日時点で、これらの経師が嶋院にいたことが確認できる。同じく文部省には九月二十二日に五人（四ノ三一六～三一七）、御書所でも九月二十二日に四人の経師と二人の装潢が召集されている（十四ノ一七三～一七四）。山本氏[38]は坤宮官が期限の迫った大嘗祭の準備を優先させ、その結果、写経所における坤宮官の影響力が後退したことで、経師の確保がままならなくなったとする。しかし先に九月四日から十八日の間に写経所で知識経の書写が行われていたことを考えると、嶋院・文部省・御書所においても知識経が書写されていたのではなかろうか。そしてこれらの知識経書写においては、写経経験のある経師は、まさに貴重な人材として求められていたのではないだろうか。つまり八月末に千四百巻経の書写がほぼ終了すると、経師たちはそれぞれ所属の官司に戻り、知識経を書写していたと思われる。そしていまだ書写が終了しないため、写経所の千二百巻経書写の召集に応じられなかったと考えられる。

さらに八月十八日にも同様の召文がみえる。

〔史料15〕東寺写経所経師召文（十三ノ四八七～四八八）

東寺写経所　召
合
前部倉主　栗前咋万呂　高東人　王馬甘　阿閇豊庭　子部多夜須
右人等、写二始御願経一未レ畢、仍追喚如レ件、莫二延遅一

主典安都宿祢

天平宝字二年八月十八日

九月一日用官銭四百文 二百文三嶋監物借用二百 経料布施 二百文田中大夫経料借用二百

宮上毛野大疏経料充了二巻布施四百

二日宇自可少疏料経充了一百 布施

三日田中大夫并監物施遺一百文充了 官銭之

六日安観師布施充了

千四百巻経の書写が終了するのは八月末であり、まだ御願経の書写が終わらないのに、経師が退出していることがわかる。前部倉主・栗前咋万呂・王馬甘は白丁、高東人は式部書生、阿閇豊庭は式部位子、子部多夜須は式部留省である。彼らはみな千巻経・千四百巻経の書写に参加した経師であり、この六名の紙の充当は八月二〜三日、あるいは十二〜十四日が最後となっている。[39] 御願経書写を途中で投げ出していることからも、彼らはおそらく知識経書写に従事していたのであろう。そして〔史料15〕には、天平宝字二年八月十九日付のほぼ同内容の東寺写経所召文があり（四ノ二九〇〜二九一）、こちらは日付が一日遅れで、阿閇豊庭の名前がない。しかし日付の下に「使散位従八位下額田部弟正　依レ例充二食馬一」とあり、経師を呼び戻す使に対し、食・馬を充てていることから、平城京の外で知識経を書写している者もいたと考えられる。

この〔史料15〕の後半には注目すべき記事がある。ここに出てくる三嶋監物は中務省の官人であり、上毛野大疏・宇自可少疏は坤宮官の官人である。そして僧侶も出てくることを考えると、これは知識経書写の布施支給を記したものと考えられる。おそらく写経所は三嶋監物と田中大夫から知識銭を送られていたのであり、九月一日にここから各二〇〇文を借用して、上毛野大疏分の布施四〇〇文を支給し、三日には三嶋監物と田中大夫の布施の残りの一〇〇文を官銭から支給したのであろう。このように九月一〜六日に布施を支給したということは、これ以前に知識経を書写していたことになる。そうすると千四百巻経の書写と同時期に、この知識経書写が行われていたことになる。

〔史料16〕写経注文（十三ノ四一八）

大般若経第一巻　充辛毛人 用十六
右、依二善福師八月十九日宣一、奉写如レ件、
秦太草　写書二十四（↑十五）巻 千手十四巻 薬師経一巻　羂索経初帙九巻
山口子虫　写書十四巻 羂索十巻 千手一　薬師三巻
難波高屋　写二十巻 羂索経初帙九巻 千手経十一巻
忍海広次　写書九巻 千手一巻　薬師八巻 題金剛般若六百巻
（奥裏書）「目師経奉請　沙弥応勝師付　十月十七日」

ここでは大般若経第一巻が、千巻経・千四百巻経の書写に従事する経師、辛毛人によって書写されていることがわかる。秦太草・山口子虫などの写書に千手千眼経・新羂索経・薬師経がみられるので、千四百巻経を書写したことを示す。つまりこの知識大般若経は千四百巻経書写と同時期に、写経所にいた経師によって書写されたことがわかる。さらにここには大般若経「第一巻」とある。山本氏は天皇自らが知識大般若経第一巻を書写したとするが、辛毛人に充てられ、しかも紙一六枚を用いたことが記されるので、書写したのは辛毛人である。そして「善福師八月十九日宣」とあることから、八月十九日に善福か、もしくはより身分の高い人物が写経所に知識経書写を依頼したものと考えら

れる。宮﨑健司氏は、坤官である安宿弟見が第五十五巻という比較的早い巻数を充てられていることから（四ノ二九七）、知識大般若経の冒頭は坤宮官の官人に割り当てられたとする。しかし次の史料もある。

〔史料17〕知識写大般若経料紙進送文（二十五ノ二三六～二三七）

紙六十五張 五張儲料

＊「行了」

二十張真人＊「納」　二十張久治良＊「納」

二十張田次万呂＊「納」

右、清浄造㆓作上品之紙㆒、謹進㆓智識経料㆒、至レ宜㆓准レ状施行㆒、即付㆓此使㆒、送㆓上写経所㆒、

九月十日

＊「大僧都一巻　慈福師一巻

安寛師四十巻　送料布 調布二端 庸二段 銭三百」

これは知識経料として、それぞれ紙二〇張ずつ写経所に納められたことがわかる。そして追筆には、これら大僧都一巻・慈福師一巻・安寛師四〇巻の知識料として調布二端、庸二段と銭三〇〇文が送られていることが記される。布施支給の時を参考に銭に換算すると、調布は端別二六〇文、庸綿は段別六五文であり、銭三〇〇文は〔史料1〕の知識銭と同じ金額である。すなわちこれらは合計三巻分の知識料に相当する。つまり安寛師の四〇巻は、四〇巻分を意味するのではなく、大般若経の第四十巻、つまり一巻分を指していると思われる。すると知識大般若経は、坤宮官の官人の前に僧侶に割り当てられたことになる。このように詳細は不明であるが、知識大般若経は僧侶、坤宮官人という順で割り当てられていたと思われる。

以上のように、知識経が千四百巻経と同時に書写されたことを確認することができたが、さらに次の史料がある。

〔史料18〕造東寺司経師召文（十三ノ四七九）

造東寺司召

合陸人

前部倉主　坂上建万呂　万昆嶋主　中臣鷹取　櫟井馬養　葛木豊足

右人等、写二始　御願経一退レ之、仍使充二左大舎人従八位下石寸宿奈万呂一、追召如レ件、但依レ例充二食馬一

天平宝字二年八月三日　　主典安都宿祢「雄足」

前部倉主は、〔史料15〕にも登場した白丁であり、万昆嶋主・中臣鷹取・葛木豊足も白丁、坂上建万呂は右大舎人、櫟井馬養は散位である。万昆嶋主と櫟井馬養は千四百巻経のみ、他は千巻経と千四百巻経の書写に参加した経師である。ここでは使として石寸宿奈万呂を遣わしていることからも、写経所では彼らの所在を把握しているようである。さらに〔史料15〕と同じ内容の八月十九日付東寺写経所召文（四ノ二九〇～二九一）と同じ文言、「依レ例充二食馬一」とあることから、この時も平城京の外にいる者もいたと思われる。〔史料1〕で「私外奉写」とある志斐麻呂と今来人成の知識経は、〔史料2〕により造仏司で書写したことがわかるが、知識経は多様な形態・場所で書写されていたと考えられる。このようにこの史料も〔史料15〕と同じく、知識経書写に従事している経師を呼び戻したものと考えられる。そして注目されるのは、八月三日という日付である。

山本氏は先の〔史料1〕の(i)にあるように、八月二十八日付の造東大寺司解で、造東大寺司を中心とする官人たちが巻九十一から百三十七を割り当てられているので、各官司において提出された参加者名簿をもとに、内裏が写経担当巻数を割り当てたとする。したがって官人を知識として大般若経写経に参加させる宣は、これ以前すなわち八月十

八日ごろであったと考えた。しかし六百巻の大般若経を各官司にまたがって書写させるためには、あらかじめ内裏で各官司への分担が決められていたと考えた方がよく、また「知識」とはいうものの、実際には強制的に割り当てられていたと思われる。そして〔史料18〕で八月三日付の経師の召文があり、この時彼らがすでに知識経書写に従事していたと考えると、知識大般若経の書写を命じる宣は、七月中に出された可能性が高い。

　このように知識経は多様な形態・場所で書写され、書写時期も七月から十一月とまちまちであった。しかし写経所が千四百巻経の書写日数を短縮し、千二百巻経の書写を遅らせているように、千四百巻経書写終了後から千二百巻経がはじまる間、すなわち八月末から九月中旬の間に、最も多くの知識経が書写されたと思われる。

おわりに

　天平宝字二年の写経事業の企図について、宮﨑健司氏は千巻経と千四百巻経は光明子の病気平癒、千二百巻経は淳仁即位をめぐる除災招福のために書写されたとする。しかし山本幸男氏[40]の述べるように同じ金剛般若経であり、千二百巻経を「後金剛般若経」と記載し、帳簿において「先経料」「後経料」と対比されているように、千巻経と千二百巻経は一連の写経事業として当初から計画されていたと思われる[41]。そして千巻経の書写中の七月四日に「勅、比来、皇太后寝膳不レ安、稍経二旬日一」とあるごとく光明皇太后が不予に陥る（『続日本紀』天平宝字二年七月甲戌〈四日〉条）。そこで皇太后の病苦を癒やすのに最も効果的と認識されていた新来の経典の大量書写、すなわち千四百巻経書写が計画され[42]、七月四日に宣が出された。千巻経が二ヶ月たってもなお二〇〇巻近い経典が残っていたのに対し、千四百巻経が一ヶ月以内にほとんどの経典が仕上がっていた背景にはこのような事情があったと思われる。そして千巻経と千四百巻経には、「ありあわせ」の布施が同時に支払われているが、これは千四百巻経が急遽加わったことが原因であろう。さらに千二百巻経は八月十六日に宣が出ているにもかかわらず、知識経書写を優先させたため、書写がはじまったのは九月十九日であった。すなわち天平宝字二年の写経事業として、当初から計画されていたのは千巻経と千二百巻経であり、そこに七月四日の光明皇太后の不予によって急遽、千四百巻経が加わり、次いで知識経が書写されたのである(43)。その結果、写経所では天平宝字二年に厖大な写経が行われたのである。

そしてこれまでみてきたように、写経所では他官司の知識経の書写依頼を引き受けるとともに、写経所の経師には、御願経書写の途中であっても知識経書写のために退出することを認めていた。さらに千二百巻経書写に優先して義部省・美乃命婦・弁官などに知識経書写の場所を提供し、またこの時、彼らの食事を提供する大炊厨所に、千巻経・千四百巻経の食材を払い下げ、さらに御願経料から舎人たちが借用するかたちで、他の場所で知識経を書写する経師たちの食費を負担した。写経所別当の安都雄足は、二年後の天平宝字六年には、季節間価格差や地域間価格差を利用して、石山寺写経所や造石山寺所の財政を運用し、自身の私財を蓄積しているが、天平宝字二年においてはこのような行為はみられない。財政的には、むしろ知識経書写に協力し、これを成功させることに尽力している。すなわち仲麻呂は知識経書写に最も力を入れていたと思われる。

山本氏(44)は千巻経の経師は、白丁・散位が半数以上を占め、それに式部省関係者が加わるが、千四百巻経の場合はこれに加え、太政（乾政）官や式部・刑部（義部）・民部（仁部）・大蔵（節部）・兵部（武部）・治部（礼部）の各省と弾正（糺政）台、左京職からそれぞれ史生が一～二人、図書寮（内史局）からも書生が一人参加しているのが大きな特徴とする。そして千四百巻経は、まさに律令国家の中枢部に位置する官司から経師を召集する方法であり、いわば国家的な写経体制が演出されていたと考えた。しかしそうではなく、これはこれからはじまる知識経書写を念頭において、意図的に多くの官司から下級官人を呼び寄せていたのではないだろうか。つまり多くの官司で一斉に知識経書写を行うためには、それぞれの官司において知識経書写を主導できるような人材を育てなければならない。そのためにまず千四百巻経において、下級官人を経師として育成しようとしていたのである。

知識経の書写は、〔史料1〕(d)(e)において、自ら写経することを示す「自写」のなかに、装潢の能登忍人、画師の能登男人がいることが注目される。また〔史料1〕に(k)「界法　段界高八寸　広八分　都高九寸五分」とあるように最低限の書式を指定している。ここから知識経は文字の美しい秀麗な経典の作成を目指したものではなく、多くの人々に書写させることに力点が置かれていたことがうかがわれる。つまり全官司にまたがって、皆で心を一つにして経典を書写することに意義があったのであり、末端の下級官人にまで仏教を浸透させようとしたのである。そして同時に仲麻呂の政治的な思惑も絡んでいた。すなわち下級官人の掌握と統制をはかろうとしていたのであり、具体的には千四百巻経書写において、多くの官司から下級官人を写経所に召集し、まずは仲麻呂派として取り込むこと、そして彼らがそれぞれの官司に帰って知識経書写を主導することによって、さらに支持勢力を増やしていくことを意図していたと考えられる。

前年に勃発した橘奈良麻呂の変は、大伴古麻呂・多治比犢養・小野東人・大友古麻呂・賀茂角足・佐伯全成など多くの現職の官人が関わった事件であり[45]、処罰を受けた者の数が四四三人にのぼる[46]。そして従八位上中衛舎人の下級官人であった上道斐太都は、前備前守小野東人に誘われたことを証言しているように、多くの下級官人が加担していたと思われる。すなわち橘奈良麻呂の変は、下級官人がはじめて当事者となった大規模な政変であり、当時、仲麻呂の敵対勢力は官司組織を通じて広がっていたことが知られる。それゆえ天平宝字二年七月、最大の後ろ盾である光明皇太后の不予に及んで、仲麻呂は自己の政権の安定をはかるために下級官人の掌握に乗り出したのであり、その手段が知識経書写だったのである。

注

（1）松平年一「知識大般若経と大殿の建築」（『日本歴史』三三三、一九七六年）。ただし松平氏の知識経が、天平勝宝八歳（七五六）の大殿建設の時に大般若波羅密多経六百巻書写の命が出され、これが二年後に実施されたものであるとする主張は、後述の山本幸男氏の注（3）論文によって否定されている。

（2）山本幸男「天平宝字二年の御願経書写」（『写経所文書の基礎的研究』吉川弘文館、二〇〇二年、初出、一九九三〜九六年）。

（3）山本幸男「天平宝字二年造東大寺司写経所の財政運用—知識経写経と写経所別当の銭運用を中心に—」（『南都仏教』五六、一九八六年）。以下、とくに断らない限り、山本氏の見解は当論文による。

（4）宮崎健司「天平宝字二年の写経」（『日本古代の写経と社会』塙書房、二〇〇六年、初出、一九八九、一九九一年）。以下、宮崎氏の見解は当論文による。

（5）以下、『大日本古文書』は「巻ノ頁」で示す。また『大日本古文書』に収められていないものは、「未収」と記す。

（6）以下、*は朱字を示す。

（7）以下、「⋯⋯」は抹消痕を示す。

（8）山本氏前掲注（3）論文。ここに知識経写経依頼の一覧表がある。

（9）以下、□は判読不能な文字を示す。

（10）山本氏前掲注（2）論文、二二八頁。

（11）山本氏前掲注（2）論文。

（12）千巻経においては、写千巻経所銭并衣紙等下充帳（十三ノ二五八〜二六六、三七一〜三七二、二八三〜二八四）・写千巻経所銭并紙衣等納帳（十三ノ二四三〜二五二）、写千巻経所食料雑物納帳（十三ノ二五四〜二五七）・写千巻経所食物用帳（十三

ノ二八四～二九八、未収、二十五ノ二四八～二四九、十三ノ二九九～三一七、二十五ノ二三二～二三三、十三ノ四七三～四七五、十三ノ四七〇～四七三、十四ノ一一三）、そして経師筆墨直充帳（十三ノ二三八～二四〇、二十五ノ二三一）、金剛般若経紙充帳（十三ノ三一八～三三一）、金剛般若書作充帳（十三ノ三五三～三五六）などが、六月十九日から二十二日にかけて作成される。そして七月四日に千四百巻経の宣が出ると、あらためて千四百巻経用の千手千眼并新羂索薬師経料銭并衣紙等納帳（四ノ二七八～二八〇、未収、十三ノ二五二～二五三）、写経所自市買来雑物等納帳（十三ノ三八五～三八六）、千手千眼并新羂索薬師経料食料雑物納帳（十三ノ四三一～四三五）、千手千眼并新羂索薬師経料銭并衣紙等下充帳（十三ノ三六四～三七一、二六七～二八三）、千手千眼并新羂索薬師経装潢紙上帳（十三ノ四二三～四二六）、千手千眼并新羂索薬師経装潢充書造経帳（十三ノ四一九～四二〇）、造書経上帳（十三ノ四二一～四二二）、千手千眼并新羂索薬師経校帳（十三ノ四一七～四三〇）などが、七月五日から十五日の間に一斉に作成されている。

(13)　山本氏前掲注（2）論文、一五頁。

(14)　千手千眼并新羂索薬師経料銭并衣紙等納帳の未収部分において、七月七日に四七〇文、十一日に二五貫七〇八文、十五日に四六貫四七文、八月十二日に二貫一〇〇文、三十日に二貫の合計七六貫三二五文の収納が確認できる（山本氏前掲注（2）論文、二二三～三〇頁）。

(15)　例えば後金剛般若経食物用帳（十四ノ八一～一一三）が九月十八日、後金剛般若経経師等筆并墨直充帳（十四ノ六五～六八）が九月十五日、一千二百巻金剛般若経紙充帳（十四ノ一一七～一三七）が九月十九日、千二百巻金剛般若経書上帳（十四ノ一三七～一六一）が九月二十日、後金剛般若経装潢紙上帳（十四ノ一六六～一六九）が九月十九日から記載されている。

(16)　葛木大夫一四巻分の布施料として、経師料一貫八二〇文、人別一三〇文を計上している（十四ノ二二四）。

(17)　山本幸男氏は、それぞれの写経事業における予算と実際の収納とを比較し、千巻経において、その生菜直が一人三文であるのに対し、千四百巻経が一人四文（ただし校生は二文）となっていること、千四百巻経においては用度案に比べ、実際には食料雑物の購入が多いことを指摘している（前掲注（2）論文、一八〇～一八三頁）。そして後者から紫微中台が現物を供給できず、銭による購入を指示したものの、写経所はそれを逆手にとって独自の銭運用を行ったとし、定番的な食事のくり返しよりも、数日おきの菓・薬などの嗜好品を与えていたとする。しかしどの写経事業においても、用度案通りに食料雑物を購入している例は少ないので、これを天平宝字二年の特色とすることはできない。さらに山本氏は千巻経・千四百巻経・千二百巻経の予算と収納の一覧表（前掲注（2）論文、二二四頁）を作成しているが、全体の予算案が残っているのは千四百巻経のみで、この他の部分は、千四百巻経の予算から類推したものである。

(18) 山本幸男氏は、題籤往来軸と天平宝字二年七月四日付文書は、本来同一の継文を構成していたと思われ、その左には他の文書が貼り継がれていたと考えられるとし、七月十五日付安宿豊前銭進送文（二十五ノ二三〇）もこの継文の一部であったとする（前掲注（2）論文、二二一～二二三頁）。ここでは銭四六貫四五〇文（ただし四〇三文が欠）と綺五丈（二九巻料）を送っており、千手千眼并新羂索薬師経料銭并衣紙等納帳の七月十五日条には油・小麦・小豆等の直として四六貫四七文と綺五丈を収納している（未収、山本前掲注（2）論文、二二五頁）。

(19) 第Ⅰ部第二章参照。

(20) 大平聡「正倉院文書の五つの「絵」―佐伯里足ノート―」（『奈良古代史論集』二、一九九一年）。山本氏前掲注（2）論文、二二八頁。

(21) 「四貫一百九十五文（↑三貫九百三十六文）」は、「三貫九百三十六文」を「四貫一百九十五文」に書き直していることを示す。

(22) 山本幸男氏は先経料は、千四百巻経料の遺銭とするが（前掲注（3）論文）、千二百巻経料を「後経料」と記しているので、本来は同じ金剛般若経である千巻経料を指していると思われる。しかし本章では千四百巻経と千巻経の財政は混合していたと考えるので、先経料は千巻経と千四百巻経の遺銭と考える。

(23) 山本幸男氏は、写経料は二五％余りの利益を見込んで設定されていたとする（前掲注（3）論文）。しかし知識経書写の目的は利益の獲得ではなく、あくまでも個々の官人に書写させることであったと考える。

(24) 吉田孝「律令時代の交易」（『律令国家と古代の社会』岩波書店、一九八三年）。

(25) 第Ⅰ部第二章参照。

(26) その受取状が奉写経所布施奉請文（十四ノ六〇）である。
(27) 山本氏前掲注（2）論文、一八四頁。
(28) 山本氏前掲注（2）論文、四二頁。
(29) 具体的には九月八日（義部省借用銭注文、十四ノ四八）。
(30) 天平宝字七年一月三日付造東大寺司告朔解（五ノ三八〇）にみられる。
(31) 山本氏前掲注（2）論文、七九頁。
(32) 山本氏前掲注（2）論文、八四頁。
(33) 山本氏前掲注（2）論文、一六〇頁。
(34) 後述の〔史料16〕では、大般若経第一巻に一六張を用いている。
(35) 造東大寺司分の知識経書写は、東大寺写経所間銭下帳が十月二十日から記されているので、この時から書写された可能性もあるが、後金剛般若経料銭下充帳十月四日に「加知識料」とあり（十四ノ八）、また〔史料5〕の十月五日時点で九貫二四〇文あった知識銭が、四貫一九五文に減っているので、これよりさかのぼると考える。
(36) 〔史料13〕において、名前があがっているのは、韓国毛人と千村の二人なので、他の義部省官人はこの時の知識経書写に関わっていなかったと思われる。
(37) この時の食費については不明である。しかし写経所では千二百巻経を書写しているので、この食費を流用して料理供養所が食事を作っていた可能性もある。
(38) 山本氏前掲注（2）論文、二二二頁。
(39) 山本氏前掲注（2）論文、一六二〜一六三頁。
(40) 山本氏前掲注（2）論文、二三七頁。
(41) 山本幸男氏は、金剛般若経の大量書写は、唐玄宗皇帝の『金剛般若経』尊重策が反映されたもので、仲麻呂は唐風政策の一環として『金剛般若経』を重用し、光明皇太后の病気平癒と延命のため二度にわたる『金剛般若経』の書写事業を実践したとする（「天平宝字二年の『金剛般若経』書写―入唐廻使と唐風政策の様相―」『市大日本史』四、二〇〇一年）。

（42）山本氏前掲注（2）論文、一九四頁。

（43）山本幸男氏は光明皇太后の不予の時期をさかのぼって考えており、天平宝字元年九月の金剛寿命陀羅尼経の書写は、光明皇太后の延命に資するために行われたもので、これまで写書所で行われていたものとは性格を異にしていたために、紫微中台の要請を受けて、別に写経所を設置したとする（前掲注（2）論文、一四五〜一四七頁）。しかし同二年七月四日の少し前から不予になったと考えた方が、七月の千四百巻経と知識経の書写、八月の淳仁天皇即位、仲麻呂の大保（右大臣）就任という流れが理解しやすいのではないだろうか。

（44）山本氏前掲注（2）論文、一七二〜一七三頁。

（45）『続日本紀』天平宝字元年七月戊申（二）・己酉（三）・庚戌（四）条。

（46）『続日本紀』宝亀元年七月癸未（二三）条。

第二章　造石山寺所関係文書からみた安都雄足の官司運営

はじめに

石山寺の造営事業は、天平宝字五年（七六一）十月の保良宮遷都にともない、同年十二月から翌六年八月にかけて実行された。その結果、建物一一宇あまりの小規模な山間寺院は、二〇数宇の堂舎をもつ大寺院に整備された。この造営事業に関係する史料は、造石山寺所関係文書として正倉院に伝来し、福山敏男氏(1)によって全体的な造営の過程があきらかにされ、また岡藤良敬氏(2)によって史料の接続や表裏関係、記載内容の検討が行われた。これらの研究成果により、今日まで多岐にわたって研究が行われていることは周知の通りである。

さて造石山寺所関係文書は、正八位上の下級官人である安都雄足の具体的な活動をみることができる貴重な史料である。安都雄足は、省レベルの官司である造東大寺司の主典であり、かつ他の判官・主典・史生などがそうしていたように、造東大寺司の一部局である所の別当—雄足の場合は、造石山寺所(3)・石山寺写経所(4)など—を兼任していた。本章では彼の造石山寺所別当、造東大寺司主典としての役割をあきらかにし、石山寺造営事業における権限について検討する。

一　造石山寺所の運営

1　造石山寺所別当としての権限

古代国家は石山寺造営事業を専門に行う官司として、造東大寺司の一部局として造石山寺所を新置し、その別当に安都雄足を任じた。別当となった雄足は鷺森浩幸氏(5)があきらかにしたように、まず造東大寺司のなかから造石山寺所の案主・領を任用した。そして彼らがその下の被雇傭者を編成し、造石山寺所の人員配置が完了した。さらに造石山寺所は、木材の伐採・作材に造東大寺司の所である甲賀山作所と田上山作所を、そして物資の保管に造東大寺司の庄である勢多庄を利用した(6)。これらの山作所や庄では、雄足が造石山寺所の領を山作所や庄の領として派遣し、下達文書である「符」を下して命じていた(7)。すなわち雄足の人事権は造石山寺所のみならず、山作所や庄にも及んでいた(8)。

造石山寺所の財源は、造東大寺司から必要に応じて下充されるべきものであったが、吉田孝氏(9)が指摘したように、造石山寺所では早くから財政が逼迫していた。造石山寺所食物用帳(10)には安都雄足への返米記事が並んでおり（『大日本古文書』(11)十五ノ四〇三など）、雄足が別当として私財を提供していたことが知られる。しかし別当という立場にはない者、たとえば長上の船木宿奈万呂は甲賀山作所に私米を提供しており（五ノ八六）、司工の穂積川内も造石山寺所に私銭を提供しているのであり（十五ノ四四九など）、ある程度の立場にある官人（それは意外に広範囲かもしれない）(12)は、私財を積極的に投入していたことがわかる。このように官司を潤滑に運営するために自身の私財を提供することは、雄足やその部下にとっては当然の行為であった。

しかし官人の私財提供だけでは足りず、造石山寺所では石山寺写経所や石山寺からも財政支援を受けていた。そして最も多く支援していたのは石山寺写経所であった。石山寺写経所は、東大寺写経所がその場を移したものであり(13)、石山寺に奉納するための大般若経六百巻が書写された。その別当には、東大寺写経所別当の雄足がそのまま任用されたため、彼は造石山寺所と石山寺写経所の別当を兼ねた。さらに雄足は造石山寺所の案主に下道主を、石山寺写経所の案主に上馬養を採用したが、彼らはそれぞれ石山寺写経所や造石山寺所の発行文書や帳簿にも案主として署名しており(14)、造石山寺所と石山寺写経所は、実質的には同じ別当・案主によって運営されていた。造石山寺所銭用帳に「二百四十文　経料白米売価内借用」とあるように（五ノ二六五）、石山寺写経所が多く貸与していたのは白米を売った銭であり（〔表1〕参照）、これは吉田孝氏が論じたごとく米価の季節間価格差を利用して得た利益であった。この利益は、雄足の裁量で獲得したものなので、造石山寺所への流用がしやすかったのである。すなわち雄足は、所の財政を完全に掌握し、その運用や貸与の権限をも有していたのである。

表1　石山寺写経所からの貸与

日付	米・銭	出典
4.9	黒米5斗	15ノ393
4.24	白米2斗6升4合	15ノ398
6.24	白米5斗	15ノ419
6.29	白米5斗	15ノ421
7.20	銭240文	5ノ365
7.21	銭1貫	5ノ366
7.27	銭3貫373文	5ノ367
8.8	銭5貫722文	5ノ368
8.9	銭3貫656文	5ノ369～370
8.10	銭408文	5ノ370
9.19	銭4貫260文	15ノ445

出典は『大日本古文書』の巻ノ頁で示す。

さらに造石山寺所の造営事業と石山寺写経所の写経事業には、奇妙な連携がみられる。写経事業は、大般若経一部六百巻と理趣経二巻の書写が六年二月十一日からはじまり、途中、四月二十日前後で一旦中断され、八月五日から再開し十二月はじめに終了している(15)。この中断期間には観世音経百巻を書写しているが(16)、これは月に二八巻くらいのペースであったのに対し、それまでの大般若経と理趣経の書写は一〇〇巻くらいのペースであった。すなわち四月二十日ごろから石山寺写経所の活動は抑制されるが、これはちょうど造石山寺所の米不足が深刻化していた時期であり、また八月五日から書写活動が本格的に再開されるが、これは造営事業の完成が近づいた頃であり、かつ米価が安くなる時期にあたる。つまり雄足によって双方の作業ペースが調整されていたのである。

また雄足は東塔所の別当も兼任していたことが知られるが、造石山寺所銭用帳九月十九日条では、造石山寺所の残材とともに雄足の私材と東塔所の材木の回漕が記されている(17)（十五ノ四四五）。高嶋山作所には造石山寺所領である勝屋主が派遣されていたが、雄足はここに造石山寺所のみならず東塔所の材木の運漕と売買をも業務として割り当てていたのである。このように雄足は、自身が別当を兼任する所の業務を一括して処理する権限をもっていたのである。

造東大寺司では雄足の他にも、判官の葛井根道が木工所と造瓦所と造上山寺菩薩所の、主典の美努奥麻呂が木工所と造香山薬師寺所の別当を兼ねていたことが知られる。山下有美氏(18)は別当制の導入により、所のことは所の別当に専門的に担当させ、一定の決裁権限を付与することで運営の円滑化・合理化がもたらされたとするが、その別当を兼任することは、所の間での財源の融通や業務の統括が可能になることを意味した。すなわちより弾力的な官司運営を可能にしていたのである。

2　安都雄足の任用とその背景

石山寺造営事業は、藤原仲麻呂主唱による保良宮遷都に付随するもの(19)と捉えられ、石山寺は保良宮の付属寺院(20)と解釈されている。したがって仲麻呂の諸政策と密接な関係をもつ安都雄足が造石山寺所別当に任用されたのは、ごく当然のことであるように思える。しかし雄足は造石山寺所別当として、その人事と財政に関するすべての権限が与えられるかわりに、その業務を確実に遂行するよう要求されていたのである。したがって彼の官人としての能力が何よりも重視された。

その能力の一つが「経済力」である。造石山寺所の財政が逼迫した折に雄足の私財が投入されたように、官司運営を潤滑に行うためには、別当にある程度の私富が蓄積されていなければならなかった。吉田孝氏が指摘したように雄足は、東塔所の財政運用において、自身の私材をも地域間価格差を利用して売買し利益を獲得しており、また造石山寺所の立て替えで石山に近い田上の田を買い、岡田や越前国足羽郡の田を経営するなど諸国に私田を経営していた。(21)そして雄足だけでなく、上馬養の米が雄足の米と一緒に石山寺写経所で購入され（五ノ二六九）、葛井根道の米についての注文が雄足の岡田米についての注文と一緒に、下道主から奈良へ送られているように（十六ノ二四）、他の官人も同様の行為をしていた。このように官司の財政運用において、同時に官人自身の財政運用が行われ、利益をあげていたことはあきらかである。吉田孝氏は「官人の私経済が造東大寺司の財政運用のなかに生きていた」と表現し、その後はこの「官人の私経済」が注目され、(22)とくに小口雅史氏(23)は官人の私富の蓄積を強調した。しかし「官人の私経済」が認められていたのは、彼らが官司運営のために私財を提供する存在であったことが、広く認知されていたからではないだろうか。

また「経済力」とともに「人脈」も、官人の能力として不可欠であった。雄足の人事権は、造石山寺所のみならず甲賀・田上山作所や勢多庄などに及んでおり、ここでは雄足の任用した領・工によって運営され、さらに彼らによってその下部が編成されていた。すなわちまず有能な人材を領・工に起用することが最重要課題だったのであり、そのためには雄足自身が、造東大寺司内で幅広い人脈をもっていなければならなかった。雄足は天平二十年（七四八）九月から造東大寺司の舎人として活躍し、越前国史生に任用された五年間を除き、造東大寺司で過ごしていた。その意味で彼の造石山寺所別当任用はまさに適任だったのである。

二　造東大寺司主典としての役割

1　所の新置と停廃

安都雄足は造東大寺司主典として造石山寺所を運営し、さらにはその新置と停廃とを遂行した。造石山寺所の新置においては、雄足によって案主・領などが任用され、また雄足の請求により造東大寺司から財源が下充されたことが知られている。

停廃[24]については、宝字七年五月六日付造石山院所解（五ノ四三八～四四〇）によって、六年九月十七日に材木など、翌七年五月六日に銭六八四文と工具・調理用具・舗設が造東大寺司に返却され、他の調理用具・貯蔵用具・食膳用具・櫃類と藁と檜皮が石山院に収置されたことが知られる。石山寺造営事業は六年八月に完成しているが、七年五月六日になってようやく最終処分が決定したのは、後述する造石山寺所の五丈殿運漕の未払い分の処理があったためであり、その間、造石山寺所の残物は、石山寺の三綱のもとで保管されていた[25]。

一方、米や塩・海藻などの副食物は、どのように処理されたのであろうか。造石山寺所食物用帳の末尾には八月十三日付で、「海藻十八斤　滑海藻七斤[26]／右、造寺料用残、便寄㆓奉写経所㆒如㆑件」とあり（十六ノ一七八）、残った海藻・滑海藻が石山寺写経所に寄せられていることが知られる。また造石山寺所は石山寺から黒米二〇石を借用しており、造石山寺所食物用帳にはいたるところに、「白米△斗／右、借㆓充上寺㆒附㆓△△㆒」という返済記事がみられる。このうち八月十三日条には「下米五斗／右、借㆓充上寺㆒附㆓国守家万呂㆒」とあり、「自㆓経所㆒充遣、仍勾」の追筆がみられ（五ノ二四）、一方石山寺写経所食物用帳八月十四日条には「又下米五斗／右借㆓充上寺㆒附㆓国守家万呂㆒但彼代、自二造寺所一可二報来一」とある（十五ノ四七二）。すなわち石山寺への米五斗の返済は、石山寺写経所が行っているのであり、後でその分を造石山寺所が支払うことになっている。そして石山寺写経所食物用帳によれば、その後はすべて石山寺写経所が返済している(27)。

造石山寺所黒米報進文案（十五ノ二四八～二五〇）は、造石山寺所が石山寺から借りた黒米二〇斛の返済の量と日

表2　石山寺への米の返済

黒米報進文案			造寺所食物用帳			写経所食物用帳		
日付		升	日付		升	日付		升
4.12	黒米	100	4.12	米	100			
4.23	白米	100	4.23	白米	100			
5.15	黒米	50	5.15	黒米	50			
5.25	白米	50	5.25	白米	50			
6.2	白米	50	6.2	白米	50			
6.6	白米	21	6.6	白米	21			
6.8	白米	20	6.8	白米	20			
6.28	白米	20	6.28	白米	20			
7.3	白米	20	7.3	白米	20			
7.9	白米	20	7.9	白米	20			
7.7	黒米	20	7.7	黒米	20			
7.12	白米	20	7.12	白米	20			
7.14	白米	50	7.15	白米	50			
7.22	白米	30	7.22	白米	30			
7.29	白米	20	7.29	白米	20			
			8.2	白米	20			
			8.5	白米	20			
			8.8	白米	10			
			8.11	白米	20			
			8.12	黒米	20			
			8.13	白米	20	8.14	白米	20
			8.13	黒米	30	8.14	黒米	30
						8.18	白米	10
						8.18	黒米	20
			8.19	黒米	50			
8.22	黒米	50						
						8.23	白米	10
						8.23	黒米	10
8.24	白米	2						
						8.26	白米	?
						8.29	白米	20
9月		2石3斗				9.19～22	黒米	50?
						9.24	白米	2
10.7	白米	2				10.7	白米	2
10.7	黒米	50				10.7	黒米	50
						10.18	白米	100
11.11	白米	60				11.11	白米	60
11.16	白米	50				11.16	白米	50
11.21	白米	20				11.21	白米	20
11.29	白米	20				11.29	白米	20
						11.30	白米	660

付（四月十二日から十一月二十九日まで）を記録するもので、〔表2〕は、この造石山寺所黒米報進文案と造石山寺所食物用帳、石山寺写経所食物用帳の記載内容を比較したものである。吉田孝氏は造石山寺所黒米報進文案の内訳に間違いが多いとしており[28]、確かに八・九月は造石山寺所食物用帳の記載内容とくいちがう[29]。しかし四月から七月までは一致しており、さらに十月・十一月は、石山寺写経所食物用帳十月十八日条の白米一斛と十一月三十日条の六斛六斗の記載がないものの、他は一致する。そして石山寺写経所食物用帳十一月三十日条には「右上寺充、附二小鎮神勇師一但先日借用二十斛代、今日報了」とあり[30]、先に造石山寺所が石山寺に借用していた二〇斛が、十一月三十日の石山寺写経所の返済をもって完済されたことがわかる[31]。このように石山寺写経所は八月十三日ごろから、造石山寺所が借用した米の返済を引き継いでいるのである。

さらに米銭請用注文（五ノ二八五〜二八七）は、石山寺写経所が白米・糯米・小豆・大豆などを売って得た銭貨の支出を記したものであるが、その後半部分に、なぜか「自愛智郡進上租米四十石五斗」とあり、造石山寺所が造東大寺司から徴収権を得た東大寺封戸の近江国愛智郡宝字四年租米（五ノ一四三〜一四四）の用途や残米が記されている。この愛智郡宝字四年租米一二五石五斗が最終的に収納されたのは宝字七年六月十五日であり、愛智郡司解の書面上の提出先は造石山寺所であるが、実際には造石山寺所の停廃後は、石山寺写経所に納入されていたのである[32]。そして愛智郡宝字四年租米の「用六石五斗」のうち四石を常食料として石山寺写経所が使っているように、造石山寺所の米は石山寺写経所に統合され、その収入も負債も引き継がれているのである[33]。

さてその石山寺写経所も書写が終了し、天平宝字六年十二月に停廃の準備がはじまる。十二月十五日付の石山院解（五ノ二八九〜二九〇）では、書写し終わった大般若経六百巻と理趣分一巻と残った海藻などの副食物とともに、石山寺写経所に納入されていた愛智郡租米の白米一二斛も造東大寺司に返却された。そしてその後の愛智郡租米の納入は、宝字六年閏十二月一日造寺司牒案（十六ノ一一一〜一一二）により、閏十二月一日以降は直接、造東大寺司に納入されたことがわかる。

石山寺写経所の財務処理に関する文書（十五ノ二五二〜二五四、十六ノ一一八〜一一九）は、十二月二十四日以降に書かれたものであるが、ここでは紙以外の銭・米・副食物をすべて用尽としている。これはおそらく雄足の指示で、米や銭は帳簿のうえでは石山寺写経所の残物を用尽とし、余った物は造石山寺所の残物として処理したのであろう。なぜなら造石山寺所へは愛智郡租米の進上がまだ続いていたのであり、また五丈殿運漕における材木流失にかかわる未払い分が残っていたのである。

この未払い分については、宝字七年三月に壊運所に銭五貫七四〇文、米一〇斛七斗八升を支払うことが決まった[34]（五ノ四〇〇〜四〇一）。壊運所[35]は造東大寺司の所であり、石山寺造営事業において三丈殿一宇と五丈殿二宇を解体・運漕していたが、五丈殿の運漕中、材木の一部が夜須湖において流失したため、その支払いをめぐって造石山寺所ともめていた。雄足は米については、前年の閏十二月一日から準備をはじめ、勢多庄に対して「彼所ニ買置ニ秋米内」の黒米六斛三斗八升を（十六ノ一一〇〜一一一）、岡田鋳物師王公所に対して「彼買置米」の黒米五斛を壊運所に充てるように命じている（十六ノ一一九〜一二〇）。石山寺写経所の米売価銭用帳（五ノ二六六〜二七〇、十五ノ四五一〜四五三）では、八月十六日・九月五日に勢多庄領に買米料としてそれぞれ銭二貫を下給し、八月十日にも岡田鋳物所に銭一貫六〇〇文を米五石の価料として下給しているのであり、この時に購入しておいた米を造石山寺所の未払い分として壊運所に支払おうとしていたのである。そして銭は帳簿の上で、造石山寺所の残銭として処理した分から支払いを済ませた後、宝字七年五月六日に六八四文が造東大寺司に返却されたのである（五ノ四三九〜四四〇）。

以上のように造石山寺所が停廃されると、その財政は、まず安都雄足がその別当を兼ねる石山寺写経所に統合された。その結果、石山寺写経所では愛智郡租米が納入され、また石山寺への米の返済が行われた。そして石山寺写経所が停廃される際には、帳簿のうえでは石山寺写経所の残物を用尽とし、余った分は造石山寺所の残物として処理し、ここから五丈殿運漕の未払い分を支払った後に造東大寺司に統合したのである。すなわち造石山寺所・石山寺写経所の停廃後の財政処理も、雄足の主導のもとに行われたのである。

2　造東大寺司政所での協議

造東大寺司では、その部局として多くの所を抱えており、それぞれの所の別当たちは、みな安都雄足と同様に所の業務・人事・財政を完全に掌握し、所の新置と停廃をも主導した。すなわち所はその別当によって造東大寺司から分離・独立し、やがてその事業が終了するとまた統合されたのであり、造東大寺司は、所そのものを別当に丸投げする形で包括していたのである。そして所の人材・財源が造東大寺司から派遣・下充されていたように、造東大寺司は所の母体であり、人材や財源をプールする場であった。

さらにそれぞれ造東大寺司の判官・主典・史生でもあった所の別当たちは、造東大寺司政所において人材の配置や財源の配分について協議していた。鷺森浩幸氏があきらかにしたように、たとえば特定の人物を領や工として配属を希望する場合、その人物を希望する所の別当が政所に申請し、政所ではその人物が所属している所の別当に打診し、許可が得られた後、正式に配属が決定されていた。そして造物所の木工が「牒」によって、造石山寺所に派遣されているように(十五ノ一五三)、造石山寺所別当と造物所別当との直接協議によって、工の派遣が決定されることもあり[36]、その際の協議の場は政所であったと思われる。このように人事決定の過程は、所の別当が主体であり、政所の中央集中的な管理力はきわめて弱かった[37]。

そして所の財源は本来、所の別当の請求に従って、造東大寺司が必要な時に必要な量だけを下充する仕組みであった。財源が豊富な時はそれで問題なかったが、当時は造東大寺司の財政も逼迫していたため、財源の配分についても協議されていた。たとえば愛智郡宝字五年庸米には、近江国庁に合計六〇斛三斗を収納したことを報告する文書が存在し（十五ノ一五四～一五五）、このうち四五斛三斗は造石山寺所の分で、残る一五斛は「奈良寺司」の分とある。そしてこの一五斛は、その返抄により（五ノ一一三）、造物所に充てられていることがわかる。すなわち造東大寺司は苦肉の策として、封戸からの収入やその徴収権を直接、所に充てていたのであるが、その具体的な配分は、政所における所の別当たちの直接協議にもとづいて決定されていたと思われる。そして三月に造東大寺司から焦げ付いていた愛智郡宝字四年租米の徴収権を得た造石山寺所が（五ノ一四三）、これを徴収しようとすると、すでにその一部は造東大寺司史生の麻柄全麻呂が運び去っていた（十五ノ一八〇～一八一）。行き違いが生じているが、この麻柄全麻呂も造香山薬師寺所の別当であり、所の別当が主体となって財源の確保に奔走している様子がうかがわれる。

以上のことから造東大寺司は所を別当に丸投げしていたこと、そして造東大寺司政所は、各所の別当を兼任した判官・主典・史生たちがそれぞれの所を代表して、人材・財源の配置・配分を協議する場であったと思われるのである。

三　石山寺造営事業における権限

本節では石山寺造営事業における安都雄足の権限を考察したい。石山寺の造営事業は大きく甲賀・田上山作所での作材とその運漕、壊運所による三丈殿・五丈殿の解体・運漕、そしてこれらの現場での組み立ての三つ工程にわかれていた。まず甲賀・田上山作所における雄足の影響力をみてみたい。

先述したように、雄足は造石山寺所の領を甲賀・田上山作所の領として派遣し、彼らに「符」を下していた。そして甲賀・田上両山作所の財源は造石山寺所から下充されていた。〔表3〕は、田上山作所の正月、二月、三月、四月告朔解と造石山寺所の銭用帳・食物用帳との物資を収納した日付と量とを比較したものである。両者の記載内容は一致することが多く(38)、ここから田上山作所が造石山寺所から物資を下充されていたことがわかる。一方、甲賀山作所も十二月・正月と三月・四月の告朔解が存在するが、これらは〔表4〕にみるように、造石山寺所の銭用帳・食物用帳と

表3　田上山作所告朔解と関連帳簿の比較

	田上山作所		造石山寺所	
	正月告朔解		食物用帳・銭用帳	
物　資	日　付	量	日　付	量
銭（文）		5000	1.16	15000
米（升）		900		
塩（合）		150	1.16	100
〃			1.24	50
海藻		36斤・5連	1.16	5連
滑海藻		51斤・3嶋	1.16	3嶋
末醤（升）		1	1.26	1
			1.26	酢滓35升
	二月告朔解			
銭（文）	2.2	3000		
〃	2.18	3000		
〃	2.28	2000		
〃	3.2	2000		
米（升）	2.2	300	2.3	黒米300
〃	2.11	300	2.11	黒米300
〃	2.18	300	2.18	黒米300
〃	2.23	150	2.23	黒米150
〃	2.28	300	2.28	黒米300
塩（合）	2.2	100	2.3	100
〃	2.11	20	2.11	20
〃	2.28	50	2.28	50
海藻（斤）	2.2	30		
〃	2.20	15	2.21	15
滑海藻（斤）	2.2	20		
〃	2.20	15	2.21	15
醤滓（升）		30	2.8	30
菹（升）	2.1	55		
	三月告朔解			
銭（文）	3.9	4000	3.9	4000
〃	3.20	2000	3.20	2000
〃	3.24	5000	3.24	5000
米（升）	3.2	200	3.2	200
〃	3.6	50	3.6	黒米50
〃	3.7	250	3.7	黒米250
〃	3.7	50	3.7	黒米50
〃	3.14	100	3.14	黒米100
〃	3.9	300	3.9	黒米300
〃	3.15	309.2	3.15	黒米309.2
〃	3.19	50	3.19	黒米50
〃	3.20	208	3.20	黒米208
〃	3.23	203.8	3.23	202.8
塩（合）	3.9	70	3.9	70
〃	3.12	100	3.12	100
〃	3.20	30	3.20	30
〃	3.23	100	3.23	100
滑海藻（斤．両）	3.2	30	3.2	30
〃	3.12	4.8	3.12	4.8

〃	3.16	6.8	3.16	6.8
〃	3.23	8.8	3.23	若滑海藻 8.8
醤滓（升）	3.2	3	3.2	3
〃	3.7	7	3.7	7
〃	3.12	10	3.12	10
〃	3.15	10	3.15	10
〃	3.23	10	3.23	10
酢滓（升）	3.2	5	3.2	5
〃	3.7	20	3.7	20
	四月告朔解			
銭（文）	3.30	3000	3.30	3000
〃	4.15	2000	4.14	2000
〃	5.2	5000	5.2	5000
〃	5.10	300	※5.10	300
米（升）	3.26	100	3.26	黒米 100
〃	3.28	100	3.28	黒米 100
〃	4.1	200	4.1	黒米 221
〃	4.7	100	4.7	黒米 100
〃	4.10	100	4.10	黒米 100
〃	4.13	100	4.13	黒米 100
〃	4.19	50	4.19	黒米 50
〃	4.21	56.8	4.21	黒米 56.4
〃	4.23	100	4.23	黒米 102
〃	4.26	100	4.26	黒米 100
〃	5.2	300	5.2	黒米 300
〃	5.10	50	5.10	白米 50
〃	5.13	100	5.13	100
〃	5.16	50	5.16	白米 50
塩（合）	4.1	30	4.1	30
〃	4.7	20	4.7	20
〃	4.10	20	4.1	20
〃	4.19	20	4.19	20
〃	5.16	10	5.16	10
〃	5.23	30	4.23	30
〃	5.28	20		
醤（升）	3.24	1	3.24	2
酢（合）	3.24	3	3.24	3
醤滓（升）	4.1	1	4.1	1
〃	4.7	4	4.7	4
〃	5.13	1	5.13	醤 1
末醤（升）	4.15	4	4.15	4
〃	5.2	3	5.2	3
酢滓（升）	4.22	3		
			4.19	若滑海藻 2 村
			4.19	海藻 1 把

※岡藤良敬氏は、その著書270頁（前掲注（2）著書）で、造石山寺所銭用帳のFとGの断簡は接続していた可能性は高いとしているが、両者が接続し、五月十日条の三〇〇文が田上山作所に送られたとすると、四月告朔と一致する。

の一致が少ないが、これは主に造石山寺所食物用帳が正月十四日条から書きはじめられていることが原因である。さらに甲賀山作所の停廃時において、十二月・正月告朔解では、購入された「槽一口・櫃一合・折櫃一合・麻笥一口・小笥二合・釜一口」が、「即返上司」と記されているので（五ノ八七）、一見、甲賀山作所が造石山寺所を介さずに直接、造東大寺司に物資を返却したように解される。しかしたとえば釜は、秋季告朔に「鉄釜一口　買」とあるが（十六ノ二四三）、これは十二月・正月告朔解で甲賀山作所が購入したものしか存在しないので、造石山寺所に返却された

表４　甲賀山作所告朔解と関連帳簿の比較

	甲賀山作所		造石山寺所	
	十二月・一月告朔解		食物用帳・銭用帳	
物　資	日　付	量	日　付	量
銭（文）	12.19	6000	12.24	8000
〃	1.1	9000	1.1	7000
〃			12.27	194
米	12.18	65.8		
海藻（連）	12.26	10		
〃	1.1	20		
滑海藻（嶋）	1.1	4		
末醤（升）	1.1	25		
酢滓（升）	1.1	35		
塩（合）		515		
葅（升）	12.26	10		
	三月・四月告朔解			
銭（文）	2.5	272	4.25	70
〃	3.13	4000	3.13	4000
〃	3.23	4000	3.23	4000
米（升）	2.5	876.2		
〃		125		
塩（合）		70	3.13	50
〃			4.10	20
海藻（斤．両）	3.18	6.12		
醤滓（升）		20	3.15	20
酢糟（升）		10		
			4.10	酢滓３升

ことがわかる(39)。

また甲賀山作所三月・四月告朔解においては、塩七升と醤滓二斗が「自ㇾ司請」とあるが（五ノ九五）、塩は造石山寺所食物用帳三月十三日条の五升（十五ノ三八一）と四月十日条の二升（十五ノ三九三）の合計であり、醤滓も造石山寺所食物用帳三月十五日条と一致するので（十五ノ三八二）、これは実際には造石山寺所からの支給である。このように甲賀山作所と造東大寺司との間には直接的なやりとりはなく、常に造石山寺所が関与していた。そして銭においては、たとえば造石山寺所は人功の「日別十五文已下」を充てることを指示したうえで（十五ノ一七三）、功料四貫を充て、甲賀山作所ではこれを配分して残銭五三九文を返上しているように（五ノ三五八）、造石山寺所は八貫、四貫というまとまった銭を山作所に送り、山作所において功料などの細かい配分が行われ、残銭は返上されていたのである。

これに対して壊運所は、その財源の調達がまったく異なっていた。信楽殿壊運所解（五ノ七四〜七五）は、壊運所から造石山寺所へ提出された三丈殿の壊運漕の見積りである。すなわち三丈殿の壊運漕には、本所から川津まで一八六人、川津から石山津まで一六九人の計三五五人を要すとする。このうち本所から川津までの一八六人については、功食の記載がないが、これは三丈殿を施入した法備が負担したものと思われる(40)。そして追筆に「依㆓大徳宣㆒充㆓銭三貫二百十一文／米三斛三斗八升㆒／奉宣史生師」とあるように、川津から石山津までの一六九人の功銭二貫五三五文に、粉酒直の六七六文を足した三貫二一一文と、その食米三斛三斗八升が大徳（＝良弁）宣によって調達されたことが記されている。

さらに秋季告朔には興味深い記載がある。岡藤良敬氏によると、秋季告朔は［Ⅰ］雑物、［Ⅱ］作物、［Ⅲ］散役から構成されるが、［Ⅰ］雑物の米の部分において、三丈殿一宇の壊運に関わった雇夫一六九人の食料三斛三斗八升に「右米、依㆓大僧都宣㆒」とあり(41)（十六ノ二四九）、大徳宣に依るものであることが明記されているが、さらに五丈殿二宇の壊運に携わった「領僧并夫及女一千九百八十五人」の食料の総額三九斛一斗についても「右、依㆓大僧都宣㆒、附㆓即領僧寶慶并法宣師等㆒充㆓食米、并雇役夫等㆒如ㇾ件」とあって、これも大徳宣によって調達されたことがわかる。また［Ⅰ］雑物の銭は、破損が激しいが、五丈殿・三丈殿の銭の支出を記した後の「右□條銭□大僧都宣、充用如件」の記載が「大僧都宣即附□国師充銭等如件」に訂正されていることがわかる（十五ノ一一七）。前者は、おそらく「右二條銭依㆓大僧都宣㆒、充用如ㇾ件」であり、「右二條」すなわち五丈殿と三丈殿は、良弁の宣によって銭が充てられたとしている。続く［Ⅱ］作物の信楽宮辺買板屋二宇（五丈殿）と法備国師奉入板殿一宇（三丈殿）には、それぞれ「右依㆓大僧都宣㆒、附㆓近江林寺僧寶慶并法宣師等㆒充㆓功食料㆒、自㆓本所㆒迄ㇾ潮漕如ㇾ件」「一宇依㆓大僧都宣㆒、即附㆓国師㆒充㆓功食料㆒、令ㇾ漕如ㇾ件」とあって（十六ノ二二七・二二八）、五丈殿直と五丈殿・三丈殿の壊運漕にかかった功食は、すべて大徳宣によって調達されている。

以上のように良弁の宣によって、三丈殿の川津から石山津までの壊運人の功食、五丈殿の直とその壊運人の功食が調達されたのであり、これらは造石山寺所の財源から支出された。その結果、壊運所の物資は、法備と良弁の宣とによってすべてが用意された。つまり壊運所の財源は、造石山寺所から独立したかたちで調達されたのである。

さらに秋季告朔の〔Ⅱ〕作物の足庭作物等で「右依二大僧都宣一自二信楽一買遷竪如レ件」とあるように（十六ノ二一〇）、五丈殿が良弁の宣により購入・移築されたこと、〔Ⅲ〕散役で、五丈殿二宇と三丈殿一宇の合計三宇について「右、二條殿三宇、依二大僧都宣一、須三彼所レ仰令二漕運一」とあるように（五ノ三四九）、良弁の宣によって三丈殿・五丈殿の運漕が行われたことがわかる。また三丈殿を施入した法備が、良弁と関わりの深い人物と思われることからも(42)、この三丈殿・五丈殿の取得・解体・運漕という一連の業務は、良弁の企画であったと考えられる。そして壊運所の領である慶寶・正順・法宣が、近江夜須郡林寺の僧であることから(43)、良弁が直接任用した可能性が高い。

以上のことから壊運所の業務も人事も財源もすべて良弁が掌握していたと思われる。壊運所については、すでに造石山寺所が領を派遣した形跡がなく、また造石山寺所との間の文書も「解・牒」によってなされていること(44)、さらに造石山寺所からの文書の安都雄足の肩書きには「別当」や「造東大寺司」とあり、造石山寺所との関係が相対的に疎遠であったことが指摘されている(45)。このように壊運所は石山寺の造営事業を担った機関として、同じ造東大寺司の所である甲賀・田上山作所と並び称されることが多いが、壊運所は良弁の直轄であり、雄足は関与していなかったのである。言いかえれば石山寺造営事業における安都雄足の権限は、造石山寺所と甲賀・田上山作所にまでしか及んでいなかったのであり、すべての部署を統率できたのは良弁ただ一人だったのである。良弁が東大寺・造東大寺司・石山寺を統率下に置く権力者であったことはすでに指摘されているが(46)、石山寺造営事業そのものが良弁の事業だったのである。

さらに良弁が石山寺造営事業に直接関与していたことも、多くの先行研究[47]が指摘しているが、財政に関しても、良弁はその宣で坂田庄の大菩薩料地子米[48]を石山寺造営費用に充てるよう命じている（五ノ一四三〜一四四、十五ノ二五四〜二五五）。また良弁が統率する石山寺からは、先述したように黒米二〇石が造石山寺所に貸与されているが、これ以外にも銭五〇貫も貸している。宝字六年正月十六日の造石山寺所解（十五ノ一三八）では、漆を買うために造東大寺司に二〇貫の借用を申請しており、この銭は即日下充されたが、追筆に「如負請来自上寺」とあるように、造東大寺司ではなく「上寺」からやってきた。僧神勇充銭注文（五ノ六七）に、この時の二〇貫と二十日の一〇貫、二月八日の二〇貫の計五〇貫を造寺料として造石山寺所に貸したことが記されるので、「上寺」とは神勇が所属する石山寺を指す。つまり造石山寺所が造東大寺司に借銭を願い出たものの、造東大寺司にその余裕がなかったためか、かわりに石山寺が銭を送ったのである。これは造東大寺司と石山寺とを統率する良弁の計らいによるものと考えられる。

このように良弁は、雄足が造石山寺所・石山寺写経所などで有していた業務・人事・財政の権限を、東大寺・造東大寺司・石山寺において有していた。すなわち石山寺造営事業は、良弁―東大寺・造東大寺司・石山寺、安都雄足―造石山寺所・山作所という重層的な統率関係により遂行されていたのであり、雄足はその実務を担っていたのである。

おわりに

最後に本章であきらかにした安都雄足の官司運営をまとめる。

一、石山寺造営事業は良弁の事業であり、すべての権限は彼が掌握していた。安都雄足は、その経済力と造東大寺司内での人脈とが評価されて造石山寺所別当に任用されたのであり、彼は良弁の下で着実に実務をこなし、財政が逼迫するなか、短期間に石山寺の造営事業と写経事業とを成し遂げた。

二、安都雄足が掌握していたのは、別当を兼任していた造石山寺所や石山寺写経所・東塔所などであり、また造石山寺所から領を派遣し、その財源も造石山寺所から下充されていた田上・甲賀山作所などであった。これらの所では業務・人事・財政に関するすべての権限を完全に掌握していた。

三、財政難にあえぐ造石山寺所に対し安都雄足は私財を投入するとともに、とくに自身の判断により、季節間価格差を利用して得た石山寺写経所の米売買の利益を積極的に融通した。さらに高島山作所に造石山寺所とともに東塔所の材木の運漕・売買を指示し、また写経事業を一定期間抑制するなどして出費を最小限に抑えた。すなわち雄足は別当を兼任する所の間において財源を融通しつつ、業務の割り当てや作業ペースをも決定していた。

四、安都雄足は造東大寺司主典として、造東大寺司政所で人材の配置や財源の配分を協議するとともに、所の新置と停廃をも主導した。そして造石山寺所が停廃される際にはその財政を石山寺写経所と統合させ、また石山寺写経所が停廃される際には、造石山寺所の未払い分を石山寺写経所が買い付けた米などで弁済した後、造東大寺司に統合させた。

造東大寺司は別当に、所の業務・人事・財政に関するすべての権限を与え、所そのものを別当に丸投げするかたちで所を包括していた。すなわち造東大寺司は所の母体として、人材や財源をプールしていたのであり、その政所は所の別当の協議の場として機能していた。このようなあり方は、他の官司、とくにその組織の一部を割いて造離宮司や造勅旨省司・造東内司などを設置していた造宮省などと共通項があるかもしれないが、それは今後の課題としたい。(49)

注

（1）福山敏男「奈良時代に於ける石山寺の造営」（『日本建築史の研究』桑名文星堂、一九四三年）。
（2）岡藤良敬『日本古代造営史料の復原研究』（法政大学出版局、一九八五年）。以下、とくに断らない限り、岡藤氏の見解は本書による。
（3）「造石山院所」「作石山寺所」などとも呼ばれるが、本書では「造石山寺所」に統一する。
（4）「奉写石山院大般若経所」と呼ばれることが多いが、本書では「石山寺写経所」に統一する。
（5）鷺森浩幸「天平宝字六年石山寺造営における人事システム―律令制官司の一側面―」（『日本史研究』三五四、一九九二年）。以下、とくに断らない限り、鷺森氏の見解は当論文による。
（6）近江国愛智郡宝字五年庸米が勢多庄に置かれていたように（『大日本古文書』十五ノ三一一、松原弘宣「勢多庄と材木運漕」〈『日本古代水上交通史の研究』吉川弘文館、一九八五年〉）、現場の造石山寺所が機能する以前はここにその物資が保管されていた（甲可山作所解〈四ノ五二六～五二七〉・甲賀山作所十二月・正月告朔解〈五ノ八六〉）。
（7）松原弘宣「『所』と『領』」（亀田隆之先生還暦記念会編『律令制社会の成立と展開』吉川弘文館、一九八九年）。
（8）ただし鷺森浩幸氏が指摘するように、開設当初は案主・領の任命は、造東大寺司から認められていなかった（前掲注（5）論文）。
（9）吉田孝「律令時代の交易」（『律令国家と古代の社会』岩波書店、一九八三年）。以下、吉田氏の見解は当論文による。
（10）『大日本古文書』五ノ五～一二、十五ノ三七八～四三六、五ノ一九～三〇、五ノ二五～二九、五ノ二四～二五、十六ノ一七七～一七八。
（11）以下、『大日本古文書』は巻ノ頁であらわす。
（12）岡藤良敬氏は、船木宿奈万呂は従六位上の長上工、穂積川内は無位の未選工であったとする（「造寺司木工について」〈竹内理三編『九州史研究』御茶の水書房、一九六八年〉）。
（13）山下有美「写経機構の変遷」（『正倉院文書と写経所の研究』一一八頁、吉川弘文館、一九九九年）。

（14）山下有美「写経機構の内部構造と運営」（『正倉院文書と写経所の研究』三〇七～三〇八頁、吉川弘文館、一九九九年）。
（15）岡藤良敬氏、前掲注（2）著書、四三四頁。
（16）造石山寺所食物用帳六月二十一日条（十五ノ四一七）。山本幸男「造石山寺所の帳簿（下）―筆蹟の観察と記帳作業の検討―」（『相愛大学研究論集』一五、一九九八年）。
（17）高嶋山作所小川津で購入したと思われる東塔所の材を泉で売却させ、その利益で東塔の歩廊を作る様工等の功食料に充てていた（吉田氏前掲注（9）論文）。
（18）山下氏前掲注（14）論文、三二七頁。
（19）山本幸男「造東大寺司主典安都雄足の『私経済』」（『史林』六八―二、一九八五年）。
（20）鷺森浩幸「造石山寺所の給付体系と保良宮」（『正倉院文書研究』一二、二〇一一年）。
（21）小口雅史「安都雄足の私田経営―八世紀における農業経営の一形態―」（『史学雑誌』九六―六、一九八七年）。
（22）山本氏前掲注（19）論文。
（23）小口氏前掲注（21）論文。
（24）造石山寺所は文書においては、愛智郡宝字五年租米の納入が終わる宝字七年六月までその名称があらわれるが（五ノ四四五～四四六）、実質的には石山寺の造営事業が終了した宝字六年八月ごろに停廃されていた。
（25）奉写二部大般若経解移牒案（五ノ三二三）の閏十二月二十三日の司符には、石山寺の三綱の状によって閏十二月十九日に盗難に遭い、造寺料が盗まれたことが報告されている。
（26）以下、「／」は改行をあらわす。
（27）ただし九月二十二日条（？）で「上寺借充、附二国守家万呂一、但彼替自二造寺司一可レ来」とあり（十五ノ四八二）、この分は造東大寺司から替米が来ている。
（28）八月の部分は、正しくは「八月中五斗一升　二十二日黒五斗付家万呂　二十四日白一升付家万呂」であり、九月は報進した一斛七斗五升から、四月～八月と十月・十一月分を引き、二石三斗となる。

(29) 八月は石山寺写経所食物用帳では一石二斗を、造石山寺所食物用帳では一石九斗を返済したことになっており、九月にいたっては、石山寺写経所食物用帳では五斗二升の返済しかなく、造寺所黒米報進文案の内容と異なる。
(30) 『大日本古文書』では「但廿日借用二十斛代」とあるが(十五ノ四九七)、「廿日」は「先日」の誤りである。
(31) 十一月三十日付の石山寺からの返抄も残っている(五ノ二八七)。
(32) そして十一月一日付の米銭請用注文で、租米四〇石五斗が納入されたことから逆算すると、九月二十八日の一二石、十月十五日の九石、同月十六日の六石、同月十七日の七石五斗、同月二十三日の六石の合計が四〇石五斗となる(福山氏前掲注(1)論文)、九月二十八日進上分から石山寺写経所に納入されたと考えられるが、その前の進上は七月九日なので、やはり石山寺の増改築が完成した八月ごろに納入先が変更されたと考えられる。
(33) 一方銭については、詳細を知ることができない。しかし造石山寺所銭用帳の六月下旬以降の記載から借銭が非常に多いことが知られ、なかでも一番多いのは石山寺写経所からのものである。おそらく銭もまた米や副食物と同様に石山寺写経所に統合され、結果的には石山寺写経所からの借銭は帳消しにされていたと思われる。
(34) 岡藤良敬「信楽板殿関係史料の検討―壊運漕費の『残務整理』―」(皆川完一編『古代中世史料学研究』上、吉川弘文館、一九九八年)。
(35) 壊運所は多様な名称で呼ばれており(岡藤良敬「信楽板殿壊運漕の経過と経費」〈『福岡大学人文論叢』二五―三、一九九三年〉)、とくに「信楽板殿壊運所」と呼ばれることが多いが、「信楽―」は、秋季告朔では五丈殿を運漕した組織にのみ使われている。しかし大橋信弥氏が指摘するように、三丈殿と五丈殿の運漕は、同じ組織が関わっていたと思われるので(「信楽殿壊運所について―天平末年の石山寺造営の背景―」〈『古代豪族と渡来人』吉川弘文館、二〇〇四年、初出、一九九五年〉)、本章では単に「壊運所」と呼ぶ。
(36) 山下有美氏は、安都雄足が造物所別当を兼ねていたとするが(前掲注(14)論文、三一三頁)、本章では、造東大寺司史生の川原人成が造物所別当だったとする矢越葉子氏の見解(「造石山寺所の文書行政」〈『正倉院文書研究』一一、二〇〇九年〉)に従う。

(37) また造石山寺所は造物所・鋳物所などと「牒」によって物品の貸し借りをしていることが知られるが（矢越氏前掲注（36）論文）、これも所の別当の直接協議によるものと思われる。

(38) 詳細を比較すると、正月告朔解では銭五貫の収入を記すが、銭用帳では一五貫を送ったことになっており、後者は、正月と二月の分をあわせて正月十六日条に記していることがわかる。また食物用帳や造石山寺所解移牒符案（十五ノ一四五）では、「酢滓三斗五升」を送ったことになっているが、これは告朔解にはみえない。米九石も食物用帳にみえないが、これは同帳が正月十四日条から記帳されたためと思われる。二月告朔解の「海藻三十斤、滑海藻二十斤」は食物用帳にはみえないが、造石山寺所解移牒符案（十五ノ一四九）によって、二月三日に造石山寺所の命令により、勢多庄から田上山作所へ送られたことがわかる（二月告朔解では菹五斗五升も食物用帳にみえないが、これも勢多庄より直接、田上山作所に送られた可能性がある）。そして四月告朔解は、数量に異同はあるものの、大体は銭用帳・食物用帳と一致する（ただし五月二十八日に請けた塩二升は食物用帳になく、五月十三日に請けた醤滓一升は食物用帳では醤とし、四月二十二日に請けた酢滓は食物用帳にない。また食物用帳四月十九日条の若滑海藻二材と海藻一把は告朔解にみえない）。

(39) また槽は、秋季告朔では二口を購入したことになっており（十六ノ二四三）、これは甲賀山作所で購入した一口と、銭用帳二月三十日条（四ノ五三五）で購入した一口の合計である。そして宝字七年五月六日造石山寺所解（五ノ四三九～四四〇）において、宝字七年五月六日に鉄釜一口を造東大寺司に返却し、槽二口が石山院に収置されていることがわかる。

(40) 福山敏男氏、前掲注（1）論文。

(41) ただし、この部分は「右二條、依二大僧都宣一、即附二国師一充二食米、并雇役夫等一如レ件」に訂正されている。

(42) 鷺森浩幸「奈良時代における寺院造営と僧―東大寺・石山寺造営を中心に―」（『ヒストリア』一二一、一九八八年）。

(43) 大橋氏前掲注（35）論文。

(44) 同右。

(45) 矢越氏前掲注（36）論文。

(46) 良弁は東大寺三綱を超えた存在で一人東大寺を代表するという特殊な地位にあり（加藤優「良弁と東大寺別当制」（奈良国

立文化財研究所創立三十周年記念論集『文化財論叢』同朋舎、一九八二年）、造東大寺司とともに石山寺をも統率していたことが指摘されている（鷺森氏前掲注（42）論文）。

(47) 福山敏男「石山寺・保良宮と良弁」（『南都仏教』三一、一九七三年）、加藤氏前掲注（46）論文、鷺森氏前掲注（42）論文など。

(48) 矢越葉子氏は、石山寺本尊の丈六観世音菩薩の供養料として設定された地子米とする（前掲注（36）論文）。

(49) 今泉隆雄「八世紀造宮官司考」（『古代宮都の研究』吉川弘文館、一九九三年、初出、一九八三年）。

第三章　二部大般若経写経事業の財政とその運用

はじめに

天平宝字六年（七六二）十二月はじめ、石山寺写経所における大般若経一部六百巻の書写が終了すると、同月十六日の少僧都慈訓の宣により奈良の東大寺写経所において、大般若経二部千二百巻の書写がはじめられ、翌七年四月に終息した。この二部大般若経写経事業の財政は、節部（大蔵）省から大量の調綿が下充され、これを写経所の官人が各々交易して得た銭によって必要物資が購入されるという、その特異なあり方が注目されてきた(1)。これは古代国家の現物給与の原則、すなわち吉田孝氏(2)が述べるように、紙・筆・墨などは図書寮から、布・絁・綿などは大蔵省から、米は民部省から、塩・醤などは大膳職から、それぞれ現物で支給されるという原則に反するものであり、当時の流通経済に依存した財政とされた。

このように先行研究の大半は調綿売却に集中しているが、唯一、全体の財政を扱ったものとして、栄原永遠男氏(3)の研究がある。氏は帳簿を分析した結果、必要物資を前もって購入しておいた形跡がないことから、二部大般若経所の物資調達は、写経事業の段階的進展に対応してかなり計画的に行われており、物価騰貴や物資不足を想定せず、あたかも必要な時に必要な量の諸物資を購入できるという前提に立っていたとし、当時の流通経済における写経所の財政力の強さを指摘している。

しかし写経所別当の安都雄足は、吉田孝氏があきらかにしたように、石山寺写経所や東塔所の別当として、米などを春に高値で売却し秋に安値で購入したり、あるいは高嶋山において安値で購入した材木を泉まで回漕して高値で売却していた人物である。この二部大般若経写経事業において、彼がなぜこのような財政運用を行わなかったのか疑問が残る。

さらに当時、東大寺写経所では二部大般若経とともに、十二灌頂経と仁王経疏の写経事業も行われていた。すなわち同六年五月、平城に還都した際に淳仁天皇と孝謙太上天皇の対立が表面化し、六月三日には孝謙が皇権の主要部分の掌握を宣言した。そのなかにあって栄原永遠男氏は、二部大般若経が藤原仲麻呂の主唱するもので、併行して行われた十二灌頂経と仁王経疏は孝謙・道鏡の主唱するものであったとし、山下有美氏(4)は、これは孝謙らが内裏側の写経機構を拠点としながらも、仲麻呂の支配下にある東大寺写経所への干渉の意味が込められていたとする。そして山本幸男氏(5)は、二部大般若経が国家財源と国家機構を使っていたのに対し、十二灌頂経などは内裏の供給物と東大寺の封戸物を使って進められたとした。しかしこの十二灌頂経・仁王経疏についても、写経所内における二部大般若経との財政の区分がどのようになっていたのか、その実態があきらかになっていない。

本章では、二部大般若経・十二灌頂経・仁王経疏の帳簿を分析することで、二部大般若経写経事業の財政を再検討したい。

一　帳簿の作為と実態

さて二部大般若経の帳簿については、吉田孝氏が重要な指摘をしている。すなわち二部大般若経写経事業において、最もよく整った帳簿である奉写二部大般若経雑物納帳（『大日本古文書』五ノ三〇〇～三〇六、十六ノ一二一～一二九）と奉写二部大般若経銭用帳（十六ノ九一～一〇四）とで、閏十二月六日に東西市で購入したと記載されている物資が、奉写二部大般若経雑物納帳案（十六ノ一二九～一三〇）によって、実際には某日・八日・九日の三日間にわたって少しずつ納入され、さらに一部は造東大寺司のなかで購入されていることをあきらかにしたのである。雑物納帳と銭用帳に事実に反すると思われる記載がみられることは、大きな衝撃であったが、その後の栄原永遠男氏・山本幸男氏などの研究により、帳簿がその用途や目的により調整されるものであったことが指摘されている。本節ではこれらの研究をふまえ、それぞれの帳簿の記載内容を比較しながら、二部大般若経写経事業の帳簿を整理したい。(6)(7)

二部大般若経写経事業には、雑物納帳・銭用帳・売料綿下帳（十六ノ七四～七八、十五ノ二九二）・売料綿并用度銭下帳（十六ノ七八～八七）・奉写灌頂経所食口案（十六ノ二六～五〇）・雇人功給歴名帳（十六ノ一七八～一八五）のほか、紙筆墨充帳・本充帳・紙装潢充帳などがあり、山本幸男氏が詳細な検討を加えている。このうち財政に関わる帳簿である雑物納帳・銭用帳・売料綿下帳・売料綿并用度銭下帳・雇人功給歴名帳を中心に分析していきたい。(8)

1　雑物納帳と銭用帳

雑物納帳は宝字六年十二月十九日から、銭用帳は十二月二十一日から書きはじめられ、両帳簿ともに同年閏十二月

表5　奉写二部大般若経雑物納帳と奉写二部大般若経銭用帳の不一致一覧

		銭用帳		
備　考		日　付	支出銭	支出項目
買				
		12.23	73貫575文	
	(1)	〃	50貫	米・雑物（附社下月足）
准庸布十三段一丈四尺、買		〃	3貫375文	庸布13段1丈4尺
		〃	200文	雇夫18人功料
	(2)	〃	20貫	調布料（附足羽郡主帳）
		12.28	4貫760文	
買		〃	1貫50文	絁1匹
	(3)	〃	510文	紫菜5斗
		〃	3貫200文	雑用料（附下）
		12.30	27貫500文	
	(4)	〃	20貫	雑価（附市領）
三綱所、買		〃	6貫500文	絁6匹
	(5)	〃	1貫	松価（附瓺原薗領）
司裏、買				
		〃	19貫800文	
司裏、買		〃	11貫250文	調布25端
		〃	8貫550文	調絁9匹
		閏12.2	102貫180文	
		〃	100貫	絁料（附上・下）
買		〃	2貫180文	絁3匹
		閏12.6	4貫	筆墨賃
附市領、買				
附市領、買				
附市領、買				
附市領、買				
附市領、買				
附市領、買				
附市領、買				
附市領、買				
附市領、買				
附市領、買				
附市領、買				
附市領、買				
附市領、買				
附市領、買				
附市領、買				
附市領、買				
附瓺原薗領、買				
		閏12.11	10貫	雑用料（正蔵）
附市領、買				
附市領、買				
附市領、買				
附上・下・采女、買				
		閏12.21	10貫	雑用料（正蔵）
山辺、買				
山辺、買				

采女山守
万呂

	雑物納帳	
	日　付	収納物資
	12.23	絁 1 匹
	〃	調布 9 端
	12.28	絁 1 匹
	12.30	絁 6 匹
	12.30	絁 15 匹
	〃	布 25 端
	閏 12.2	絁 3 匹
①	閏 12.6	小麦 2 斛
②	〃	小豆 4 斛
③	〃	大豆 3 斛
④	〃	水麻笥 2 口
⑤	〃	杓 20 柄
⑥	〃	匏 20 口
⑦	〃	薦 80 枚
⑧	〃	前薦 21 枚
⑨	〃	折薦 60 枚
⑩	〃	折櫃 60 合
⑪	〃	陶埦 100 合
⑫	〃	塩坏 90 口
⑬	〃	陶片埦 100 口
⑭	〃	陶羹坏 100 口
⑮	〃	陶盤 100 口
⑯	〃	糯米 1 斛
⑰	閏 12.8	松 12 村
⑱	閏 12.14	糯米 1 斛
⑲	〃	折薦 15 枚
⑳	〃	小明櫃 5 口
	〃	胡麻油 4 斗 3 升
㉑	閏 12.22	波多板 10 枚
㉒	閏 12.27	檜榑 40?村

上：上馬養、下：下道主、采女：
山辺：山辺武羽、鴨部：鴨部蓑

二十九日条で切断されている。山本幸男氏(9)は、雑物納帳・銭用帳の最終紙の朽損がはげしいことから、帳簿の末尾に近かったとする。

雑物納帳と銭用帳の記載内容を比較すると、大体において一致している。一致しないものの理由としては主に、a帳簿の性格上、独自の記載が存在するもの、b「未申」などにより、銭用帳に脱漏があると思われるもの、c雑物納帳に脱漏があると思われるもの、がある。aとしては、例えば銭用帳は銭の支出を記すものであり、雑物納帳は写経所が収納した物品を記すので、雇車賃や雇夫の功料・食料などは銭用帳にのみ記され、また調綿などを売却して得た銭（＝売却直銭）の収納は雑物納帳にのみ記されている。〔表5〕は、a以外の理由で雑物納帳と銭用帳の記載が一致しないものをまとめたものである。このうちbの例としては、〔表5〕雑物納帳の①〜⑯の閏十二月六日条で、市領が購入した物資が銭用帳にないが、銭用帳⑷の十二月三十日条で市領に二〇貫を下したことのみを記し、ここに「用未申」と追筆がある。すなわちその用途が報告されなかったため、銭用帳に購入物を記載することができなかったと思われる。また同じく雑物納帳⑰の閏十二月八日条の松一二村が銭用帳に記載されないが、銭用帳⑸の十二月三十日条では甎原薗領に松価一貫を下充しているので、これで購入したと思われる。さらに雑物納帳⑱〜⑳の閏十二月十四日条の市領の購入物が銭用帳に記載されていないが、これも後述する売料綿并用度銭下帳の閏十二月八日条で市領に二貫を下充しているので、購入されたと思われる。同じく㉑・㉒の閏十二月二十二・二十七日条の波多板一〇枚・檜榑四〇?村も銭用帳に記載されていないが、東大寺奉写大般若経所解案には波太板一〇枚の一貫、榍榑三七村の二貫五八五文の支出が記されているので（十六ノ三七九）、これらも銭用帳が脱漏した可能性が高い。cの例としては、銭用帳(1)の十二月二十三日条の難波使社下月足の購入物が雑物納帳に記載されていないが、これは東大寺奉写大般若経所解案に「二貫一百四文自難波米等買運川船一隻賃」とあり（十六ノ三八二）、米などを購入したことが知られる。また銭用帳(3)の十二月二十八日条にみられる紫菜五斗が雑物納帳にないが、奉写二部大般若経料雑物納帳（未収、続修別集四十一第2紙）には「紫菜五斗」が記載されているので、雑物納帳が脱漏した可能性が高い。[10]

このように雑物納帳・銭用帳の記載内容を比較することで、より詳細な情報を得ることができる。

2　雑物納帳と売料綿下帳

売料綿下帳は、六年十二月二十日から七年正月十三日かけての調綿・租布・樌の下充とその売却直銭及び浄衣料の支給などを記載する帳簿である。〔表6〕は、雑物納帳の調綿などの売却直銭の収納記事と売料綿下帳の記事とを比較したものである。

両者の記載内容は、ほとんどが一致する。[11]その際、たとえば雑物納帳⑧〜⑫の十二月三十日条は、売料綿下帳の⑽〜⒁の二十三日から三十日条をまとめていることがわかる。また売料綿下帳⒃⒄の十二月二十三・二十七日に下充した調綿は「潤十二月一日納」とあるが、雑物納帳では納銭日である⑬⑭の閏十二月一日条に記されている。さらに雑物納帳②十二月二十一日条で秦虫万呂に割当てた四〇〇屯は、売料綿下帳(2)により十二月二十日に二三貫六〇〇文、二十八日に四〇〇文を納入していることがわかる。また雑物納帳で下道主は、⑤二十三日条に七〇〇屯の四五貫五〇〇文[12]、⑥二十七日条に一〇〇屯の六貫六〇〇文が記載されているが、これは合計すると八〇〇屯であり、売料綿下帳(6)の十二月二十日条で下充されたものである。雑物納帳⑦十二月二十八日条で一〇〇屯六貫を納めた飯高息嶋は、売料綿下帳(9)で十二月二十日に四貫二〇〇文、二十七日に一貫八〇〇文を納めていることがわかる。このように売料綿下帳によって、調綿の割当てと代金回収の詳細を知ることができる。

売料綿下帳と雑物納帳の記載が一致しない理由としては、主にa雑物納帳の時期外、b返却や未売、c案主の管理下のもの、がある。aの例としては、(8)十二月二十七日条の三杖年継への一〇屯と(18)閏十二月二日条の別当所に充てた一〇〇屯がある。それぞれ三月二十一日、正月二十九日に収納しており、雑物納帳が閉じられた後であった。bの例としては、(4)十二月二十三日に主典所へ充てた租布五段、(7)十二月二十七日条で別当所へ充てた五〇〇屯、(15)同月三十日条で鴨部蓑万呂に附して次官国中大夫所へ送った調綿一〇〇〇屯・租布三段がある。(4)十二月二十三日条は売却直銭の記載がなく、(7)同月二十七日条は「未」とみえ[13]、また(15)同月三十日条は、閏十二月六日に返上している。

cの例としては、(19)閏十二月二日の上馬養・下道主に割り当てた調綿一〇〇〇屯・租布一段がある。この調綿一〇〇〇屯は先学が指摘するように[14]、閏十二月六日に売料として政所に下し置かれた一〇〇〇屯とともに（十六ノ七七）、上馬養・下道主の管理下で売却されることになった二〇〇〇屯のことである。すなわち写経所では、十二月十九日と三十日に調綿一万六〇四〇屯が収納されると（雑物納帳十二月十九・三十日条、五ノ三〇〇～三〇一・三〇五）、ただちに官人たちに割り当てられ、これらの売却が一段落すると、閏十二月六日以後、二〇〇〇屯が上馬養・下道主の管理下に置かれ、彼らの責任において、調綿の割り当てと代金回収が行われていたのである。〔史料1〕は、閏十二月末

表6　奉写二部大般若経雑物納帳と売料綿下帳

	売料綿下帳		
附	日　付	収納銭・売却物資	備　考
上馬養	(1)　12.20	137貫900文・2000屯	
社下月足	〃	同左	
土師名道	〃	〃	
土師名道	〃	〃	
川原人成	〃	12貫・200屯	12.28との合計
川原人成	〃	同左	
大友公	〃	〃	
大友公	〃	〃	
調呰万呂	〃	〃	
秦虫麻呂	(2)　〃	23貫600文	28日400文
	(3)　12.23	16貫445文・253屯	社下月足・弓削伯万呂
	〃	560文・租布4段	〃
	(4)　〃	租布5段	主典所
上馬養・社下月足			
巨勢大夫家	12.23	同左	
下道主	(5)　〃	〃	
社下月足	〃	〃	
下道主	(6)　12.20	52貫100文・800屯	12.23と12.27の合計
下道主			
漆部枚人	〃	同左	
	(7)　12.27	30貫・500屯	別当所
	(8)　〃	10屯	三枚年継、3.21納600文
飯高息嶋	(9)　12.20	4貫200文・100屯	27日納1貫800文
美濃主典	〃	同左	28日納6貫
川原人成	〃	12貫・200屯	12.21との合計
飯高息嶋	12.28	同左※	2.30納14貫、3.30納4貫900文
土師名道	(10)　12.23	〃	29日納
土師名道	(11)　〃	〃	〃
茨田千足	(12)　12.28	〃	
丹生黒公	(13)　12.30	〃	
谷馬甘	(14)　〃	〃	
	(15)　〃	1000屯・租布3段	次官国中大夫所、閏12.6返上
丹生黒公	閏12.1	同左	
調呰万呂	(16)　12.23	〃	閏12.1納
葛井判官所	(17)　12.27	〃	〃
上馬養	12.23	〃	
上馬養	〃	〃	
阿刀乙万呂	閏12.2	〃	
	(18)　〃	100屯	別当所、1.29納3貫
	(19)　〃	1000屯・租布1段	上馬養・下道主
漆部枚人	12.30	同左	

	雑物納帳		
	日　付	収納銭	売却物資
①	12.21	37 貫 900 文	530 屯
	〃	137 貫 300 文	2000 屯
	〃	48 貫	800 屯
	〃	140 文	租布 1 段
	〃	6 貫	100 屯
	〃	420 文	租布 3 段
	〃	6 貫	100 屯
	〃	140 文	租布 1 段
	〃	6 貫	100 屯
②	〃	24 貫	400 屯
③	12.23	94 貫 900 文	1460 屯
	〃	12 貫	200 屯
④	12.23	24 貫	400 屯
	〃	1 貫 200 文	20 屯
⑤	12.23	45 貫 500 文	700 屯
⑥	12.27	6 貫 600 文	100 屯
	〃	6 貫 280 文	100 屯・租布 2 段
⑦	12.28	6 貫	100 屯
	〃	6 貫	100 屯
	〃	6 貫	100 屯
	12.28	1 貫 300 文	20 屯
⑧	12.30	39 貫	600 屯
⑨	〃	420 文	租布 3 段
⑩	〃	32 貫 500 文	500 屯
⑪	〃	4 貫 680 文	72 屯
⑫	〃	132 貫	2000 屯
	閏 12.1	5 貫 5 文	77 屯
⑬	〃	1 貫 200 文	20 屯
⑭	〃	1 貫 800 文	30 屯
	閏 12.2	13 貫 330 文	200 屯
	〃	280 文	租布 2 段
	〃	1 貫 40 文	16 屯
	閏 12.6	12 貫	200 屯

※ただし光豊との合計で 320 屯とある。

日における中間決算の知識を盛り込んだとみられ(15)、調綿を「潤十二月六日以往、附人々売綿直如件」と、先述した「潤十二月二日六日、附上馬甘下道主二人、下綿二千屯内」に分けている。

〔史料1〕奉写二部大般若経料雑物納帳（十六ノ七一～七三、未収）

銭八百四十九貫六百三十文（＊「五　四　七」）

八百四十（＊「五十」）五貫二百四十文売綿一万三千四十六（＊「五十」）屯直（注略）

七百二十二貫三百五十五文売綿一万一千四十五（＊「五十」）屯直（注略）

右、潤十二月六日以往、附人々売綿直如件、

一百十一貫四百四十文売綿一千七百四十八屯直（注略）

右、潤十二月二日六日、附上馬甘下道主二人、下綿二千屯内、
十六貫四百四十五文売綿二百五十三屯直　（注略）
右、十二月二十三日、附社月足、買難波遣綿一千屯内、
二貫六百六十文売租布十九段直　（注略）
一貫六百八十文売租布十二段直　（注略）
右、潤十二月六日以往、附人々売租布如件、
四百二十文売租布三段直　（注略）
右、潤十二月二日十一日売料、附上馬甘下道主二人、下布十一段内、（以下略）[16]

さらに売料綿下帳⑲閏十二月二日条の租布一段も、「潤十二月二日十一日売料、附上馬甘下道主二人、下布十一段内」とみえるように、売料綿下帳閏十二月十一日条の「右、附下首（道）主売料、下置政所如件」とされる十段とともに（十六ノ七八）、上馬養・下道主の管理下で売却されることになった租布十一段のことである。このように売料綿下帳⑲閏十二月二日条の調綿一〇〇〇屯・租布一段が雑物納帳にみられないのは、これらの納銭が上馬養・下道主によってまとめて行われる予定だったためと考えられる。

以上のように売料綿下帳は比較的よく実態をあらわしていると思われる。そして〔史料1〕の「潤十二月六日以往、附人々売綿直」の調綿の訂正前の数値「一万一千四十五屯」と、「潤十二月六日以往、附人々売租布」の租布十二段は、雑物納帳の閏十二月六日以前に売却した調綿・租布の合計と一致する。すなわち最終的には、雑物納帳の方が正式な数値として採用されていたのであり、売料綿下帳は雑物納帳の旧帳だったのである。

3　銭用帳と売料綿并用度銭下帳

売料綿并用度銭下帳は、閏十二月六日から二十一日にかけての調綿・租布・辛櫃の下充とその売却直銭の収納、銭の支出を記載している。しかし売料綿下帳のように、安都雄足や上馬養・下道主の署名を載せないことからも、より非公式な帳簿で控えとして作成されたものと思われる。売料綿并用度銭下帳には、調綿などの売却直銭の納入記事があるものの、雑物納帳は閏十二月六日以降この類の記事がなくなるので、(17) 比較することができない。

一方、売料綿并用度銭下帳は銭の支出も記しており、これが銭用帳のもとになっていたと思われる。両者を比較すると、たとえば銭用帳では、閏十二月十三日条に購入物を記した後「右、自十三日、迄十九日、附上馬甘下道主采女山守等、買検納如件」とあり（十六ノ九九）、十三日から十九日にかけて購入されたことを断っているが、これは売料綿并用度銭下帳で確認できる。さらに売料綿并用度銭下帳では、筆墨・薪炭などがこまめに購入されているが、銭用帳では筆墨は閏十二月二十七日条、薪炭は閏十二月十三日条にまとめていることがわかる。また売料綿并用度銭下帳では、閏十二月十日に山辺武羽に四〇〇文を下充したことを記すが（十六ノ八〇）、銭用帳では同日条にその購入物、塩・滑海藻などを記しており、銭を下充した日に購入物をも記している（十六ノ九六）。さらに売料綿并用度銭下帳では、閏十二月九日・十三日・十四日・十八日条に葛井判官・能登忍人・別当所・帳布治万呂の借用が記載されているが（十六ノ七九・八一・八二・八六）、これは銭用帳にはない。すなわち官人の借用は公式なものではなく、したがってより正式な帳簿である銭用帳には記載しないという方針があったものと思われる。(18)

また売料綿并用度銭下帳では、閏十二月八日に市領に二貫を下充しているが（十六ノ七九）、これは先述したように銭用帳にはないものの、雑物納帳には〔表5〕⑱〜⑳閏十二月十四日条で市領の購入物が収納されているので（十六ノ一二四〜一二五）、この時の二貫で買ったものと思われる。さらに売料綿并用度銭下帳では、閏十二月十一日に帙直三貫・米直九貫を下充しており（十六ノ八〇）、これらも銭用帳にはない。しかし米直については、六年閏十二月十九日付奉写大般若所符案（十六ノ一一二～一一三）で、杉榑四六・波多板一四の購入を泉木屋領の山辺武羽に命じた際に、その購入費は、「彼下充米買料銭割取」、すなわち米買料を割いて買うように命じているので、下充されていたと思われる。[19]帙直については、次の史料がある。

〔史料2〕写経銭用注文（十六ノ一〇四～一〇五）

合銭十五貫八百三十文

十貫司　　*「不用」

四貫六百文売租布三十段直　十段別百五十四文　廿段別百五十三文

一貫二百三十文細布二端直　一端六百三十文　一端六百文

用十三貫〔二百〕二十四文

三貫〔二百〕五十文紫綾一匹直

七貫七百五十文帙三十一枚直　枚別二百五十文

三貫文先帙十二枚直

二貫二百五十文更買帙九枚直

二貫五百文帙十枚直入置

一貫八百七文紙一千百張直

五十文明櫃二合直

三十一文若海藻二連直

四十文干海松二連直
三十四文小刀二柄直
遺二貫八百六文欠八文

山本幸男氏[20]は、購入された帙の一部は七年正月十七日と十八日に直銭が下ろされた十二灌頂経料とみられること（奉写灌頂経料銭用帳正月十七日条、十六ノ二二、十二灌頂経用度文、十六ノ一六）、紙背は造石山寺所解移牒符案の七年三月三日の記事に使用されていることから、七年正月から二月にかけての作成ではないかとし、紫綾は、東大寺奉写大般若経所解案に載せる二部大般若経の繍帙（「浅縁裏紫綾縁及帯」）用として購入されたものであろうとする（十六ノ三七八）。紫綾はその通りであると思われるが、十二灌頂経の帙は正確には三貫五十文とあり（十六ノ二二）、金額が一致しない。〔史料2〕で「先帙」と表現されることから、少し前に購入されたものと考えると、売料綿并用度銭下帳閏十二月十一日条が該当すると思われる[21]（十六ノ八〇）。このように帙直と米直は、いずれも下充されていたのである。

以上のことから売料綿并用度銭下帳の記載は比較的正確で、銭用帳よりも財政の実態をあらわしている可能性が高い。

4　雇人功給歴名帳と売料綿并用度銭下帳

雇人功給歴名帳は、六年十二月から七年四月にかけての雇夫・日雇夫・雇女・司木工・雇工・優婆夷・仕丁の上日数・功料を記録した口座式の帳簿である。そして「合十二月閏十二月定雇夫二百八十三人　功銭二貫八百三十文六十文　銭用帳下了」とあるように（十六ノ一八〇）、功料の合計は銭用帳に反映されていたのであり、銭用帳の旧帳であることがわかる。十二月から閏十二月の定雇夫は合計二八三人とあり、雇夫ごとの上日数を数えると一致する。日雇夫の合計二二一人は、「又日雇三人」の三人を除けば一致する。[22] この帳簿は、書き出しの民長万呂が閏十二月からの上日を記すので、閏十二月の上日を出す月末に作成された可能性が高く、題籖裏の日付も閏十二月二十九日になっている。

売料綿并用度銭下帳には雇夫の名前と功料を記しているものがあるので、これを雇人功給歴名帳の日雇夫の閏十二月の上日数と功料とを比較したものが、〔表7〕の右半分である（左半分については、第三節1項で述べる）。売料綿并用度銭下帳に記載される雇夫一一人のうち、五人が上日数・功料ともに雇人功給歴名帳と一致する。[23] 売料綿并用度銭下帳が閏十二月六日から二十一日までしかなく、しかも比較可能な雇夫の記事が十五日以降に出てくることを考慮すれば、一致率が高いといえるであろう。すなわち雇人功給歴名帳も売料綿并用度銭下帳も、ともに正確に記載されている可能性が高い。[24]

5　小結

このように雑物納帳の旧帳として売料綿下帳、銭用帳の旧帳として売料綿并用度銭下帳・雇人功給歴名帳などがあった。そして雑物納帳や銭用帳は、旧帳の記事をそのまま記すのではなく、同じ物資をまとめたり、購入先や日付の変更などを行い、さらに官人の借用などを意図的に削除していた。しかしその旧帳にあたる帳簿は、写経所の財政の実態を比較的よくあらわしていると思われる。

現在、二部大般若経写経事業の財政に関わる帳簿は、ほとんどが宝字六年十二月から七年正月までの記事しか存在しない。したがってこの写経事業の前半の財政しか知り得ないという限界がある。しかし栄原永遠男氏が指摘したよ

表7　雇人功給歴名帳と奉写灌頂経料銭用帳・売料綿并用度銭下帳

	奉写灌頂経料 銭用帳	雇人功給歴名帳 12月	売料綿并 用度銭下帳	雇人功給歴名帳 閏12月
日雇夫	日付/上日	上日/功料	日付/上日/功料	上日/功料
車以捄万呂		2日/20文		
漢部秋足		2日/20文		
金見乙万呂		2日/20文		
丸嶋主		4日/40文		15日/148文
丈部万呂	12.25/6日 12.28/3日	13日/124文	閏12.15/10日/100文	23日/190文・未
矢田部与佐万呂		1日/未		
後部目万呂				14日/120文・未
大伴馬乎		2日/20文		
秦真敷			閏12.17/4日/40文	4日/40文
酒部忍足	12.25/1日			1日/10文
鴨部並立	12.25/1日			1日/10文
日置乙万呂				2日/20文
三村部栗栖	12.25/2日			2日/20文
建部広背	12.25/2日			3日/20文・未
佐伯公万呂				1日/11文
大市家主	12.25/2日			3日/20文・未
秦小嶋			閏12.15/1日/10文	1日/10文
秦古万呂	12.25/3日			4日/30文・未
秦田須万呂			閏12.17/2日/25文	2日/20文
宇智万呂	12.24/3日 12.28/2日			14日/148文
額田部越万呂	12.27/3日 12.28/4日			7日/70文
大屋安万呂			閏12.15/2日/18文	2日/18文
錦部万呂			閏12.15/10日/100文 閏12.20/9日/90文	28日/270文・未
穴太乙万呂			閏12.17/2日/25文	2日/25文
丹治比倉人	12.27/3日 12.28/4日		閏12.19/2日/20文	18日/180文
神枚万呂				4日/30文・未
山乙万呂			閏12.15/3日/27文	3日/27文
荒木足人			閏12.15/？ 閏12.20/2日/18文	19日/168文・未
秦月足			閏12.15/5日/45文	6日/54文
秦嚢万呂				8日/80文
海諸人				6日/未
山仲万呂				2日/20文

うに、調綿などの売却は閏十二月二日までに、その八七%が割り当てられており、またその代金回収は現存の帳簿から約八一%が確認できる(25)。さらに繊維製品の購入は、閏十二月六日までに予算がほぼ達成されている(26)。すなわち現存の帳簿から、二部大般若経写経事業のおおよその財政をうかがうことができる。

　そしてとくに宝字六年閏十二月二十九日においては、雇人功給歴名帳で定雇夫・日雇夫ともに十二月・閏十二月の上日と功料の合計を出し、さらに銭用帳・雑物納帳が閉じられ、布施も支給されていたように（奉写二部大般若経仁王経疏経師等解文案、十六ノ四二九〜四三一）、この日に中間決算が行われていたことがわかる(27)。

二　二部大般若経写経事業の財政の実態

1　数値調整の過程

先述したように雑物納帳・銭用帳の記事は、旧帳の記載内容を意図的に書き換えていた。次の二つの史料も、雑物納帳・銭用帳に先行する文書であり、数値が調整されていく過程を追うことができる。

〔史料3〕六年閏十二月六日付経所解案（十六ノ一三一〜一三四）

　解　申請用銭并売綿価事　　請綿二千屯

合銭一百四十（五十）六貫二百七十文

十貫雑用料請下　　又請八貫三百七十一文 閏十二月二十三日

四十六貫二百七十文且売綿七百二屯価 六百九十屯別六十六文　十屯別六十文／二屯別六十五文

二十貫

一百貫絁買価料自御倉請

十貫雑用料請下 十一日　又請下銭十貫雑用料 二十六日

用一百四十五貫五十九文（中略）

十三貫五十文買紙七千六百張価　（中略）

一百二十三貫六百八十文絁一百二十匹直 十五匹別一貫五十文 十五匹別一貫三十文　五十六匹別一貫四十文 十八匹別一貫 十五匹別一貫二十文 一匹九百四十文

三百九十六文雑物買運雇車四両価　自二市間

八　六

百五十九文担夫食物買給料（中略）

八十文　五

百七文塩七果直（中略）

（中略）

残一貫二百十一文

右、買雑物如件、以解、

六年潤十二月六日下道主「上馬養」

〔史料4〕用銭并売綿価注文（十六ノ一三四～一三六）

銭一百四十六貫二百七十文

四十六貫二百七十文売綿七百二屯 六百九十屯別六十六文 二屯別六十五文　十屯別六十文

一百貫自倉請下絁可買価料

用百四十四貫〔五〕九百四十五文〔九　七十九文〕〔五十九文〕
十三貫五十文買紙七千六百張価　（中略）
一百二十三貫六百六十文〔八十五〕買絁一百二十匹直
十五匹別一貫五十文
十五匹別一貫三十文
〔五十六〕三十匹別一貫四十文
二十六匹別一貫二十文
二十六匹別一貫二十文
一匹九百四十文
〔十八〕三十三匹別一貫
十五匹別一貫二十文
二百七十文雇車三両東西往還賃料（中略）
百七文塩七果直
二百文借給上楯万呂　四百六十文借赤染根万呂　十文借漆部枚人　一百文借刑部諸国
残一貫〔一百十一〕三百二十五文　見残六十一文二百九十六文
今残司一貫二百六十四文可八百十五文

〔史料3〕は、下道主と上馬養による雑物購入を記載しており、同時に請銭の覚えにもなっていたらしい。〔史料4〕は、〔史料3〕に先だって作成されたほぼ同内容の注文である。〔史料4〕では塩は「七」とあるが、〔史料3〕では「七」から「五」へと訂正され、雑物納帳・銭用帳の閏十二月六日条では「五」となっているように、〔史料4〕↓〔史料3〕↓雑物納帳・銭用帳の順に作成されたと思われる。(28)

〔史料3〕と〔史料4〕とを比較すると、まず絁一二〇匹の内訳にある購入金額が異なっていることに気づく。これについては次の史料がある。

〔史料5〕上馬養銭用注文（十六ノ一三一～一三二）

合銭一百貫
　用九十六貫四百二十文
　　九十六貫二百文絁九十四匹直十四匹一千五十文 三十匹一千四十文
　　　二十五匹別一千二十文　二十九匹別一千文
　　二百二十文雇車賃料九十文自東市往還功 一百三十文自西市往還功
　残三千五百八十文之中破新銭一文
　　　　六年閏十二月四日上馬養

このように閏十二月四日付で上馬養は絁九四匹を購入しており、これは〔史料3〕と〔史料4〕の絁一二〇匹の大部分にあたると思われる。〔史料5〕からその購入金額は「十四匹一千五十文　三十匹一千四十文　二十五匹別一千二十文　二十九匹別一千文」であったことがわかるが、これは〔史料4〕の「買絁一百二十匹直」の内訳に反映されている。しかし〔史料4〕の絁の購入金額を合算すると一二三貫一六〇文となり、合計として記載される一二三貫六八〇貫と一致しない。そこで絁の購入量とその金額を調整し、〔史料3〕のように書き換えてつじつまをあわせたのであろう。すでに栄原永遠男氏[29]は、売料綿下帳・売料綿并用度銭下帳の調綿直が七二文から六〇文までの九ランクであるのに対し、最終決算報告である東大寺奉写大般若経所解案（十六ノ三七六～三八二）では七〇～六〇文の四ランクとされており、帳簿で操作が行われたことを指摘しているが、ここでも同様のことが行われていたのである。

また〔史料4〕には、上楯万呂・赤染根万呂・漆部枚人・刑部諸国の借用の記載があるが、これは〔史料3〕にはない。先に売料綿并用度銭下帳閏十二月九日・十三日・十四日・十八日条に記された官人たちの借用の記事が、銭用帳にはみられないことを指摘したが、ここでもより正式な文書である〔史料3〕を作成する際に、意図的に削除されたものと思われる。

さて〔史料3〕と〔史料4〕は、綿七〇二屯の売却直銭と買絁料の合計一四六貫二七〇文の用途を報告している。山本幸男氏(30)はこの綿七〇二屯を、閏十二月二日と六日に上馬養・下道主の管理下に置かれた調綿二〇〇〇屯の一部であるとする。そして一〇〇貫の買絁料は、銭用帳閏十二月二日条で上馬養・下道主に下充されたものである（十六ノ九三）。これらは他の財源とは区分されていたようにみえる。しかしこれらの合計は一四六貫二七〇文であるにもかかわらず、〔史料4〕の支出を（省略したものも含めて）計算すると一四五貫九七九文となり、残額の一貫一一一文とあわせると一四七貫九〇文となる。すなわち本来は、一四六貫二七〇文の用途と残額を記すはずの注文が、実際には八二〇文多く報告されているのである。

このことはつまり写経所の内部では、厳密に綿七〇二屯の売却直銭や一〇〇貫の買絁料が区分されていたわけではなく、実際には他の用途の銭と一括されていたことを示すと思われる。そして借用も盛んに行われていたために、それをそのまま書いたところ、帳尻があわなくなってしまったのであろう。そこで収支をあわせた報告書を作るべく、さらに〔史料3〕が作られたものと思われる。

以上のように、〔史料4〕から〔史料3〕を作成する間に、絁の購入量とその金額を調整し、また官人たちの借用を意図的に削除するとともに、綿七〇二屯の売却直銭と買絁料一〇〇貫の合計一四六貫二七〇文にあうように、支出項目やその金額を操作していたのである。そして上馬養・下道主の管理下に置かれた調綿二〇〇〇屯や買絁料一〇〇貫は、帳簿の上では区分されているが、実際には写経所内において他の財源と一括されていたと思われる。

2　「正倉」「政所」について

さて二部大般若写経事業の財政は、その決算報告である東大寺奉写大般若経所解案では、節部省から下充された調綿・租布・辛櫃の売却直銭によって、すべての必要物資を購入したことになっている。しかし帳簿には「正倉」や「政所」が数ヵ所みられ、ここから銭や米を請けている。「正倉」や「政所」が、造東大寺司のものであるとすれば、造東大寺司からも物資が下充されていたことになる。この点を確認したい。

まず「正倉」について。銭用帳閏十二月十一日条には「下銭十貫「正蔵」／右雑用料、附道主、自正倉下置政所如件」[31]とあり（十六ノ九六）、十貫が「正蔵（＝正倉）」から出されたものであることがわかる。同じく銭用帳閏十二月二十一日条の十貫も「正蔵」とあり（十六ノ九九）、さらに〔史料3〕に「一百貫絁買価料自御倉請」とあるように、閏十二月二日に上馬養・下道主に下した買絁料一〇〇貫も、「御倉」から出されたことがわかる。これらは造東大寺司の正倉から出されたのであろうか。

栄原永遠男氏[32]の出された数値から算出すると、写経所は閏十二月五日の時点で、銭四〇一貫五三三文が残されていた。銭が不足していた様子はなく、造東大寺司からの下充が必要だったわけではない。さらに写経所は節部省から調綿を下充されると、ただちに官人たちに売却させていたのであり、その閏十二月五日時点での収入は七〇六貫九三五文にのぼっていた。このような大金は当面必要な分以外は、防犯のため造東大寺司の正倉を借りて収納されていたと考えられる[33]。すなわち銭用帳閏十二月十一・二十一日条の計二〇貫も、造東大寺司から下充された銭ではなく、造東大寺司の正倉に収納しておいた写経所の銭を指すと思われる。

次に「政所」について。食口案では、十二月八日から二十一日までは、「政所食口」と「借食口」、二十二日から閏十二月六日までは「政所食口」と「間食口」、同月七日から十一日までは「政所食口」と「経所食口」にわけている。

山本幸男氏[34]は、借食口は借用米を支給される人々のことで、これは雑物納帳十二月二十一日条で造物所から白米六斛などが下充されたことで解消されたとする。また間食口は政所食口に対する副次的な食口のことで、十二灌頂経書写が政所の施設を使って進められ、借米の経緯もあって財政的にも独立した運用がなされていなかったために、このように記されたとする。

そして食口案の閏十二月七日条からは「充△△　用△△　残△△」のように（十六ノ三四）、充てられた米と用いた米とその残分を記載するようになる。ほぼ毎日にわたり少量ずつ請求しているのが特徴であり、写経所に請求したものと思われる。その用米の量は、閏十二月七日から十一日までは、政所食口を除いた分と一致する[35]。つまり政所食口は政所から、経所食口は写経所から食米を支給されていたのである。

この「政所」は、写経所政所と造東大寺司政所のどちらを指しているのであろうか。結論を先にいえば、造東大寺司政所を指すと思われる。山本幸男氏[36]が述べるように、食口案閏十二月十二日・十三日条で雇夫の注に「五人政所作（略）　並般経」「六人政所殿中間屏并柴打運　若般若」とあるように（十六ノ三六・三七）、二部大般若経のための政所を作っている雇夫がいるので、それまでの案主の執務場所は造東大寺司政所であったと思われる[37]。そして案主の執務場所が写経所政所に移ったことにより、これまで政所で案主の賄いを担当してきた仕丁の役割が終わったため、閏十二月十二日に政所食口が消えるとする。このように食口案閏十二月七日から十一日までの政所食口の食米は、造東大寺司政所から支給されていたと思われる。しかしこれは造東大寺司から下充されたものと解釈する必要はないと考える。

ここで注目したいのは、食口案十二月十八・十九日条に「政所七人　仕丁一人　夫六人」（十六ノ二八）とある政所食口の雇夫各六人である。

〔史料6〕造東寺司主典安都雄足状（十六ノ六八〜六九）

一以₂明日₁、写経用度可ㇾ下₂節部省₁、宜ㇾ承₂知状₁、政所申₂雑使六人許夫十人許₁受、以₂巳時前₁可ㇾ参₂向節部省₁、事有₂要促₁、以勿₂延廻₁、今具ㇾ状、以告、

主典安都雄足

十二月十七日

節部省からの調綿は、雑物納帳により十二月十九日に一万九九七屯、同月三十日に五〇四三屯が収納されたことがわかる。十二月十九日収納分は〔史料6〕にあるように、安都雄足が造東大寺司政所に申して雑使六人・夫一〇人を受けて、十二月十八日に節部省から調綿を受け取る予定であった。おそらくこの夫一〇人が、実際には食口案十二月十八・十九日条にあるように六人となり、彼らは二日かけて調綿を運んだと思われる。そして十二月三十日収納分については、食口案十二月二十九日条に「間食二十八人（略）雇夫十人　別一升六合　散（略）六人自節部綿運」とあり（十六ノ三二）、間食口の雇夫六人が節部省から綿を運んでいることがわかる。つまり十二月十八・十九日の政所食口の雇夫と十二月二十九日の間食口の雇夫は、ともに節部省から調綿を運んでいるのである。政所食口とはいえ、彼らは写経所の仕事を行っているのであり、その食米は写経所から支出されるべきである。すなわち閏十二月十二日以前、写経所の案主の執務場所が造東大寺司政所であったことからも、ここに写経所料が置かれていた可能性が高い。「政所」については、他にも銭用帳閏十二月十一日条の一〇貫に「右雑用料、附道主、自正倉下置政所如件」とあり、さらに売料綿下帳閏十二月六日条に「九百九十四屯売料下置政所」（十六ノ七七）、同月十一日条に「租布十段／右、附下道主売料、下置政所如件」とあり（十六ノ七八）、「政所」には、少なくとも銭一〇貫、綿九九四屯、租布一〇段が置かれていたことがわかる。以上のように造東大寺司政所には写経所料が置かれていたのであり、政所食口とは、この写

経所料から食米を支給される人々の意であったと考えられる。

このように二部大般若経写経事業の財源は、造東大寺司正倉・政所、写経所に分置されていたのである。(38) そして現存の帳簿をみる限りは、造東大寺司から米を下充されることなく、購入で賄っていたのである。

三　十二灌頂経・仁王経疏との関係

1　帳簿の作成状況

十二灌頂経の写経事業は、天平宝字六年十一月二十一日の法勤尼の宣によって、石山寺写経所において開始された。(39) その後、奈良に戻ったばかりの写経所に対して十二月十六日に慈訓の宣が発せられ、二部大般若経の写経がはじまるが、その間も書写が続けられ、閏十二月二十一日に終了した。さらに十二灌頂経・二部大般若経の書写が行われている間にも、十二月二十日と閏十二月七日の弓削禅師（道鏡）の宣により仁王経疏の書写が行われ、それぞれ閏十二月十一日と七年正月十五日以前に終了した（以下、両者を区別する場合は、「十二月二十日宣仁王経疏」と「閏十二月七日宣仁王経疏」と表記する）。これらの写経事業は独自に予算書（用度案）が作成され、決算が行われていた。そして本来、帳簿もそれぞれ別々に作るのが「建前」であったと思われる。

しかしこの時期の帳簿の作成状況をみてみると、予算書は十二灌頂経と二部大般若経のものが存在するが（十二灌頂経用度文〔史料7〕、奉写二部大般若経用度解案、十六ノ五九～六八）、布施支給に関しては二種類―十二灌頂経のみのものと、二部大般若経と閏十二月七日宣仁王経疏とが一緒になったもの―が存在し（奉写灌頂経所解案、十六ノ一七二～一七四、奉写二部大般若経仁王経疏経師等解文案、十六ノ四二九～四三二）、決算報告は二部大般若経のみ存在する（東大寺奉写大般若経所解案、十六ノ三七六～三八二）。他に十二灌頂経に関しては、奉写灌頂経科銭用帳（十六ノ一七～二一）と奉写灌頂経科雑物下帳（十六ノ二一～二四）が存在するが、仁王経疏に関しては独自の帳簿がない。そして十二灌頂経は閏十二月二十一日まで書写されているにもかかわらず、その雑物下帳の記載は、六年十二月六日から同月二十七日までしかない。そして銭用帳は六年十二月六日から正月十七日まで記載されるが、日次ごとの記載は十二月二十八日までである。これに対し二部大般若経の銭用帳は十二月二十一日から、雑物納帳は十二月十九日から書きはじめられており、山本幸男氏[40]が指摘するように、雑物納帳十二月二十一日条には、造物所から来た白米六斛・塩一斗などの十二灌頂経料が記載されている（五ノ三〇一）。すなわち二部大般若経雑物納帳は、十二灌頂経と二部大般若経とを区別することなく記載しているのである。以上のように、「奉写二部大般若経雑物納帳」・「奉写二部大般若経銭用帳」とされる雑物納帳・銭用帳は、実際には十二灌頂経・二部大般若経・仁王経疏を含めた写経所の帳簿として作成された可能性が高い。

　このような記載方法をとる帳簿として、奉写灌頂経所食口案がある。食口案は、冒頭に「奉写灌頂経所食口案」とあるものの、たとえば閏十二月十三日条に「経師三十四人　二十八人写般若　六人写灌頂」とあるように（十六ノ三七）、十二灌頂経と二部大般若経の両方の写経事業に従事する食口を記している。さらに十二月二十日宣仁王経疏は「書生」、閏十二月七日宣仁王経疏は「書師」と記し[41]、仁王経疏に関わった経師も一緒に記している。そして彼らの食米は、日次ごとにほぼ毎日まとめて請求され下充されている。すなわち食口案は、当初は十二灌頂経写経事業の食口を記していたものの、二部大般若経写経事業がはじまると写経所全体の食口について記すようになるのである。そしてその従事する写経事業に関係なく、食米が支給されているのである。

　また雇人功給歴名帳も写経事業に関係なく記載されたものと思われる。前掲の〔表7〕の左半分は、奉写灌頂経料銭用帳と雇人功給歴名帳の日雇夫の十二月分を比較したものである(42)。一見してあきらかであるが、これらはまったく一致しない(43)。すなわち銭用帳に記載される雇夫のほとんどは雇人功給歴名帳の十二月に上日はなく、唯一、丈部万呂のみが雇人功給歴名帳で十二月の上日を十三とするが、銭用帳の上日数は九である。おそらく雇人功給歴名帳は、銭用帳が記載された後に作成されたもので、ここで功銭を支給されなかった分を十二月の上日として記載していたと思われる。

そしてたとえば丸部塩焼は、六年十二月から翌七年三月まで定雇夫として働いているが、彼の十二月の上日が十八日である（十六ノ一七九）。二部大般若経の慈訓の宣が十二月十六日に出ているので、彼の十二月の上日は十二灌頂経の分を含んでいると考えられる。すなわち雇人功給歴名帳は、先に作成された奉写灌頂経料銭用帳で功料を支給されなかった分を対象としているものの、やはり従事する写経事業に関係なく記載され、功料が支給されていたと思われる。

このように当初、十二灌頂経写経事業のみが行われていたころは、十二灌頂経のみの帳簿として銭用帳・雑物下帳・食口案が作成されていたが、二部大般若経の写経事業がはじまると、食口案は全体の食口を記すようになり、また銭用帳・雑物納帳・雇人功給歴名帳が、写経所全体の帳簿として新たに作成された可能性が高いのである。

2　写経所内の財政区分

写経所において二部大般若経・十二灌頂経・仁王経疏の帳簿が一括されていたのであれば、財政も一括されていた可能性が高い。事実、食口案や雇人功給歴名帳では、食米や功料が写経事業に関わりなく下充されており、財政が一括されていたことがわかる。すなわち予算は写経事業ごとに立てられ、これにもとづいて物資が下充されるが、これらが写経所に入った後は一括されていたのである。〔史料7〕は十二灌頂経の予算書である。

〔史料7〕十二灌頂経用度文（十六ノ一一四3〜一一五9、十六ノ一四〜一五13、十六ノ一一五10〜一一七、十六ノ一一六）

造東大寺司

合応奉写十二灌頂経一十二部一百四十四巻

応用紙二千六十九張

経紙一千八百八十八張　「二十六日給了」（中略）

「未」凡紙一百八十一張（中略）

「内」銭三貫六百三十五文（中略）

「内」綿一百一十四屯　「十二月二十七日依員了」（中略）

「未」菲一十六両　経師六人装潢一人校生一人并八人料 人別二度　「今可申」（中略）

一十二石一斗

「大炊」米七斛五斗五升六合（中略）

二　六合

「大膳職」塩一斗七升経師已下雑使已上料 人別四夕（中略）

「未定」末醤三斗二升三合八夕（中略）

七十五斤十両

「大膳職」海藻五十三斤二両

七　五　十

「大膳職」滑海藻五十三斤二両已上経師已下雑使已上料 人別二両（中略）

以前、依㆓法勤尼十月二十一日宣㆒、応㆓奉写十二灌頂経用度計定㆒如㆑件、

天平宝字六年十一月二十二日主典正八位上安都宿祢「雄足」（以下略）

十二灌頂経の予算書は、追筆で物資の請求先や納入日が記載されている。山本幸男氏[44]によれば「未」「未定」は、別筆記入時には供給機関が未定であることを、「无」は供給されないことを示し、「今可申」は再度の請求を行うための覚えとして書き込んだもので、別筆のないものは銭で購入したものを除けば、造東大寺司で賄われたとする。このように十二灌頂経は、内裏を中心とする複数の機関[45]と造東大寺司から現物が供給されており、さらに布施も「彼寺在官家功徳分物[46]」から支給されているので（十六ノ一七四）、山本氏[47]は、内裏の供給物と東大寺の封戸物で賄われていたとする。

しかし予算書に関していえば、十二灌頂経も二部大般若経もほぼ同じものを請求している。また〔史料7〕を奉写灌頂経料銭用帳と比較すると、「未」の凡紙と「未定」の末醤は、それぞれ十二月二十五日に五〇張（十六ノ二〇）、同月十二日に二升購入されており（十六ノ一七）、「大膳職」とある滑海藻も十二月十五日に二嶋購入している（十六ノ一八）。「未」「今可申」とある菲も、十二月十日に八両が購入され（十六ノ一七）、奉写灌頂経料雑物下帳によれば十二月十一日に経師に支給されている（十六ノ二三）。さらに酒や食器類など、予算書にないものも購入している[48]。このように十二灌頂経写経事業では現物が下充されなかったものは、結局は自ら購入し、また予算書になくとも足りない物資は購入していたことがわかる。〔史料7〕によれば銭は内裏から三貫六三五文が供給され、これで筆・墨・炭・薪・生菜などが購入されることになっているが、これ以外の購入物も多いのであり、写経所別当の安都雄足の裁量で、二部大般若経料の調綿などの売却直銭も使われていた可能性が高い。

すなわち十二灌頂経はその予算書をみると、古代国家の現物給与の原則が適用されていたようにみえ、二部大般若経はその決算報告をみると、すべての物資が調綿などの売却直銭で購入されたことになっているので、流通経済に依存しているようにみえる。しかし写経所の内部においては、十二灌頂経料も二部大般若経料も一括され、二部大般若経料の調綿などの売却直銭で十二灌頂経用の物資を購入することもあれば、十二灌頂経料として下充された物資を二部大般若経用に流用することもあったと思われる。

つまり造石山寺所と石山寺写経所のように「所」が別であればそれぞれの財政は独立しており、物資の流用があれば、それは「借用」とされていたが、同じ「所」のなかの各事業―たとえば写経所における二部大般若経写経事業と十二灌頂経写経事業―においては、財政は一括されていたと思われるのである。

四　二部大般若経写経事業の財政運用

これまでの考察により、写経所においては二部大般若経と十二灌頂経、そして仁王経疏の写経事業の財政が一括されていたと考えた。しかしこれらの写経事業のなかで一番規模が大きかったのが、二部大般若経写経事業であった。したがって二部大般若経料として節部省から下充された調綿を如何に高値で売却し、また必要物資を如何に安値で購入するかということが、この時期の写経所の財政運用の要であったと思われる。

まず調綿売却で注目されるのは、難波への交易使派遣である(49)。十二月二十三日に銭五〇貫（十六ノ九二）、調綿一〇〇〇屯・租布五段（十六ノ七五）を請けた社下月足は二十六日に難波に向けて出発し、翌閏十二月十九日もしくは二十日に帰京している。その間、安都雄足からは次の指示が出ている。

〔史料8〕天平宝字六年閏十二月一日付造寺司符案（十六ノ一〇九）

符　難波使社下月（足）弓削伯万呂等

一米黒十五石　白随レ価得　海藻三百連　塩二百果大小豆麦等先如レ員、

自余海菜随レ買得、直二一貫以下限、
折薦随レ得耳、又細縄二十了若在
右、得二進上状一、具知二事趣一、但綿者、上件物彼銭限買取、即返船乗、月十日以前入レ京、以不レ得二派廻一、又雖二
直六十三四文充レ買レ之、非二五文已上一者、不レ得二売却一、今具状、附二廻使阿刀乙万呂一、以符、
主典安都宿祢
天平宝字六年潤十二月一（↑二十）日

このように五〇貫で米や雑物を購入し、綿は六五文以上で売却することが命じられている。その結果、調綿一〇〇〇屯のうち売れたのは二五三屯で七四七屯を返上し、租布も一段を返上している（十六ノ七五）。つまり屯別六五文以上で売却しようとしたために、予定の四分の一しか売れなかったのである。

また吉田孝氏が指摘したように、調綿を割り当てられた飯高息足は七年二月二十九日に「屯別六五文で売却するようにとのことでしたが、畿外に人を遣わして交易させたところ、使いが能なしだったため、屯別六〇文以下で売却してしまいました。ですから屯別六五文という責任額をせめて六〇文に下げていただきたい」と申し出ており（十六ノ三四〇～三四一）、畿外においても屯別六五文で売ることが難しかったことがわかる。このように安都雄足が目標としていた屯別六五文以上での売却は、難波においても畿外においても困難だったのである。

そして調綿が想定していた価格では売却できないことを知った安都雄足は、方針を変えて調綿を銭に換えずに、そのまま使おうとしたと思われる。すなわち閏十二月二十九日の二部大般若経と仁王経疏の布施は、調布ではなく調綿で支給されている（十六ノ四二九～四三一）。また売料綿下帳閏十二月六日条でも、調綿一〇〇〇屯を経師等浄衣料として保管しているのである[50]（十六ノ七七）。

次に必要物資の購入について。まず〔史料8〕にあるように、安都雄足はわざわざ難波に交易使を派遣して、黒米・白米・海藻・塩・大小豆麦・折薦などの購入を命じている。この時の購入物については、雑物納帳や銭用帳にはみられないが、東大寺奉写大般若経所解案に「二貫一百四文自難波米等買運川船一隻賃」とあるので（十六ノ三八一）、米などが購入されていたことがわかる。またもう一つ注目されるのは、布施料の調布購入である。銭用帳十二月二十三日条では調布を買うために、足羽郡主帳の出雲赤人に二〇貫が下充されている（十六ノ九二）。写経料雑物収納并下用帳は、この二〇貫について「附別当」と記しており（十六ノ八九）、安都雄足の裁量で、かつて自身が国史生をしてい[51]た越前国の足羽郡主帳に下充したのである。しかしこの調布については雑物納帳や銭用帳に記載がなく、また閏十二月二十九日の布施は調綿で支給されている。二部大般若経の予算書においても、布施は調布で支給することが想定されていることからも（十六ノ五九〜六八）、調布購入の計画が失敗し、代わりに節部省から下充された売却用の調綿を流用した可能性が高い。

　そして米に関しては、高値で購入していたことがわかる。銭用帳では白米は安くても石別一貫一〇〇文（十六ノ一〇二）、黒米も石別八八〇文（十六ノ九五）である。しかしほんの数ヶ月前に安都雄足が別当を勤めていた石山寺写経所では、吉田孝氏が指摘したように、米価の高い時期に白米を石別八二九文で売却し（五ノ二八五）、安くなってから石別七〇〇文で購入していたのである（五ノ二六九）。おそらく安都雄足も、これほどの米価の高騰に見舞われることは予想していなかったのではないだろうか。すなわち米の現物給与がみられず、購入で賄っていたと思われる二部大般若経写経事業では、多大な出費を強いられていたと考えられる。

　このように二部大般若経写経事業の財政運用は、必ずしもうまくはいっていなかったのである。先述したように栄原永遠男氏は、二部大般若経所の物資調達は、写経事業の段階的進展に対応してかなり計画的に行われていたとする。

しかしこれは反面、安都雄足が石山寺写経所や東塔所の別当として発揮した手腕、すなわち季節間価格差や地域間価格差を利用した財政運用が、ここではできていなかったことを示しているのではないだろうか。つまり二部大般若経写経事業では、有効な財政運用ができないままに写経事業が進展し、必要に迫られてなし崩し的に物資が購入されていたのである。

おわりに

以上、雑物納帳の旧帳として売料綿下帳、銭用帳の旧帳として売料綿并用度銭下帳・雇人功給歴名帳などがあり、これらの旧帳は財政の実態を反映していたこと、また二部大般若経写経事業の財源が造東大寺司正倉・政所と写経所に分置されていたことを確認した。そして藤原仲麻呂が主唱し、国家財源と国家機構を使っていた二部大般若経と、孝謙・道鏡が主唱し、内裏の供給物と東大寺の封戸物を使っていたとされる十一灌頂経などは、物資が下充されると、安都雄足が別当を勤める写経所において一括されていたことを論じた。

吉田孝氏が指摘したように、安都雄足は石山寺写経所の米売買では季節間価格差を、東塔所の材木売買では地域間価格差を利用して利益をあげていた。しかしこの二部大般若経写経事業は、十二月から四月にかけて行われており、そもそも米価の高い時期であったが、さらに予想外の米価高騰に見舞われた。したがって必然的に地域間価格差を利用して利益を確保しようと試みたのであり、それが難波への交易使の派遣や足羽郡主帳への調布購入の依頼であった。その他に安都雄足は甌原薗領に松の購入を（十六ノ一二三）、泉木屋領に塩・滑海藻などの購入を依頼し（十六ノ一二四）、地方において安く購入することをもくろんでいる。

しかしこのような努力にもかかわらず、その利益はそれほど大きくなかったと思われ、また節部省から下充された調綿を、難波や畿外など地方において高値で売却することも適わなかった。そして米を大量に購入せざるを得なかった写経所は、米価の高騰に苦しみ続けたのである。すなわち二部大般若経写経事業は、有効な財政運用ができないままに、なし崩し的に必要物資を購入するという深刻な事態に陥っていたのである。

安都雄足は、二部大般若経の写経事業が七年四月に終息すると、これ以降写経事業に関与しなくなり、翌八年正月の返抄(52)を最後に史料から姿を消す。これは先行諸説(53)が述べるように、仲麻呂派であった安都雄足が、孝謙・道鏡派の台頭により更迭されたためと考えられるが、もし財政運用の手腕を見込まれて任用されていたのであれば、この二部大般若経写経事業の財政運用の失敗も、彼の進退に少なからざる影響を与えたのではないだろうか。

注

（1）　松平年一「官写経所の用度綿売却に関する一考察─奈良朝に於ける─」（『歴史地理』六二─六、一九三三年）、伊東彌之助「奈良時代の商業及び商人について」（『三田学会雑誌』四一─五、一九四八年）。横田拓実「天平宝字六年における造東大寺司写経所の財政─当時の流通経済の一側面─」（『史学雑誌』七二─九、一九六三年）、以下、横田氏の見解は当論文による。鬼頭清明「八、九世紀における出挙銭の存在形態」（『日本古代都市論序説』法政大学出版局、一九七七年、初出、一九六八年）、黒田洋子「八世紀における銭貨機能論」（弘前大学『国史研究』八七、一九八九年）、中川正和「奉写二部大般若経所の一考察─七六〇年代の写経事業─」（『七隈史学』三、二〇〇二年）など。

（2）　吉田孝「律令時代の交易」（『律令国家と古代の社会』岩波書店、一九八三年、初出、一九六五年）。以下、吉田氏の見解は当論文による。

（3）　栄原永遠男「奉写大般若経所の写経事業と財政」（『奈良時代写経史研究』塙書房、二〇〇三年、初出、一九八〇年）。以下、栄原氏の見解は当論文による。

(4) 山下有美「写経機構の変遷」(『正倉院文書と写経所の研究』一二七〜一二八頁、吉川弘文館、一九九九年)。

(5) 山本幸男「天平宝字六年〜八年の御願経書写」(『写経所文書の基礎的研究』五五九頁、吉川弘文館、二〇〇二年)。

(6) 以下、『大日本古文書』は、「巻ノ頁」で示す。また『大日本古文書』に収められていないものは、「未収」と記す。

(7) 栄原氏前掲注(3)著書、山本氏前掲注(5)著書。

(8) 山本氏前掲注(5)論文。また帳簿の接続については、山本氏の論文に依拠している。

(9) 山本氏前掲注(5)論文、五一三頁。

(10) また銭用帳(2)十二月二十三日条では、布施料調布料として足羽郡主帳出雲赤人に二〇貫が下充されているが、雑物納帳に記載されていない。後述するように閏十二月二十九日の布施は、調綿で支給されているので、実際に調布が購入・収納されたのか、詳細は不明である。

(11) 売料綿下帳(3)十二月二十三日の社下月足が売却した二五三屯直一六貫四四五文は、おそらく雑物納帳③十二月二十三日条で上馬養・社下月足に割り当てた一四六〇屯直九四貫九〇〇文に含まれると思われる。また売料綿下帳(1)十二月二十日条には、上馬養に割り当てた二〇〇〇屯一三七貫九〇〇文の記載がある。計算はあわないが、これは雑物納帳①十二月二十一日条と③同月二十三日条の上馬養分との合計の可能性がある。

(12) 雑物納帳④同日条の下道主の四〇〇屯については、売料綿下帳(5)十二月二十三日条に見える。

(13) ただし「未」に抹消符がついている。

(14) 吉田孝氏前掲注(2)論文、三二〇頁。栄原永遠男氏、前掲注(3)論文、二九〇〜二九二頁。

(15) 栄原氏前掲注(3)論文、二九三頁。

(16) 『大日本古文書』では、後半の第二・三紙が未収である(続修別集四十一第一〜二紙)。

(17) これは先述したように閏十二月六日以降、調綿売却が一段落し、二〇〇〇屯が上馬養・下道主の管理下において調綿の割り当てと代金回収が行われたためであろう。

(18) 吉田孝氏は、銭用帳閏十二月六日条に記載される「調葉薦～黒米」までが、売料綿并用度銭下帳にあるものの、「紙七千六百張～竹箒」までがないことを、「調葉薦～黒米」は雑用銭によって購入し、「紙七千六百張～竹箒」は別の財源で購入されたと解釈する（前掲注（2）論文）。しかし売料綿并用度銭下帳は、閏十二月六日から記載がはじまるものの、銭の支出について記されるのは八日からである。「調葉薦～黒米」が九日に購入されていることを考えると、「紙七千六百張～竹箒」がこの前に購入されており、そのために売料綿并用度銭下帳に記されなかった可能性もある。

(19) 横田氏前掲注（1）論文、山本氏前掲注（5）論文、三九八頁。そしてこの時、購入されたと思われる「波多板十枚・檜榑四十?村」は、先述したように雑物納帳〔表5〕㉑㉒閏十二月二十二・二十七日条にみえ、また東大寺奉写大般若経所解案には波太板一〇枚の一貫、椙榑三七村の二貫五八五文の支出が記されている（十六ノ三七九）。

(20) 山本氏前掲注（5）論文、三九八頁。

(21) 山本幸男氏は、この文書が七年正月から二月にかけて作成されたとするが、「先帙三貫」が閏十二月十一日条を指すとすると、七年正月からさかのぼることになる。しかしこれが「先帙」と表現されることからも、上限は閏十二月下旬ごろであろう。

(22) また一～三月の定雇夫の合計六五一人は、数えると六六一人、四月は計三二人とあるが、数えると三〇人である。日雇夫についても一～三月は合計八四人とあり、「物部諸人二月上日　銭十文」を除けば、一致する。

(23) ただし売料綿并用度銭下帳閏十二月十五日条の凡馬主は、雇人功給歴名帳に名前がみえない。

(24) また銭用帳は閏十二月二十九日条の途中で後欠となっているが、ここに記載されている雇夫の合計人数は二〇一人であり、雇人功給歴名帳の日雇夫十二月・閏十二月の合計二二一人より二〇人足りない。

(25) 栄原氏前掲注（3）論文、二八九～二九三頁。ただし栄原氏は、決算報告である東大寺奉写大般若経所解案（十六ノ三七六～三八二）に記載される調綿一万六〇四〇屯、代金一〇三五貫七一三文を基準にしているが、後述するように、実際には調綿のすべてを売却していないと考える（第四節参照）。

(26) ただし食料品・食器類は閏十二月六日以降に購入されている（栄原氏前掲注（3）論文、二九九～三〇〇頁）。

(27) 銭用帳閏十二月二十九日条には、なぜか「自二節部省一負運綿雇車三両賃往還賃」の一九〇文が計上されている。山本幸男氏は、これは布施支給のために運ばれた綿の雇車とするが（前掲注（5）論文、五一二頁）、布施の合計額は七四七屯であり、雇車三両は多すぎるであろう。雑物納帳によれば、節部省からは、十二月十九日に調綿一万九九七屯・租布五五段・辛櫃一〇合、同月三十日に調綿五〇四三屯・租布二五段・辛櫃二五合が運ばれ収納されているが、銭用帳では十二月二十三日条で雇夫一八人の功料を、閏十二月六日に雇車一両の賃を記すのみである。すなわち閏十二月二十九日条の雇車三両も、やはり節部省から調綿を運んだ時のものであろう。

銭用帳十二月二十三日条の雇夫一八人は、食口案十二月十八日・十九日条の各六人と、同月二十九日の六人の合計と思われ、十二月三十日収納の調綿の雇夫についても、銭用帳では十二月二十三日条にまとめて記されている。銭用帳閏十二月六日条の雇車一両についても、同日条の筆墨直四貫がこれまでのまとめと思われ、さらに閏十二月二十九日条の雇車三両についても、同日条の雇夫六一人功六〇一文が、これまでの雇夫をまとめて記載したものと思われる。すなわち銭用帳では、閏十二月六日条と閏十二月二十九日条に、これまでの支出をまとめて記していたと思われるのである。

(28)　この他に雇車が〔史料4〕「三両二七〇文」→〔史料3〕「四両三九六文」→銭用帳閏十二月六日条「五両三九六文」と訂正され、担夫食物買給料も〔史料3〕で「一五九文」から「一八六文」に訂正されているが、銭用帳同日条では「一八六文」となっている。

(29)　栄原氏前掲注（3）論文、二九三頁。

(30)　山本氏前掲注（5）論文、三九五頁。

(31)　以下、「／」は改行をあらわす。

(32)　栄原氏前掲注（3）論文、三〇一頁。

(33)　奉写二部大般若経解移牒案の閏十二月二十三日の造寺司符案により、造石山寺料が盗難に遭ったことが知られる（五ノ三三二）。

(34)　山本氏前掲注（5）論文、四九六〜五〇〇頁。

(35)　ただし閏十二月八日条は、用いた米を五斗一升二合とするが、政所食口を除いた食米の合計は五斗二升二合となり、一升多い。これは当該条の雇女の「二升二合」が誤りで、正しくは「一升二合」であると考えられる。
(36) 山本氏前掲注(5)論文、四九九頁。
(37) 銭用帳閏十二月十一日条の一〇貫は、下道主に附して政所に下し置かれたが(十六ノ九六)、下道主は雑物納帳案(十六ノ一二九〜一三〇)により、閏十二月九日に造東大寺司において黒米や調葉薦を購入していることがわかる。すなわち少なくとも九日から十一日にかけて下道主は、造東大寺司政所に詰めていたと思われる。
(38) 先の〔史料4〕では、残銭を「見残二九六文、今残司八一五文」にわけているのであり、造東大寺司に写経所の銭があることを示している。また〔史料3〕の「十貫雑用料下請　十一日」や〔史料2〕の「十貫司」なども造東大寺司に置かれた写経所料から請けたものであろう。
(39) 以下、十二灌頂経・仁王経疏の写経事業の経過については、栄原氏前掲注(3)論文参照。
(40) 山本氏前掲注(5)論文、五〇四頁。
(41) 栄原氏前掲注(3)論文、二八〇〜二八三頁。
(42) ただし奉写灌頂経料銭用帳十二月二十七日条の阿部祢万呂と同月二十八日条の凡馬主は、雇人功給歴名帳に名前がみえない。
(43) 奉写灌頂経料銭用帳の雇夫の数は、食口案の雇夫の数とも一致しない。十二月二十八日までの食口案の雇夫の数は一三二人であり、政所食口の雇夫を除いても一〇二人であるが、銭用帳の雇夫の数は六一人である。また二部大般若経の慈訓の宣が出る十二月十六日までの雇夫の数は、食口案が二七人(政所食口を除くと六人)、銭用帳では一一人である。
(44) 山本氏前掲注(5)論文、三七九・四九六頁。
(45) 山本幸男氏は、「大炊」は宮内省被管の大炊寮、「主湯」は造酒司の一部局であるとする(前掲注(5)論文、五六四頁注(61))。
(46) 山本幸男氏は、「彼寺在官家功徳分物」を『続日本紀』天平宝字四年七月庚戌(二三)条で、東大寺に施入された封戸物のうちの「官家修行諸仏事分二千戸」からの充当であるとする(前掲注(5)論文、五三五〜五三六頁)。

（47）山本氏前掲注（5）論文、五五九頁。

（48）また米・塩・海藻については、大炊寮以外にも造物所から白米六斛、塩一斗、海藻三〇斤、滑海藻二六斤が来ている（五ノ三〇一）。さらに銭も石山寺写経所より八〇文がもたらされている（十六ノ一九）。

（49）横田氏前掲注（1）論文、直木孝次郎「難波使社下月足とその交易」（大阪市文化財協会『難波宮址の研究』第七、論考篇、一九八一年）。

（50）しかし先述したように決算報告である東大寺奉写大般若経所解案では、節部省から下充された調綿一万六〇四〇屯のすべてが、売却されたことになっている。

（51）安都雄足の経歴については、岸俊男「越前国東大寺領庄園をめぐる政治的動向」（『日本古代政治史研究』塙書房、一九六六年、初出、一九五二年）。

（52）東大寺写経所返抄（五ノ四六七）。

（53）岸前掲注（51）論文、山本幸男「造東大寺司主典安都雄足の『私経済』」（『史林』六八―二、一九八五年）、関根淳「藤原仲麻呂と安都雄足―岡寺をめぐる考察―」（『続日本紀研究』三〇四、一九九六年）、山下有美「安都雄足―その実像に迫る試み―」（『平城京の落日』清文堂出版、二〇〇五年）など。

第Ⅱ部　称徳～光仁朝の下級官人

第一章　称徳・道鏡政権の経済政策—神功開宝の発行を中心に—

はじめに

天平宝字八年（七六四）九月に藤原仲麻呂の乱を鎮圧した孝謙太上天皇は、称徳天皇として重祚し、称徳・道鏡政権が発足した。そして九月に銅銭を発行した。

〔史料1〕『続日本紀』天平神護元年（七六五）九月丁酉（八）条

　更鋳二新銭一。文曰二神功開宝一。与二前新銭一並行二於世一。

このように『続日本紀』は、神功開宝発行を簡単に記している。しかしその前には、『同』天平宝字八年是年条に「兵旱相仍、米石千銭」とあり、また『同』天平神護元年二月庚寅（二九）条には「左右京籾各二千斛、糶二於東西市一。籾斗百銭」とあるように米価が高騰していたことがわかる。

本章では、神功開宝発行の背後に物価安定を目的とした、古代国家の総合的な経済政策があったことを論じたい。

神功開宝については、栄原永遠男氏[1]が和同開珎と平城京造営、万年通宝と平城宮大改造・保良宮造営のように、新銭発行と大規模な造営事業との密接な関係から、神功開宝も西大寺の造営工事のために発行されたとする。また利光三津夫氏[2]は、称徳・道鏡が藤原仲麻呂の想いが込められた万年通宝を発行し続けることに抵抗し、大義名分をあきらかにするために損害を顧みずに神功開宝を鋳造したとし、その政治的意義を強調した。しかし一方、森明彦氏[3]は神功開宝を大量鋳造することで、行使銭貨を旧銭（＝和同開珎）から新銭（＝万年通宝・神功開宝）に換え、その結果、天平宝字八年から生起した大物価変動が鎮静することになったとの認識を示した。本章においても神功開宝発行以後、物価高騰が解消したことを重視し、藤原仲麻呂政権下の天平宝字四年（七六〇）に発行された万年通宝と比較しつつ、神功開宝発行の意義を再検討したい。

一　天平宝字元年～宝亀二年までの物価動向

1　先行研究の問題点

まず正倉院文書を用いて、八世紀の物価の実態を探りたい。これまで喜田新六氏[4]や角山幸洋氏[5]が物価について調査し、とくに角山氏は、天平から宝亀にいたる約四〇年にわたる物価の変動を繊維製品（絁・布・糸・綿）、米穀、雑用品（墨・筆・木履）にわけ、折れ線グラフで明解に表示したため、これまで多くの研究者に引用されてきた。しかしこれらの研究は、写経所の帳簿の性格をどれほど考慮しているのかが疑問である。たとえば石山寺造営事業の秋季告朔[6]に記される価格は、宝字五年十二月から翌六年八月の間のものであり、物価データとして収集するには期間が長すぎる。また帳簿のなかには、写経所が売却した物品の価格が記されているものもあり、購入価格と区別しなければならない。さらに品質や大きさなどの違いにも注意しなければならないが、角山氏の収集した繊維製品は生産地による価格差が大きいのである。また角山氏は天平年間から物価を収集しているが、天平宝字元年より前は、データとなる物価が非常に少なく、品目も偏っている。したがって本章ではデータが揃う天平宝字元年（七五七）から宝亀二年（七七一）を検討対象としたい。

2　天平宝字六年の米価高騰

喜田・角山両氏が指摘したように、天平宝字六年（七六二）ごろから米価が上昇したことは間違いないと思われる。同六年は、藤原仲麻呂政権期にあたり、保良宮遷都にともなう石山寺の造営事業が八月まで行われ、また石山寺写経所においては十二月まで写経事業が展開されていた。さらに十二月十六日には少僧都慈訓の宣により奈良の東大寺写経所において、大般若経二部千二百巻の書写がはじめられた。したがってこのころは、造石山寺所関係文書と二部大般若経写経事業の帳簿が中心となる。

表8は天平宝字六年の米価を示したもので、参考に同七年正月と同八年十月の米価も表示した。[7] 米は、帳簿には「黒米」「白米」「米」と表記されており、黒米は白米に比べて一～二割安い。

さて黒米は七六〇文で購入されたこともあるが、九月まではだいたい五五〇～六〇〇文である。しかし閏十二月六日に突然九〇〇文となり、以後はこの水準で推移している。白米も九月までは安い時で六五〇文、高い時で九〇〇文であるが、だいたい七五〇文くらいである。しかしここでも閏十二月十三日に、突如一一〇〇～一一一四文となり、以後は一一〇〇文で推移する。また糯米も天平宝字四年四月二十六日付写経所解案には斛別六〇〇文であったが（十四ノ三三八）、六年閏十二月の一二三〇文へ約二倍の値上がりがあったことがわかる（十六ノ九七）。このように明らかに閏十二月以降に米価が高騰していることがうかがわれる。[8] その上昇率は、黒米が六〇〇文から九〇〇文へと一・五倍の上昇である。白米も七五〇文から一一〇〇文へと一・四七倍である。吉田孝氏[9]は石山寺写経所が米の春高秋低

表8　天平宝字六年の米価

黒米		白米		出典	
日付／(斛別)文		日付／(斛別)文		帳簿名	大日古
6.1.18	k600			造石山院所貯蓄継文	5ノ65
6.2.10	k550			造石山寺所解移牒符案	15ノ152
		6.2.19	(550)	造石山寺所解移牒符案	15ノ154
		6.3.13～4.25	k780・800	甲賀山作所告朔解	5ノ96
		6.4.28	900	造石山寺所解移牒符案	15ノ196
6.7.20	759・760			造石山寺所銭用帳	5ノ365
6.7.27	600・690	6.7.27	700・840	造石山寺所銭用帳	5ノ367･368
6.8.8	550・560	6.8.8	700・800	造石山寺所銭用帳	5ノ368
6.8.9	k560			造石山寺所雑様手実	5ノ261
6.8.10	500・600			造石山寺所銭用帳	5ノ370
6.8.12	550	6.8.12	740	石山院奉写大般若経所米売価銭用帳	5ノ266
6.8.22	600	6.8.22	650	石山院奉写大般若経所米売価銭用帳	5ノ267
		6.8.24	660	石山院奉写大般若経所米売価銭用帳	5ノ268
		6.8.28	680	石山院奉写大般若経所米売価銭用帳	5ノ268
6.9.7	600	6.9.7	740	石山院奉写大般若経所米売価銭用帳	5ノ269
		6.9.9	700	石山院奉写大般若経所米売価銭用帳	5ノ269
6.9.14	600			石山院奉写大般若経所米売価銭用帳	5ノ269
		6.9.16	693.6	石山院奉写大般若経所米売価銭用帳	5ノ269
		6.9.17	(k1000)	造石山院所貯蓄継文	5ノ281
6.9.24	600			石山院奉写大般若経所米売価銭用帳	5ノ269
6.閏12.6	900			奉写二部大般若経銭用帳	16ノ94
6.閏12.7	880・910			奉写二部大般若経銭用帳	16ノ95
6.閏12.9	900			売料綿并用度銭下帳	16ノ79
6.閏12.13	920	6.閏12.13	1100～1114	奉写二部大般若経銭用帳	16ノ97
		6・閏12.14	1100・1114	売料綿并用度銭下帳	16ノ82
		6・閏12.15	1110	売料綿并用度銭下帳	16ノ83
6.閏12.16	920	6.閏12.16	1110	売料綿并用度銭下帳	16ノ83･84
		6.閏12.17	k1100	売料綿并用度銭下帳	16ノ85
		6.閏12.29	1100	奉写二部大般若経銭用帳	16ノ102
7.1.30	(700)			造石山寺所銭用帳	15ノ446
		8.10.21	k3000	写経用紙銭納文	5ノ497

kは「米」と表記されているもの。
「大日古」は『大日本古文書』を示す。
帳簿名は、矢越葉子「造石山寺所の文書行政ー文書の署名と宛先ー」(『正倉院文書研究』一一、二〇〇九年)、山本幸男「天平宝字六年～八年の御願経書写」(『写経所文書の基礎的研究』吉川弘文館、二〇〇二年)による。

という季節間価格差を用いて財政運用をしていたことを指摘したが、その際の価格差は、白米は八二九文で売って、六七三文で購入しているので(『大日本古文書』[10]五ノ二八五)、一・二三倍である。つまり二割ぐらいの価格上昇は、例年の季節間価格差として認識されていたと思われる。それに比べ、この五割の物価上昇は、まさに「高騰」だったではないだろうか。

ではその時期を正確に特定することはできないだろうか。九月までは造石山寺所関係文書によって、米価が通常の価格であったことが確認できるが、その後、十月から十二月までは米価のデータが存在しない。この間には、十月二十一日に十二灌頂経写経事業の宣が出され（十六ノ一六）、十二月六日から物資が購入されているが（十六ノ一七）、この十二灌頂経は米を現物で支給されているので[11]、米が購入されていない。そしてその後の二部大般若経写経事業では、十二月二十一日から物資が購入されているが（十六ノ九二）、米の購入は閏十二月六日からであり（十六ノ九四）、この時にはすでに高騰していた。さらに参考になるのは、近江国愛智郡租米の進上の日付である[12]。これは本来、造石山寺所に納められるはずの米であったが、石山寺の造営事業が終了しても完納されず、天平宝字七年六月まで石山寺写経所や造東大寺司に納められた[13]。この米の進上の間隔は、四月二十日から続けられたが、七月九日～九月二十八日と十月二十三日～閏十二月二十四日は約三ヶ月の間隔が空いている[14]。このうち前者は、石山寺の増築が完成し、納入先である造石山寺所が実質的に停廃された時期にあたる。そして後者が米価高騰の影響を受けた可能性が高い。十月二十三日までは進上しているので、天平宝字六年の米価高騰は、十一～十二月が起点となった可能性が高い。そしてこの米価高騰は解消されることのないまま、後述するように宝字八年に再び上昇するのである。

このように天平宝字六年十一月以降に米価の高騰があったことは確実である。しかしこの高騰は米価だけだったのだろうか。他の品目についても調べてみたい。まず米価があきらかに高騰している同六年閏十二月の物価を、奉写二部大般若経銭用帳（十六ノ九一～一〇四）と売料綿并用度銭下帳（十六ノ七八～八七）で調査する（表9）。閏十二月の価格がわかるものは、酢（升別）一九～二七文、索餅（藁別）三～四文、木履（両別）一四～一八文、菲（両別）一一文、未醤（升別）六～八文、薪（荷別）一四～一五文、兎毛筆（管別）四〇文、墨（廷別）三〇文などである[15]。

次にこの閏十二月の価格が高騰しているか調べる（表9参照）。主に造石山寺所関係文書の価格を用いたが、ここに

表9　天平宝字六年十二月以前と同六年閏十二月、同八年の価格

	宝字 6.12 以前の価格		宝字 6. 閏 12 の価格		宝字 8 の価格		
品　目	価格（文）	大日古	価格（文）	大日古	日　付	価格（文）	大日古
酢（升別）	9〜10	16ノ296	19〜27	16ノ95・98		−	
索餅（藁別）	1.66	14ノ339	3〜4	16ノ85	8.3.1	3	16ノ476
木履（両別）	10〜11	14ノ337	14〜18	16ノ94・85	8.7.29	25	16ノ509
菲（両別）	9	5ノ85	11	16ノ94	8.8.15	20	16ノ526
未醤（升別）	4.84	15ノ244	6〜8	16ノ95・98		−	
薪（荷別）	12〜13	14ノ338	14〜15	16ノ81・99	8.7.29	20	16ノ510
兎毛筆（管別）	40	15ノ252	40	16ノ100	8.7.29	60	16ノ509
墨（廷別）	30	15ノ252	30	16ノ100	8.11.10	40	16ノ536
小麦（斛別）			1040	16ノ97	8.3.1	2800	16ノ477

ないものは、天平宝字四年四月二十六日付写経所解案（十四ノ三三六〜三四二）と同四年末の造金堂所解[16]を用いた。まず酢は造金堂所解には升別九〜一〇文であり、一九文〜二七文[17]に比べると約二〜三倍の値上がりである。索餅も写経所解案で藁別一・六六文であり、三〜四文と比べると約二倍の値上がりである。木履（木沓）は写経所解案で両別一〇〜一一文なので、一四〜一八文と値上がりしていることがわかる。菲も造石山院所貯蓄継文に両別九文とあるので、一一文と比べると、若干の値上がりである[18]。一方、未醤は造石山寺所解移牒符案には升別四・八四文とあり、六〜八文と比べ若干値上がりしている。薪も写経所解案で荷別一二〜一三文なので、一四文〜一五文に比べ若干値上がりしている。兎毛筆[19]と墨[20]は、造石山寺所解移牒符案ではそれぞれ管別四〇文・廷別三〇文であり、天平宝字六年閏十二月の価格と同じである[21]。

このように米一斛で酢九斗を得る酢（六ノ九三）や米粉と小麦を原料とする[22]索餅の値上がりが顕著である。木履も値上がりしているものの、菲・未醤・薪の値上がり幅は小さく、兎毛筆・墨にいたっては変化がない。そして兎毛筆・墨は、天平宝字七年十二月二十五日付の奉写心経一千巻用度文案においても管別四〇文・廷別三〇文で計上されているので（十六ノ四二四）、同七年末までは価格の上昇はなかったと思われる。このように同六年十一〜十二月にはじまる物価高騰は、米価を中心としており、限定されたものだったといえる。

3　天平宝字八年の物価高騰

このように天平宝字六年十一～十二月の間に米価高騰が起こったが、その米価は同八年（七六四）以降、さらに高騰する。たとえば表8に示したごとく、斛別一一〇〇文に高騰していた白米は、同八年十月二十一日付写経用紙銭納文（五ノ四九七）でさらに三〇〇〇文に高騰している。『続日本紀』天平神護元年（七六五）二月庚寅（二九）条には「左右京籾各二千斛、糶二於東西市一。籾斗百銭」とあり、籾一斗で米五升になるので、米の廉価販売の価格は斛別二〇〇〇文である。実際にはこれ以上高騰していたと考えると、この三〇〇〇文という価格は妥当である。そして斛別一二三〇文に高騰していた糯米も、天平宝字七年三月十二日に一四〇〇文となり（十六ノ三四九）、同八年三月一日には二二〇〇文となっている（十六ノ四七六）。また斛別一〇四〇文に高騰していた小麦も、同八年三月一日には二八〇〇文となっている[23]（表9）。また両別一四～一八文であった木履は二五文へ、両別一一文であった韮は二〇文にそれぞれ値上がりする。さらに天平宝字六年十一月以降に価格高騰がみられない品目も、同八年には価格が上昇している。たとえば、同六年閏十二月にも四〇文であった兎毛筆は、同八年七月二十九日付造東寺司解案では六〇文で計上され、少なくとも十一月十七日までこの価格が続いている（十六ノ五三六）。同様に墨も三〇文だったものが、七月二十九日以降（十六ノ五〇九）、十一月十日まで四〇文になっている。

このように天平宝字八年には物価が高騰していることが確認できる。表10は天平宝字七年と同八年との価格差を示したものである。木履は奉写七百巻経銭用帳の七年三月二十六日条では一五文だったものが、八年七月二十九日付造東寺司解案では二五文で計上される。韮は、七年三月二十六日は一三文だったが、八年三月十四日に一六文となっている。薪も七年三月十一日は一五文だったのが、造東寺司解案では二〇文になっている。他に小豆は七年三月十二日に升別九文だったものが八年三月一日に一八文となり、大豆も七年三月十二日に升別八文だったものが、八年三月四

表10　天平宝字七・八年の価格

品　目	日　付／価格（文）／大日古			日　付／価格（文）／大日古		
木履（両別）	7.3.26	15	5ノ414	8.7.29	25	16ノ509
兎毛筆（管別）	7.5.26～27	30～40	5ノ417	8.7.29	60	16ノ509
墨（廷別）	7.5.27	30	5ノ417	8.7.29	40	16ノ509
菲（両別）	7.3.26	13	5ノ414	8.3.14	16	16ノ481
薪（荷別）	7.3.11	15	5ノ407	8.7.29	20	16ノ510
小豆（升別）	7.3.12	9	16ノ349	8.3.1	18	16ノ477
大豆（升別）	7.3.12	8	16ノ349	8.3.4	17.5	16ノ478

日に一七・五文になっている。このように七年の価格が確認できる品目は、八年三月以降に値上がりしていることがわかる。

そして先述したように天平宝字七年十二月二十五日付の奉写心経一千巻用度文案では兎毛筆・墨の購入予定価格がそれぞれ管別四〇文・廷別三〇文であり（十六ノ四二四）、物価が上昇する前の価格なので、この物価上昇は、同八年正月以降にはじまったと思われる。しかし八年一月から二月にかけてはデータがなく、三月一日以降に値上がりが確認される（表10参照）。このように天平宝字八年一～二月にふたたび物価が上昇したが、これは前回の同六年の時とは異なり、ほぼすべての品目にわたって価格が上昇した。その値上がり幅は、米価はさらに三倍近く値上がりし、大豆・小豆は約二倍、糯米・木履は五割以上、兎毛筆は約五割、墨・菲・薪は約三割であった。そしてこの物価高騰は、同八年十二月まで続いていたと思われるが、その後は帳簿が残っていないので不明である。

以上のように、天平宝字末年の物価上昇には二段階あった。第一段階は、天平宝字六年十一～十二月にはじまる主に米を中心とする物価上昇で、第二段階は天平宝字八年一～二月にはじまったほぼ全品目にわたる物価の上昇である。そしてこの物価上昇において『続日本紀』が触れているのは、天平宝字八年是年条の「兵旱相仍、米石千銭」であり、宝字八年の方がより深刻であったことがうかがえる。

4　宝亀元・二年の物価動向

天平宝字八年（七六四）の物価上昇は大般若経料銭用帳で、十一月十・十七日に購入した墨・兎毛筆がいまだ廷別四〇文・管別六〇文であり（十六ノ五三六）、十月二十三日に購入した菲も一八文であることから（十六ノ五三五）、年内はこの水準で推移していたと思われる。そして翌年から約五年間にわたって、東大寺写経所の活動が停止するので、物価を調べることができない。神護景雲四年に実忠が直轄する先一部写経事業が東大寺写経所で開始されたことで、ふたたびデータの収集が可能となる。ただし栄原永遠男氏が指摘するように、宝亀年間の一切経写経事業、すなわち先一部・始二部・更一部・今更一部のうち、写経所が多種多様な物資を購入していたのは、先一部のみであり、始二部以降は筆や綺など特定の品目しか購入しなくなる。したがって実質的に物価動向を調査できるのは、宝亀二年までである。

さて先一部写経事業の奉写一切経料銭用帳（十七ノ二三六〜三二八）に表記される神護景雲四年（七七〇、十月に宝亀改元）の物価をみてみると、兎毛筆が管別三五〇文、鹿毛筆が管別一〇文・一三文、木履が両別二七〇文・二八〇文、索餅が藁別二〇文、末醤が升別七〇文（以上、十七ノ二三七）、菲が両別一四〇文（十七ノ二四〇）と高値であることに驚かされる。ここから喜田新六氏は「（天平宝字）七年に至ると一段と騰貴の度を増し、（中略）宝亀元年に至って其の極に達した」とし、角山幸洋氏は宝亀元〜三年に至るまで、「これまでと相異する上昇率で物価は騰貴する」とした。しかしこの銭用帳では宝亀二年（七七一）四月一日以降に価格がふたたび十分の一に戻る。後述する〔史料9〕では宝亀二年四月一日条から兎毛筆が管別三五文、木履が両別一六文、菲が両別一四文である。

このような物価動向はきわめて不自然であり、これらは帳簿の表記方法が変更されたものと解される。すなわち森明彦氏が指摘したように、先一部写経事業の当初の帳簿は、旧銭（＝和同開珎）をもとに表記したもので、これが後に新銭（＝万年通宝・神功開宝）表記に変更されたと考えられる。したがって和同開珎を基準にすれば、たしかに天平神護元年から神護景雲四年の間に急激な物価上昇があったといえるが、神功開宝を基準にすれば、物価はむしろ安定しているのである。すなわち先ほどの神護景雲四年の価格を十分の一に表示してみると、兎毛筆は三五文、鹿毛筆は一文と一・三文、[28]菲一四文、索餅は二文、末醤は七文など、菲と末醤は若干値上がりしているものの、他はだいたい天平宝字八年の物価上昇以前の水準に戻っている。独自の動きを示しているのは木履であり、「神護景雲四年六月二十九日二七〇・二八〇文（十七ノ二三七）→七月二十八日二〇〇文（十七ノ二四七）→翌年三月十三日一六〇・一七〇文（十七ノ二八四）→四月一日一六文（十七ノ二九六）→五月十日一五文（十七ノ三〇四）」とあるように、神護景雲四年六月から宝亀二年五月の一年の間に、二八文から一五文と急激に価格が下がるのである。他の品目については、その詳細は不明であるが、おそらく木履のように天平神護元年（七六五）から神護景雲四年の間に価格が下がり、物価上昇以前の水準に戻ったのではないだろうか。

このように天平宝字末年の物価上昇は、神護景雲四年までには、ほとんどがもとの価格に戻ったと思われる。その間には、神功開宝の発行をはじめとする数々の経済政策が行われたのである。次に、その物価上昇の原因とされる万年通宝について論じたい。

二　藤原仲麻呂と万年通宝

1　万年通宝の発行

万年通宝の発行に、当時大師（＝太政大臣）であった藤原仲麻呂の意向が強く反映されていたことは、彼が貨幣鋳造発行の権を得ていたこと（『続日本紀』天平宝字二年八月甲子〈二五〉条）や鋳銭司の人事からもうかがわれる。[29] また利光三津夫氏は、この三貨の銘には、仲麻呂の自己政権が長久ならんことを祈る政治的念願が込められていたとし、さらに内田銀蔵[30]・喜田新六氏は、万年通宝発行の二年前に唐では開元通宝の十倍価値をもつ乾元重宝が発行されており、唐風趣味の仲麻呂が模倣したものとする。[31]

〔史料2〕『続日本紀』天平宝字四年（七六〇）三月丁丑（一六）条

勅、銭之為レ用、行レ之已久。公私要便、莫レ甚二於斯一。頃者、私鋳稍多、偽濫既半。頓将二禁断一、恐有二騒擾一。宜下造二新様一与レ旧並行上。庶使下無レ損二於民一、有上レ益二於国一。其新銭文曰二万年通宝一。以レ一当二旧銭之十一。銀銭文曰二大平元宝一。以レ一当二新銭之十一。金銭文曰二開基勝宝一。以レ一当二銀銭之十一。

この勅には「私鋳稍多、偽濫既半」とあることから、これまで万年通宝発行の理由を和同開珎の私鋳銭の増加に求める傾向があった。しかし利光氏も述べるように、中国の漢以来の歴朝における貨幣改鋳の議は、ほとんど例外なくこの私鋳銭の激増と対応して論じられているため、これがそのまま現状をあらわしているとは限らない。むしろ〔史料2〕に「以レ一当二旧銭之十一」とあるように、和同開珎の十倍の価値をもつ万年通宝を発行することで、銭貨発行収入を得ようとしていたと思われる。すなわち栄原永遠男氏[32]が論じるように、万年通宝は天平宝字元年から同六年ごろにかけて行われた平城宮の大改造（『続日本紀』同元年五月辛亥〈四〉条、同五年十月己卯〈六〉条）や、同三年十一月にその造営担当の官人が任命され（『同』同三年十一月戊寅〈一六〉条）、同五年正月には官人に宅地が班給された（『同』同五年正月丁未〈二一〉条）、保良宮の造営にあてる功直の支払い手段として発行されたと考えられる。[33]

つまり古代国家に莫大な財政利益をもたらした和同開珎に倣って発行されたと思われる。栄原氏[34]が論じたように、和同開珎の発行時においては、銀や穀・布などが貨幣的価値をもち、流通地域も限定されていた。そのため和銅元年

（七〇八）八月の銅銭発行にさきだち五月に銀銭を発行し、貨幣的価値をもっていた地金の銀[35]の機能を銀銭によって受け継がせた[36]。そして銀銭と銅銭の交換比率を示したうえで、同三年に銀銭を廃止した[37]。また和銅四・五年には穀・布との交換比率を示し（『続日本紀』同四年五月己未〈一五〉条・同五年十二月辛丑〈七〉条）、地金の銀や穀・布の貨幣的機能を和同開珎銅銭に移行させた。さらに諸国から京に来た役夫・運脚、調庸の運脚に銭を携行させて食料と交易させ[38]、畿内周辺の国々も調を銭納制にし（『同』養老六年九月庚寅〈二二〉条）、また蓄銭叙位令[39]を施行するなどして、その流通地域を広げるとともに、銭貨の使用先を保証することで流通を促進させた[40]。このように和同開珎は古代国家がはじめて全国的に流通させることを目的に大量生産した銭貨である。発掘調査からは和同開珎が畿内とその周辺諸国に流通していたことが確認できるが[41]、古代国家は銭貨の全国流通を意図していたのであり、その意味では銭貨流通政策は途上にあった。したがって仲麻呂はまだ銭貨普及の余地があると考え、新たに田原鋳銭司を設置し[42]、万年通宝を大量に鋳造し発行し続けた。彼の失政は、むしろ万年通宝発行後に積極的な銭貨流通政策を実施しなかったことにある。

それでは万年通宝が実際、どのように流通し、何に使われたのかを正倉院文書から検討したい。

2　万年通宝の流通

万年通宝は造石山寺所関係文書において、「新銭」と表記されている。

〔史料3〕天平宝字六年四月十五日「造石山院所解」（十五ノ一八九）

　造石山院所解　申二進上雑物一事

帛絁一丈　生絁二尺　調絁二屯　調布一丈

細布三端鋳工等浄衣料
新銭二百八十八文白臈直　臈蜜一斤大　青砥二村　砥二碟
荒炭一石付仕丁小長谷小祢
右、可レ鋳二御鏡一調度并鋳工等浄衣料、附二便物部諸人一進上如レ件、以解、
天平宝字六年四月十五日

〔史料4〕天平宝字六年四月「要劇銭注文」（十五ノ一八九）

一新銭一百二十四文
右、去三月料要劇銭、進上如レ件、

ここで天平宝字六年（七六二）四月に新銭二八八文を白臈直として、一二四文を要劇料として造東大寺司に送っている。〔史料3〕は、同六年三月下旬の孝謙発願の一尺鏡四面の鋳造に関するもので、この事業は当初、造石山寺所で準備が進められていたが、四月十日に造東大寺司鋳物所に移管されることになったため、造石山寺所が先に収納していた諸物品および銭（白臈直）、また先に鋳物所から請求されたらしい鋳工の浄衣料（細布三端）を奈良に進上することを述べたものである。(43) 新銭は、旧銭の一〇倍の価値をもつので、個々の功直の支払いや細々した買い物には向かない。したがってこのような高額な購入物や要劇料の総額の支払い手段として用いられたのであろう。

また同帳簿では同六年四月十五日に旧銭一〇〇〇（＝一貫）文とともに新銭一〇〇文を、さらに五月二日に新銭一〇〇文を山作所に送っている。

〔史料5〕天平宝字六年四月十五日「符」（十五ノ一九〇）

符　山作所領玉作子綿等

合銭二貫（古一千文／新一百文）　末醤四升

右、彼所雇工并夫功料、附二便子綿一、充遣如レ件、符、

主典安都宿祢　　領上

六年四月十五日

〔史料6〕天平宝字六年五月二日「石山政所符」（十五ノ一九八）

石山政所符　山作所領等

充二遺銭五貫（新百文／古四貫）　黒米三斛　末醤三升一

右、依二彼解状一、附二三嶋豊羽一充遣如レ件、又収二納材六十二物一、

主典安都宿祢　　下

六年五月二日

〔史料5〕〔史料6〕はともに田上山作所に充てられたもので、造石山寺所から銭や末醤、黒米が送られていることがわかる。これらの新銭は「古」と表記される和同開珎とともに下賜されたもので、その合計額を記す際には、「二貫」「五貫」などいずれも旧銭表記であり、和同開珎が基準になっている。またこれらは田上山作所告朔（四月告朔）でも、旧銭で表記されている（五ノ二二六）。つまり万年通宝が発行されて二年後も、これは「新銭」とされ、帳簿では旧銭を基準に表記されていた。〔史料2〕に「宜下造二新様一与レ旧並行上」とあるように、そもそも万年通宝は和同開珎とともに流通させることが企図されていたが、実際に和同開珎を基準とする価値体系のなかに突如、一〇倍の価値をもつ万年通宝が投入されていたことがわかる。

そしてこれが保良宮遷都に関わる石山寺造営事業に下賜されていることからも、藤原仲麻呂が、自身が推進する事

業を掌る部署に新銭を下賜し、財政的に支援していたことがわかる。また『続日本紀』天平宝字四年八月己卯（一二一）条に「賜二新京諸大小寺、及僧綱・大尼・諸神主・百官主典已上新銭一、各有レ差」とあるように、自分の意図するところに新銭をばらまき、権力拡大に利用していたことがうかがえる。このように万年通宝は、仲麻呂の政策遂行や権力拡大の道具として使われていたのである。

3　物価高騰と藤原仲麻呂政権の崩壊

万年通宝の発行量が少ないうちは、和同開珎の一〇倍という公定価値が守られ、古代国家に財政的利益をもたらしていたと思われる。しかし万年通宝発行時には、すでに和同開珎を五二年発行していたこともあり、穀や布がもっていた貨幣的機能の和同開珎への移行は完了し、また銭貨の需要があった畿内とその周辺諸国へはほぼ普及していた。このようななかで和同開珎よりやや大きいものの、品質的にはほとんど変わらない万年通宝に(44)、和同開珎の一〇倍の公定価値を付して発行したことは、その一〇倍の枚数の和同開珎が増加する効果をもっていた(45)。そして全国流通を促進させるような政策が施行されなかったため、銭貨の過剰供給が続き、やがて飽和状態になり、物価高騰が引き起こされることになった。

万年通宝発行による物価上昇は、第二段階の天平宝字八年一〜二月にはじまると考える。銭貨の過剰供給による銭貨価値下落が原因であるならば、すべての物価が高騰するのが特徴である。その意味では米価が中心で、その品目も限定されていた第一段階の同六年十一〜十二月にはじまる物価上昇は、万年通宝発行によるものではなく、不作によるものであろう。『続日本紀』の賑給記事からは、同五〜八年にかけて深刻な不作に見舞われていたことがうかがえる。「如聞、去天平宝字五年、五穀不レ登、飢饉者衆」（『続日本紀』天平宝字七年正月戊午〈一五〉条）、「勅曰、疫死多レ数、水旱不レ時。（略）又一旬亢旱、致二无レ水苦一、数日霖雨、抱二流亡嗟一」（『同』同七年九月庚子朔条）とあるように、天候が一定せず、疫病まで流行していたのである。

不作による米価高騰は、その原因は米不足にあるので、おそらくこれまでも経験したものであったに違いない。このようなケースでは、封戸や口分田から米を得ていた貴族・下級官人層と農民、また米を現物で支給されていた官司においては、その影響は限定されていた(46)。おそらく造営事業などで銭貨を得ていた役夫などを直撃したと思われるが、このような最下層の人々、社会的弱者の困窮は、仲麻呂の政権運営に直接影響を与えるものではなかった。

しかしほぼすべての品目が対象となった天平宝字八年の物価高騰は様相が違った。不作が続いていたこともあり、米価はふたたび上昇し、あろうことか他の物品もみな軒並み高騰した。そして物価が下がる気配はなく、八月の収穫期に入っても高騰したままだった。これはまさに前例のない異常事態であった。こうなると官司も必要物資を購入するために膨大な予算が必要となり、その活動を維持することが困難になってきた。また銭貨を用いる人々―東西市で物品を購入する人々、交易活動に関わる人々など―それは貴族・下級官人が中心であったと思われるが―、彼らにまで深刻な影響を与えた。貴族・下級官人は古代国家の支配者層であり、政権を支える人々であった。すなわち彼らの批判が仲麻呂に向かったことが、彼の政権崩壊を促したと考える。岸俊男氏(47)は、この万年通宝の発行によるインフレが社会不安を惹起し、為政者に対する民心の離反をさそい、仲麻呂の政治的生命を奪ったと分析する。物価高騰は天平宝字八年の一～二月にはじまり、その年の九月に仲麻呂の乱が勃発する。仲麻呂の銭貨政策の失敗が政権崩壊の原因と考えられる。

三　称徳・道鏡政権と神功開宝

1　神功開宝の発行

藤原仲麻呂の乱を鎮圧した称徳・道鏡政権は、勝利の余韻に浸る間もなく米価問題に直面した。未曾有の高騰を続ける米価に対し、政府はかなりの危機感をもっていたようであり、平城京や平城宮内に米を蓄えた。すなわち「京師米貴。令三西海道諸国恣漕二私米一」（『続日本紀』天平神護元年二月是月条）とあるごとく、西海道諸国の私米を京に運漕させ、また近江国稲穀五万石を平城宮内の松原倉へ移送した(48)（同二年二月丙午〈二〇〉条）。さらに諸司の官人や諸国の郡司・白丁らの米を売る者に叙位を行い（『同』同元年六月癸酉〈一三〉条）、「左右京籾各二千斛、糶二於東西市一。籾斗百銭」（『同』同元年二月庚寅〈二九〉条）、「左右京籾各一千石、糶二於貧民一」（『同』同元年五月丙辰〈二六〉条）とあるごとく、京内で米の廉価販売を行った。

そして天平宝字八年以来の物価高騰に対する抜本的な対策として、〔史料1〕にあるように天平神護元年（七六五）九月に新たな銅銭、神功開宝を発行する。この神功開宝の鋳造は、森明彦氏が主張するように「民私鋳レ銭者、先後相尋。配二鋳銭司一駈役。普皆着二鈴於其鈦一、以備二逃走一。聴レ鳴追捕焉」とあるように罪人までを鋳銭司に投入し（『同』同二年是年条）、神護景雲元年には奈良朝において他に例をみない鋳銭員外次官を任命し（『同』同元年二月丁未〈二七〉条）、翌年には鋳銭事業に関わった官人への加階を行ったように（『同』同二年五月甲子〈二一〉条）、急ピッチで進められた。

神功開宝は、〔史料1〕で「与二前新銭一並行二於世一」とあるように、万年通宝を「前新銭」と呼んで、万年通宝とともに通用することを目指したものである(49)。銅銭のみが発行されたこと、先の新銭発行からわずか五年後に発行されたこと、そして前新銭と同価で通用させたことが神功開宝の特徴である。当時は、和同開珎とその一〇倍の公定価値をもつ万年通宝の二種類の銅銭が流通していた。銭貨の過剰供給を憂慮した称徳・道鏡政権は、その一本化を試みたと思われる。そして政府が流通貨幣として選んだのは万年通宝であった。しかし万年通宝の銘には仲麻呂の願いが込められていたため、そのまま発行し続けるわけにもいかず、新たに万年通宝と同価の神功開宝を発行し、この両者を新銭として流通させることにしたのである。すなわち称徳・道鏡政権は、森氏が主張したように、行使銭貨（＝流通銭貨）を旧銭から新銭へ切り換えようとしていた。ただしその目的は森氏の主張するような「財政的利益を獲得し、かつ巨額の支出に耐えうる財源を創出する」ことではなく、銭貨の過剰供給を解消し、物価高騰を収拾することにあったと考える。

2　神功開宝の流通

神功開宝は天平神護元年（七六五）九月に発行されたが、くり返し述べているようにこのころ東大寺写経所は活動を停止していたため、帳簿類が残っていない。東大寺写経所はその四年後の神護景雲四（七七〇）年五月の先一部写経事業によりふたたび活動を開始するので、これ以降の帳簿で神功開宝の流通の実態を確認したい。〔史料7〕は先一部写経事業の告朔解案である。

〔史料7〕奉写一切経所解案（六ノ八六・八七）

（略）

二十八貫三百五十文兎毛筆八十一管直（管別三百五十文）

六百五十文鹿毛筆五十六管直〔十管別十三文　十管別十五文／十管別十一文　二十六管別十文〕

（略）

六貫四十文木履二十八両直〔二両別二百八十文　二十二両別二百文／四両別二百七十文〕

八貫三百六十文菲五十四直〔十三両別一百七十文　二十両別一百六十文／一両一百五十文　二十両別一百四十文〕

（略）

一十三貫八百二十文索餅六百九十一藁直〔藁別二十文〕

四百五十文末醤六升直〔升別七十五文〕

（後略）

ここでは神護景雲四年六月一日から九月二十九日までの購入物の価格が記されており、兎毛筆が三五〇文、鹿毛筆が一〇〜一三文、木履が二〇〇〜二八〇文、菲が一四〇〜一七〇文、索餅二〇文、末醤七五文である。これを天平宝字八年（七六四）の物価高騰時の価格と比較したい。

〔史料8〕造東寺司解案（十六ノ五〇九）

四貫三百二十文兎毛筆七十二管直〔管別六十文〕

（略）

一貫四百四十文墨三十六廷直〔廷別四十文〕

九百五十文木履三十八両直〔両別二十五文〕

一貫六百七十二文菲七十六両直〔両別二十二文〕

（略）

これは天平宝字八年七月二十九日付の予算書である。この物価高騰時における予算でも兎毛筆は管別六〇文、墨は廷別四〇文、木履は両別二五文、菲は両別二二文である。それが〔史料7〕で兎毛筆の価格が突然三五〇文と表記される。同じくこれまでせいぜい升別六～八文であった末醤が七五文であり、天平宝字八年の物価高騰時でも藁別三～四文であった索餅も二〇文と表記されている。しかしこれもくり返し述べてきたように、単に価格の表記方法を、これまでの一〇倍にして表記（＝旧銭表記）したものである。つまり政府は写経所に対して神護景雲四年六月以前に、これまでの旧銭を基準とした価格を一〇倍にして表記することを義務づけたのである。そして先述したように銭用帳では宝亀二年四月一日からふたたび価格を一〇分の一にして表記する。

〔史料9〕奉写一切経料銭用帳（十七ノ二九五～二九七）

（前略）

（三月）二十九日下銭九貫九百六十文
四貫文索餅二百藁直　藁別二十文
一百八十文末醤二升直　升別九十文
一百八十文荒醤二升直　升別九十文
九百文雇女十五人功　人別六十文
八百文蕨八十三把直　把別十文
三貫二百文芹十五圍直　（略）
七百文兎毛筆二管直充経師　足奈公万呂　小長谷部嶋主　人別三百五十文
少鎮大法師「実忠」　案主上「馬養」　味酒広成

別当大判官美努連
法師「奉栄」

四月
一日下新銭四百三十九文
四十八文木履三両直両別十六文
一百十二文菲八両直両別十四文
四十五文小明櫃三合直合別十五文
二十四文雇女四人功人別六文
二百十文兎毛筆六管直充経師秦太徳 民豊川
大宅童子 不破真助 金月足 忍海氷魚万呂 并六人料人別三十五文
少鎮大法師「実忠」　案主上「馬養」　味酒広成
別当大判官美努連
法師「奉栄」
（後略）

このように銭用帳の三月二十九日と四月一日を比べると、兎毛筆が人別三五〇文から三五文となり、雇女の功も人別六〇文から六文となり、一〇分の一になっている。そしてこの宝亀二年四月一日をもって、写経所の帳簿はすべて新銭表記となり、価格が一〇分の一に戻されるのである。鬼頭清明氏(50)が造東大寺司の所有する旧銭がなくなり、すべて新銭にきりかわったと解釈したように、おそらく新銭が充分に流通したことを意味しているのであろう。これらのことは何を意味するのであろうか。

万年通宝発行時は、あくまでも和同開弥の価格を基準として、その一〇倍の価値をもつ銭貨として万年通宝が位置づけられた。したがって〔史料3～6〕のように、物品の価格はそのまま表記され、新銭は旧銭に直して表記されていた。しかし〔史料7〕では政府が、これまでの旧銭を基準とする価格を一〇倍にして表記させたのであり、これは和同開弥三五文で買えた兎毛筆が、三五〇文出さなければ買えなくなったことを意味していた。

つまり和同開弥の価値が一〇分の一に減じたのである。政府は、和同開弥の価値を下落させることで、将来的に和同開弥を市場から駆逐し、廃止することを意図していたと思われる。そしてこれにともない、和同開弥の一〇倍の公定価値をもつ万年通宝も同様に、その価値がかつての一〇分の一に減じた。すなわち政府は万年通宝の価値を減じたうえで、これと同価の神功開宝を発行したのである。

天平宝字八年の物価高騰は、政府が万年通宝に和同開弥の一〇倍の公定価値を付したことによって起きた銭貨の過剰供給が原因であった。したがってこの問題を解決するためには、まず銭貨を減らさなければならなかった。そして称徳・道鏡政権が採択した銭貨政策は、和同開弥と万年通宝の価値を一〇分の一にして、そのうえで万年通宝と同価の神功開宝を発行し、万年通宝・神功開宝を流通銭貨とするということであり、一方で、価値が目減りした和同開弥を回収するというものであった。

この銭貨政策は市場からみれば、かつての和同開弥（＝万年通宝発行前の和同開弥）を万年通宝・神功開宝にすり替えたことにほかならなかった。また政府からすれば、万年通宝に和同開弥の一〇倍の価値を付与するという論理を、和同開弥の価値を一〇分の一にすることで貫徹したものでもあった。すなわち政府は天平宝字八年以来の物価高騰を、和同開弥・万年通宝の通貨切り下げ（＝デノミネーション）という強行策で収拾したのである。したがってこの銭貨政策において多大な損失を被ることになったのは、和同開珎・万年通宝をもっていた人々であり、彼らの痛みわけによって銭貨の過剰供給が解消され、万年通宝・神功開宝を基準とする新たな価値体系が構築されたのである。

3　和同開珎の回収と廃止

くり返し述べてきたように、政府は和同開珎の価値を一〇分の一に減ずることで、その隙に和同開珎を回収し、市場における銭貨の過剰供給を解消しようとしていた。和同開珎の品質は万年通宝とほとんど変わらないため、市場の混乱を避けるためにも、早急に実行しなければならなかった。そして寺西貞弘[51]・森明彦両氏が指摘するように、このころ豪族層の献銭叙位記事が多くみられる。寺西氏によれば八世紀の献銭叙位記事の二二件のうち、一三件が西大寺建立の時期に集中しているとし、森氏も西大寺建立に従事した雇民への支払いなどの財源になったとする。献銭叙位記事は、天平神護元年八月から神護景雲元年十月では連続してあらわれ、その後、同四年三月に一件みられた後に、このような記事はみられなくなる。厳密にいえば、これらの献銭が和同開珎・万年通宝・神功開宝のいずれか判別することはできないが[52]、時期的にみて和同開珎であった可能性が高いと考える。すなわち和同開珎を市場から回収するための一つの方策であった。

そして次の〔史料10〕により、宝亀三年（七七二）には一旦、和同開珎が廃止されたことがわかる。

〔史料10〕『続日本紀』宝亀十年（七七九）八月壬子（一五）条

勅、去宝亀三年八月十二日、太政官奏、永止二旧銭一、全用二新様一。今聞、百姓徒蓄二古銭一、還憂レ無レ施。宜レ聴二新旧同レ価並行一。

先述したように、この一年前の同二年四月までに写経所の帳簿はすべて新銭表記になっている。つまりこのころには新銭が充分に流通していたと思われる。そして一方の和同開珎の流通も政府の努力により、かなり減っていたと考えられる。したがって政府が宝亀三年に、和同開珎の廃止に踏み切ったと考えることは不自然ではない。しかし次の〔史料11〕は、先ほどの〔史料10〕とは矛盾した内容をもつ。

〔史料11〕『続日本紀』宝亀三年八月庚申（一二）条

太政官奏、去天平宝字四年三月十六日、始造二新銭一、与レ旧並行。以二新銭之一一、当二旧銭之十一。但以二年序稍積一、新銭已賤。限以二格時一、良未二安穏一。加以、百姓之間、償二宿債一者、以二賤日新銭一貫一、当二貴時旧銭十貫一。依レ法雖二相当一、計レ価有二懸隔一。因レ茲、物情擾乱、多致二訌訴一。望請、新旧両銭、同レ価施行。奏可。

ここでは天平宝字四年に鋳造された万年通宝が旧銭の一〇倍の価値を付与されていたものの、すでに新銭の価値が下がったこと、それにもかかわらず債務の返済を行う者が新銭一貫を旧銭一〇貫と同一価値のものとして支払いを行い、債務者が有利になっている現状を憂慮し、その解決策として今後は新旧両銭を同価値とすることを述べている。すなわち〔史料11〕では、和同開珎と万年通宝・神功開宝を同価で流通させることを宣言した後、同日に〔史料10〕で和同開珎の廃止を決定するという矛盾した事態が生じるのである。両史料を整合的に解釈するために、利光三津夫氏は〔史料11〕の宝亀三年の格施行直後にこれを修正する格が続いて出されたのを記し洩らしたためと考え[53]、また加藤晃氏[54]は、〔史料10〕には旧銭通用の期限を限定する条件が付されていて、その猶予期間がすでに過ぎ、旧銭の使用が停止されていたために表記されなかったと考えた[55]。しかし〔史料11〕は森氏[56]が指摘するように債権者の保護を目的とするもので、問題になっているのは過去の債務である。つまり〔史料11〕は過去の債務においては、和同開珎を万年通宝・神功開宝と同価として扱うことを決定しているのである。したがって現状での和同開珎の流通を指し示すものではない。

このように当時は、写経所の帳簿が示すように新銭が流通銭貨としての地位を確立していたのであり、機が熟したと考えた政府は、宝亀三年に一旦、和同開珎を廃止したのである。しかし〔史料10〕で同十年に和同開珎・万年通宝・神功開宝の同価での流通を認めたように、結局、和同開珎の廃止は成功しなかったのであり、その後は流通量の減った和同開珎と万年通宝・神功開宝が同価で流通したのである。

4　称徳・道鏡政権の銭貨政策

称徳・道鏡政権は、和同開珎・万年通宝の価値をそれぞれ一〇分の一に減じたうえで、万年通宝と同価の神功開宝を大量に発行した。したがって旧銭が中心であった写経所の帳簿では、これまでの一〇倍の価格が記入され、やがて新銭が普及した宝亀二年四月には、再び一〇分の一の価格に戻された。そして地方豪族に献銭を奨励するなどして和同開珎を回収し、その流通量を減らしていき、宝亀三年八月にいたって一旦廃止した。こうすることで和同開珎に代わり、万年通宝・神功開宝を中心とする新たな価値体系を作り上げ、銭貨の過剰供給により混乱していた経済を立直し、最終的には天平宝字八年以来の物価高騰を収拾したのである。

約六年間にわたる称徳・道鏡政権は、藤原仲麻呂の施策の否定に重点を置いていたかのように論じられている[57]。すなわち天平宝字八年九月に仲麻呂が中国風に変えた官名を元に戻し（『続日本紀』同八年九月丙辰〈二二〉条）、十月には仲麻呂が認めた定額および額外散位の続労銭を停止し（『同』同年十月癸巳〈三〇〉条）、十一月には養老律令施行の理由とされた考限が、再び慶雲格にもどして短縮された（『同』同年十一月辛酉〈二八〉条）。そして保良宮に対して由義宮を造営し、東大寺・法華寺に対して西大寺・西隆寺の造営をはじめ、造東大寺司に対して造西大寺司を新設した。

しかし仲麻呂が設置した常平倉と平準署はそのまま残している。(58) 常平倉は、国司の公廨稲を割いて米価が高い時に売り、安い時に買うことで、利潤を得て運脚の帰路の粮食にあてるとともに、京内の穀価を調整しようとしたもので、東海・東山・北陸道は左平準署、山陰・山陽・南海・西海道は右平準署が管轄した（『同』天平宝字三年五月甲戌〈九〉条）。左右平準署が廃止されたのは、光仁朝の宝亀二年であり（『同』同二年九月乙巳〈二一〉条）、それまでこの制度は約一二年間存続していた。

ここからも称徳・道鏡政権がむやみに仲麻呂の政策を否定したわけではなく、経済の安定を第一に考えていたことがうかがえる。この政権の経済政策についてはあまり注目されてこなかったが、和同開珎・万年通宝の通貨切り下げ、神功開宝の発行、和同開珎の回収という適切な銭貨政策により、天平宝字八年からの未曾有の物価高騰を収拾することに成功した功績は評価されるべきであろう。

おわりに

最後に本章の要旨をまとめたい。

一、天平宝字元年～宝亀二年の間で、あきらかな物価上昇が確認できるのは、天平宝字末年のみである。この物価上昇には二段階あった。第一段階は、天平宝字六年（七六二）十一～十二月にはじまった主に米を中心とする物価上昇で、第二段階は同八年（七六四）一～二月にはじまったほぼ全品目にわたる物価の上昇である。そのため同六年に高騰した米価は、同八年にいたってふたたび上昇することになった。同八年の物価高騰は、その年の十二月まで継続していたことが確認できるが、神護景雲四年（七七〇）までには、ほとんどの品目が上昇前の価格に戻った。

二、藤原仲麻呂は、天平宝字四年（七六〇）に和同開珎の一〇倍の公定価値を付した万年通宝を発行し、和同開珎とともに流通させた。これにより古代国家は銭貨発行収入を得て、造営事業などを賄うとともに、仲麻呂の政策遂行や権力拡大にも利用した。しかしその後、積極的な銭貨流通政策が施行されなかったため、銭貨の過剰供給が続き、同八年の物価高騰が引き起こされた。この物価高騰はほぼ全品目にわたり、貴族・下級官人を直撃したため、彼らの仲麻呂批判が助長され、やがてその政権を崩壊させた。

三、藤原仲麻呂の乱を鎮圧した称徳・道鏡政権は、物価高騰に対する抜本的な対策として、和同開珎・万年通宝の価値をそれぞれ一〇分の一に減じ、そのうえで万年通宝と同価の神功開宝を天平神護元年（七六五）に発行した。そうして万年通宝・神功開宝を流通銭貨として位置づける一方で、和同開珎を回収することで銭貨の過剰供給を解消した。これらの銭貨政策により称徳・道鏡政権は、天平宝字八年から続いた未曾有の物価高騰を収拾した。

天平宝字八年一～二月に物価高騰が確認され、藤原仲麻呂の乱は九月に勃発する。しかしその前から仲麻呂謀反の密告が、孝謙太上天皇のもとに次々と寄せられていた(59)。長く政権を掌握していたはずの仲麻呂が、このような行動に出たのは、すでに人心が離れていたことを示すのではないだろうか。つまり物価高騰により、とくに交易活動に深く関わっていた下級官人の不満が蓄積されていたのである。橘奈良麻呂の変の後、知識経書写事業を企画するなど、仲麻呂が下級官人を取り込もうと必死になっていたことを考えると(60)、仲麻呂政権の崩壊にも下級官人が大きく関わっていた可能性が高い。そして乱の後、彼らが物価高騰を収拾した称徳・道鏡政権を支持したであろうことは容易に想像できる。宇佐八幡神託事件(61)によって阻まれるものの、このころは道鏡を天皇に擁立する動きがあったのであり、それだけ厚く支持されていたのである。

注

（1）栄原永遠男「律令国家と日本古代銭貨」（『日本古代銭貨流通史の研究』塙書房、一九九三年、初出、一九七二年）。

（2）利光三津夫「神功開宝鋳造をめぐる史的背景―皇朝銭に対する政治史的研覈―」（『続 律令制とその周辺』慶應義塾大学法学研究会、一九七三年）。以下、とくに断らない限り、利光氏の見解は当論文による。

（3）森明彦「奈良朝末期の銭貨をめぐる矛盾と対策―称徳朝を中心に―」（『古代史の研究』四、一九八二年）。以下、とくに断らない限り、森氏の見解は当論文による。

（4）喜田新六「奈良朝に於ける銭貨の價値と流通とに就いて」（『史学雑誌』四四―一、一九三三年）。以下、喜田氏の見解は当論文による。

（5）角山幸洋「八世紀中葉の畿内における物価変動―繊維製品の価格を中心として―」（『千里山論集』二、一九六四年）。以下、角山氏の見解は当論文による。

（6）天平宝字六年閏十二月二十九日造石山寺所解案（『大日本古文書』十六ノ二一九～二三三、二二二～二二五、十五ノ二二七、十六ノ二二九～二五二、一九一～一九五、一九九～二〇一、一九五～一九七、一八六～一八八、一八五～一九一、二〇一～二〇八、一九七～一九九、二二七～二二九、二〇八～二一一、五ノ三三五～三五四）。

（7）先述したように秋季告朔（補注（6）参照）は、宝字五年十二月十四日から六年八月五日まで長期間にわたるものなのでここでは除外した。

（8）宝字六年二月十九日の白米斛別五五〇文は、他と比べて廉価であるが、これは安都雄足が猪名部枚虫に白米の買い付けを命じた時の価格であり、また七年正月三十日の黒米七〇〇文は、閏十二月に比べて安くなっているが、これも「去六年四月加米給漏料、追給如件」とあるように、六年四月に支給すべき米の代金を銭で支払ったもので、双方とも実勢価格をあらわしていない可能性がある。また六年九月十七日の白米斛別一〇〇〇文も高くなっているが、これは高嶋山作所で購入されており、僻地ゆえの価格であった可能性がある。

（9）吉田孝「律令時代の交易」（『律令国家と古代の社会』岩波書店、一九八三年、初出、一九六五年）。

（10）以下、『大日本古文書』は、「巻ノ頁」で示す。
（11）十二灌頂経用度文には米は「大炊」から供給されたことが示されている（十六ノ一一六）。
（12）『大日本古文書』十六ノ三九〇～三九九。西洋子「造石山寺所解移牒符案の復原について―近江国愛智郡司東大寺封租米進上解案をめぐって―」（関晃先生古希記念会編『律令国家の構造』吉川弘文館、一九八九年）。
（13）第Ⅰ部第二章参照。
（14）福山敏男「奈良時代に於ける石山寺の造営」（『日本建築史の研究』桑名文星堂、一九四三年）。
（15）紙や鹿毛筆は単価が安く比較に適さないので除外した。醤も中醤・真作醤・荒醤など種類が多いので除外した。胡麻油は奉写二部大般若経銭用帳閏十二月九日条・同月十三日条（十六ノ九五・九八）と売料綿并用度銭下帳同月十日条（十六ノ八〇）において一五〇文で購入しているが、銭用帳閏十二月九日条には「司中到来油」とあり、特殊な事情が存在する可能性がある。
（16）『大日本古文書』十六ノ二八〇～二八三、三〇六～三〇七、二九二～二九四、二八三～二九〇、三〇〇～三〇五、二九四～二九六、二九〇～二九二、二九六～三〇〇、二十五ノ三〇八～三二八、三三〇～三三一、三二八～三三〇、十六ノ二二三～二二六、二二三、二一六～二一九、二七四～二七五。福山敏男「奈良時代に於ける法華寺の造営」（『日本建築史の研究』桑名文星堂、一九四三年）。
（17）酢は、奉写二部大般若経銭用帳閏十二月六日条では一九文・二〇文で購入しているが（十六ノ九五）、同月十三日条（十六ノ九八）、および売料綿并用度銭下帳同月十九日条（十六ノ八六）では二七文で購入している。
（18）ただしこの宝字六年二月五日付「上馬養銭用注文」（五ノ八五）に記載される価格は、兎毛筆は管別三二文、墨は廷別二〇文・二三文など他の物品も低価格である。
（19）ただし天平宝字四年四月二十六日付写経所解案で管別二〇文と四〇文（十四ノ三三七）、造石山院所貯蓄継文で三二文（五ノ八五）である。
（20）ただし天平宝字四年四月二十六日付写経所解案で廷別三〇文（十四ノ三三七）、造石山院所貯蓄継文で二〇文・二三文（五ノ八五）である。
(21) 炭は荒炭と和炭があり、また塩も堅（片）塩・春塩・辛塩・木塩と種類が多く、価格差があるので除外した（関根真隆『奈良朝食生活の研究』吉川弘文館、一九六九年）。
(22) 関根氏前掲注（21）論文。
(23) ただし索餅は、宝字七年四月二十三日付東大寺奉写大般若経所解（二部大般若写経事業の決算書）において藁別三・一二文であり（十六ノ三七九）、宝字八年三月一日付上山寺悔過所解案でも三文であるが（十六ノ四七六）、宝字八年三月十七日付吉祥悔過所解案では九文となっている（十六ノ四九五）。
(24) 森明彦「奈良朝末期の奉写一切経群と東大寺実忠」（『正倉院文書研究』七、二〇〇一年）。
(25) 栄原永遠男「奉写一切経所の財政」（『奈良時代写経史研究』塙書房、二〇〇三年、初出、一九七九年）。
(26) さらに角山幸洋氏は、「いわゆる宝亀三年八月以降、新旧両銭の同価値通用により安定期に入る」とするが、後述するように、『続日本紀』宝亀三年八月庚申（一二）条〔史料11〕は、現状での旧銭の流通を示すものではないと考える。
(27) 森氏前掲注（3）論文。また森氏によれば始二部の奉写二部一切経料銭納帳・奉写二部一切経料銭用帳は最初から新銭表記であり、告朔解案は宝亀二年正月からの内容を記す同二年三月三十日付奉写一切経所解（十五ノ一二六、六ノ一三五～一六〇）から新銭表記が確認できる。このように宝亀二年四月以降は、旧銭表記がみられなくなる。
(28) 宝字四年四月二十六日付写経所解案では、鹿毛筆は管別一文（十四ノ三三七）。
(29) 鋳銭長官の文馬養、石川豊麻呂、次官の茨田牧野は仲麻呂の乱後いずれも官歴の断絶がみられるので、仲麻呂派の官人であったと考えられる（寺西貞弘「神功開宝流通試論―社会・政治史的一考察―」〈『古代史の研究』三、一九八一年〉、利光三津夫「鋳銭司考」〈『法学研究』七七―七、二〇〇四年〉）。
(30) 内田銀蔵「日本古代の通貨史に関する研究」（『日本経済史の研究』同文館、一九二一年）。
(31) 天平宝字四年に開基勝宝（金銭）・大平元宝（銀銭）・万年通宝（銅銭）が発行されたが、開基勝宝と大平元宝は通貨として流通した形跡はない。栄原永遠男氏は、単に銅に対する金銀という貴金属を銭貨の形にして発行したものにすぎず、宝物、献勝物あるいは記念メダル、富の象徴とみるべきとする（「日本古代の銭貨流通」〈『日本古代銭貨研究』清文堂、二〇一一年、初出、二〇〇二年〉）。一方江草宣友氏は、金銀銭の発行は唐に匹敵する国力をもち、文化的に成熟した国家であることを表明し、新羅に対する宗主国としての立場を国内外にアピールする意図があったとする（「藤原仲麻呂政権下の銭貨発行と新羅政党計画」〈『国史学』一八二、二〇〇四年〉）。

(32) 栄原氏前掲注（1）論文。

(33) また江草宣友氏は、新羅征討計画にともなう膨大な軍事・造営費用を賄うために企図されたとする（前掲注（31）論文）。

(34) 栄原永遠男「和同開珎の誕生」（『日本古代銭貨流通史の研究』塙書房、一九九三年、初出、一九七五年）。

(35) ただし東野治之・三上喜孝氏は、地金の銀が広範に流通していた実態は確認できないとする（東野治之『貨幣の日本史』朝日選書、一九九七年、三上喜孝「古代銀銭の再検討」〈『日本古代の貨幣と社会』吉川弘文館、二〇〇五年、初出、一九九八年〉）。

(36) 栄原永遠男氏は、富本銭発行時には、国家の通貨統制の外にあった地金の銀や無文銀銭の使用は禁止したが、一方の地金の銀は貨幣的流通が認められていたとする（「日本古代国家の銭貨発行─富本銭から和同開珎へ─」〈『日本古代銭貨研究』清文堂、二〇一一年、初出、二〇〇一年〉）。

(37) 彌永貞三「奈良時代の銀と銀銭について」（『日本古代社会経済史研究』岩波書店、一九八〇年、初出、一九五九年）。栄原氏前掲注（34）論文。

(38) 和銅五・六年に、諸国から京に来た役夫・運脚が郷里に帰る際の食料の欠乏を救うため、諸国は郡稲を割いて別置し、彼らの持参する銭と交易することを命じ（『続日本紀』同五年十月乙丑〈二九〉条）、さらに調庸の運脚に銭を携行させ、行路の富豪に米を売らせて、担夫の過大な負担と飢乏とを防止しようとしているように（『同』同六年三月壬午〈一九〉条）、政府は銭貨の流通範囲を地方へ広げようとしていた。

(39) 『続日本紀』和銅四年十月甲子（二三）条、同四年十二月庚申（二〇）条など。

(40) 栄原永遠男「和同開珎の流通」（『日本古代銭貨流通史の研究』塙書房、一九九三年、初出、一九九一年）。

(41) 栄原永遠男「日本古代銭貨の流通と普及」(『日本古代銭貨研究』清文堂、二〇一一年、初出、一九九八年)。
(42) 栄原永遠男氏は、天平宝字四年(七六〇)の造金堂所解に「登美銭司村」という田原鋳銭司に関係する村がみえるので(十六ノ二八五)、万年通宝が発行された天平宝字四年段階に田原鋳銭司が存在した可能性が高いとする(前掲注(31)論文、「鋳銭司の変遷」「日本古代銭貨の鋳造組織」(『日本古代銭貨流通史の研究』塙書房、一九九三年、初出は一九七七年と一九七九年)。
(43) 岡藤良敬「天平宝字六年、鋳鏡関係史料の検討」(『正倉院文書研究』五、一九九七年)。
(44) 『お金の玉手箱—銭貨の列島二〇〇〇年史—』(国立歴史民俗博物館、一九九七年)。
(45) 栄原氏前掲注(31)論文。
(46) ただし米を現物で支給されなかった二部大般若経写経事業においては、写経所は高額な米を購入せざるを得なかった(第Ⅰ部第三章参照)。
(47) 岸俊男『人物叢書　藤原仲麻呂』(吉川弘文館、一九六九年)。
(48) 松原弘宣氏の主張するように、これは仲麻呂の私的な稲穀を没官したものであり、これを近江国の諸豪族に運漕させることで、仲麻呂が領国化していた近江国の諸豪族を称徳・道鏡側に再編成しようとしていた(「松原倉をめぐって」『続日本紀研究』一九八、一九七八年)。
(49) 栄原永遠男氏は、律令国家は万年通宝の鋳造を停止して回収することで、新銭を万年通宝から神功開宝におきかえていくという意図があったとするが(前掲注(31)論文)、後述するように古代国家は和同開珎を回収し、廃止する意向であったと考える。
(50) 鬼頭清明「奉写一切経所の財政と銭貨」(「上馬養の半生」『日本古代都市論序説』法政大学出版局、一九七七年)。
(51) 寺西氏前掲注(29)論文。
(52) ただし最初の『続日本紀』天平神護元年八月甲申(二五)条の日置毗登乙虫の「銭百万」は、神功開宝が発行される前なので和同開珎か万年通宝である。

(53) ただし寺西貞弘氏が述べるように、宝亀三年官奏と同日にそれを反故にする直後格が出されたことになってしまう（前掲注（29）論文）。
(54) 新日本古典文学大系『続日本紀　五』補注（加藤昇氏執筆）（岩波書店、一九九八年）。
(55) かつて栄原永遠男氏は、宝亀十年勅〔史料10〕に宝亀三年に「旧銭＝和同開珎」が廃止されたことが明記されているので、宝亀三年官奏〔史料11〕に「新旧両銭、同価施行」とあるのは、万年通宝と神功開宝のことで、つまり神功開宝は、当初万年通宝の一〇倍の価値を付与されていたが、宝亀三年に同価とされたと捉え（前掲注（40）論文）、寺西貞弘氏も、宝亀三年官奏〔史料11〕で新旧同価とされた旧銭は万年通宝で、宝亀十年勅所引宝亀三年官奏〔史料10〕で停止された旧銭は和同開珎と捉えた（前掲注（29）論文）。しかし鎌田元一氏が指摘するように、これでは〔史料11〕という同じ史料のなかで、旧銭の意味するところが変化してしまうのであり（「改鋳と私鋳銭―奈良時代の銭貨政策―」〈『律令国家史の研究』塙書房、二〇〇八年、初出、一九九七年〉）、栄原氏も後に撤回している（前掲注（31）論文）。
(56) 森明彦「奈良朝末期の銭貨対策―宝亀三年八月庚申太政官奏について―」（『関西女子短期大学紀要』一、一九九一年）。
(57) 岸氏前掲注（47）著書。青木和夫『日本の歴史３　奈良の都』（中公文庫、一九七三年）。
(58) 中山薫「光仁朝の二・三の問題点」（『岡山史学』二〇、一九六七年）、「平安初期における米価調節について」（『岡山史学』二三、一九七〇年）。
(59) 『続日本紀』天平宝字八年九月壬子（一八）条・天平神護元年八月庚申朔条・神護景雲二年六月庚子（二八）条・宝亀六年五月己酉（一七）条。
(60) 第Ⅰ部第一章参照。
(61) 『続日本紀』神護景雲三年九月己丑（二五）条。

第二章　下級官人と月借銭
―宝亀年間の一切経写経事業を中心に―

はじめに

月借銭とは古代における銭貨の利息付消費貸借であり、出挙銭の一種である。月ごとに一定の利息がかかるのが特徴で、質として布施（＝給与）や家・口分田などが入れられ、時には保証人も置かれた。写経生（経師・装潢・校生など）が写経所に月借銭を申請する解は、宝亀年間（七七〇〜七八〇）の正倉院文書に一〇〇通近く残っている。ここから高利の月借銭を借用しなければならないほど、写経生の生活が困窮していたと解釈され[1]、とくに栄原永遠男氏[2]は、写経生の丈部浜足が月借銭の借用と返済をくり返している事実から、彼ら下級官人[3]が月借銭に依存しなければ生活できない存在であったと主張した。また鬼頭清明氏[4]は、月借銭を運営していた上馬養がその子の藤万呂・氏成とともに月借銭を請求しようとしていたことから（『大日本古文書』[5]二十二ノ四一七〜四一八）、彼のような畿内富豪層の一部にまで、経済的危機が及びつつあったと解釈した。そして近年山下有美氏[6]は、月借銭が写経所の利殖行為であり、生活苦にあえぐ下級官人が自ら進んで借金を申し込んだのではなく、写経所から強要されて月借銭を請け負わされていたことをあきらかにした。しかし月借銭の返済のために写経生が布施の調布を銭に換える際には、写経所から独自の換算レート「布一端＝二〇〇文」（布施換算レート「布一端＝四〇〇文」の二分の一）を突きつけられていたとし、ふたたび下級官人の生活の苦しさを強調した。

このような月借銭の解釈により「下級官人＝生活困窮者」とするイメージが定着している。しかし一方、天平宝字六年（七六二）ごろに時の権力者藤原仲麻呂と結びつき、公的には写経所や造石山寺所・東塔所などの別当として数々の写経事業・造営事業を任され、私的には公務に便乗した交易活動や墾田経営などで富を蓄積していた安都雄足(7)も下級官人である。つまりすべての下級官人が生活困窮者だったわけではない。そのため下級官人の階層分化の進行や、あるいはこの短期間に劇的な経済的危機が襲ったことなどが想定されている(8)。

しかし「月借銭とは何か」という根本的な問題が未解決のまま置き去りにされている。さらになぜ突如、宝亀年間の一切経写経事業で月借銭運用が大規模に行われたのか、またなぜ大勢の下級官人を対象にしていたのか、その理由は解明されていない。そしてこの問題は、宝亀年間の一切経写経事業の特殊な性格を理解してはじめて、解決できるものと考える。そこで本章では宝亀年間の一切経写経事業を再検討し、写経所財政における月借銭の位置づけを明確にするとともに、下級官人にとって月借銭がいかなる存在であったのかを論じたい。

一　宝亀年間の一切経写経事業

1　仲麻呂の乱後の造東大寺司と先一部

宝亀年間の一切経写経事業は、東大寺写経所の最後の写経事業であり(9)、神護景雲四年（七七〇）五月から宝亀七年（七七六）六月まで行われた。この写経事業が大きくわけて先一部・始二部・更二部（更一部・今更一部）からなるが(10)、それぞれの書写巻数や作業期間をあきらかにしたのは、栄原永遠男氏[11]である。そして現在、これらが一連の写経事業で称徳天皇発願の一〇部一切経のうちの五部であるとする山下有美氏の説[12]と、先一部のみが別のもので、始二部以降が一〇部一切経であるとする森明彦氏の説[13]が存在する。

本章では、先一部と始二部以降の間には無視できない違いがあることに注目したい。まず森氏が指摘したように、①先一部一切経の帙編成・書写経典は始二部一切経とはあきらかに大きな相違があり、また②先一部の帳簿には実忠の署名がみられ、それは告朔解案・銭用帳・雑物請帳・銭納帳・紙并墨等納帳にまで及んでいるが、始二部の帳簿ではまったくみられなくなる。そしてその他にも③写経事業の運営体制に違いがみられる。先一部では美努奥麻呂・上馬養・味酒広成とともに、実忠や円智・奉栄などの僧が帳簿に署名し、その運営に関わっていることが知られるが、彼らは先一部が終了すると署名しなくなる[14]。そして宝亀三年三月十日から葛井荒海の署名があらわれ[15]、以後はこの葛井と上馬養だけが署名するようになる。また④始二部がはじまると、これまで使われていた先一部の銭用帳・銭納帳・雑物請帳が閉じられている[16]。始二部から更二部への移行期には、銭用帳や銭納帳がそのまま継続して記載されており、対照的である。

そして最後に栄原氏[17]があきらかにしたように、⑤財政に大きな違いがある。すなわち先一部の財政はその帳簿から、造東大寺司より大量の銭が支給され、これで果物類や蔬菜類、筆墨、厨房用品、道具類を購入していることがわかるが、始二部の帳簿ではこれらの購入物が極端に減少している。栄原氏は始二部では、造東大寺司が東大寺写経所の物資を直接購入していたと考え、造東大寺司管下の一部局の財政が、造東大寺司に一本化されていったと解釈した。更一部においては写経所の帳簿の記載内容がさらに激減し、また今更一部以降、財政に関わる帳簿が残存しないのは、栄原説を裏付けているように思われる[18]。

このように先一部と始二部の間には、帙編成や書写経典、運営体制、帳簿、財政において断絶がみられるのであり、これらを一連の写経事業と捉えるのは困難である。森明彦氏の述べるように[19]、「東大寺権別当実忠二十九箇条事」[20]において、実忠が少鎮として、東大寺の政に奉仕した神護景雲元年～宝亀四年の間に内裏に奏して、「一切経一部」を奉請して如法堂に安置し[21]、春秋二節に奉読したとある一切経一部が、先一部であると考える。つまり先一部は、東大寺での法会のために書写された実忠直轄の写経事業だったのである[22]。そして藤原仲麻呂の乱後、約五年間の中断期間を経た後に行われたという点において、この写経事業は特殊な意味をもっていたと思われる[23]。そもそも東大寺写経所は、皇后宮職系統写経機構として発展し、内裏系統写経機構とともに国家的写経の一翼を担い[24]、仲麻呂政権下では紫微中台の強い影響下に置かれ、また別当も親仲麻呂派の安都雄足が勤めていた。そして東大寺写経所を管轄し、写経事業と東大寺の造営を担当した造東大寺司も仲麻呂の伸張とともにその組織を拡大し、全盛期の天平宝字六年（七六二）ごろには、省に準じる官司になっていた。その後、造東大寺司は仲麻呂と称徳天皇・道鏡の政争に巻き込まれ、その人事も目まぐるしく変わっていったが[25]、東大寺・造東大寺司を統率していた良弁は、仲麻呂打倒に積極的な働きはしなかった[26]。乱後に称徳天皇・道鏡が東大寺・法華寺に対して西大寺・西隆寺を造営し、造東大寺司に対して造西大寺司を新設したことからも、この時期、東大寺・造東大寺司は衰退しつつあったと考えられる。

とくに造東大寺司においては、鷺森浩幸氏[27]は天平神護二年一月八日に吉備真備が中納言に転出した後、造東大寺司長官が空席になること、神護景雲元年八月二十九日に安倍毛人が次官になったが、かれは兼任が多く、実質的に職務を果たしたか疑問であることなどから、造東大寺司の中枢部が急速に弱体化したとする。加えて神護景雲元年前後には東大寺の大仏ならびに主要伽藍の造営が一応完成したことで、東大寺造営という造東大寺司の本来の目的が達成され、さらに天平宝字七年末あたりから越前国東大寺領の経営が造東大寺司から東大寺三綱へと移っていた[28]。そして東大寺写経所での写経事業が停止される一方で、後述するように西大寺写経所に内裏系統写経機構である奉写一切経司を置き、西大寺奉納経（弥勒堂経・薬師堂経・甲部一切経）など一〇部一切経の書写を開始したことは、東大寺・造東大寺司に大きな危機感をもたらしたのではないだろうか[29]。

このように東大寺・造東大寺司を取り巻く環境が悪化するなかで、東大寺少鎮に任命された実忠[30]は、東大寺写経所において先一部写経事業を行う約束を取り付けたのである。活動を停止していた東大寺写経所は、実忠の先一部写経事業により再び動き出したのである。

しかもこの先一部写経事業は、最も優先された写経事業であった。山下氏[31]は、始二部以降の手実にみられる「西司△枚」「△枚西司所写」が西大寺写経所での書写分を示し、これらの手実の主は以前、西大寺写経所において始二部の一巻の経典の途中まで書写し、中途半端になっていたものを、東大寺写経所で残りを書写していたことをあきらかにした。たとえば船木麻呂手実（二〇ノ一五七）には「大威燈光仙人問疑経一巻　十七　之中西司所写十五枚[32]／今所写二枚」とあり、大威燈光仙人問疑経一巻十七枚のうち十五枚は西大寺写経所において、二枚は東大寺写経所において書写している。山下氏はこのような手実が多数存在することから、一巻の経典の途中で書写を中断しなければならないような切迫した事態が生じたことを想定し、それは称徳天皇の死と引き続いての道鏡の左遷であったと考えた。しかしこの船木麻呂は、称徳天皇存命中の神護景雲四年七月八日に東大寺写経所で浄衣を与えられており（六ノ九）、先一部の書写に参加している。すなわち西大寺写経所において始二部を書写していた船木麻呂は、先一部写経事業に招集されると、端数を残したまま中断して東大寺写経所に移ったのである。このように西大寺写経所にいたことが判明する経師一五名のうち一三名[33]が端数を残したまま先一部写経事業へ参加したことが確認できる[34]。このように先一部は始二部（＝称徳発願一〇部一切経）よりも優先されていたのである。そして称徳天皇の死後も継続して書写され、やがて宝亀二年九月に終息するのである。このように東大寺写経所に先一部写経事業をもたらした実忠は、東大寺・造東大寺司にとっては、まさに救世主だったのである。

2　西大寺写経所の停廃と始二部

先一部写経事業が終息した後、新たに即位した光仁天皇は西大寺写経所の停廃という政治決断を下した。そしてここで書写されていた一〇部一切経は東大寺写経所において引き継がれた。しかしその際には、東大寺写経所や造東大寺司の機構に手が加えられた。

まず東大寺写経所の料理供養所[35]が、造東大寺司の大炊厨所に統合された。二十四通（a～x）の告朔解案[36]のうち、a～dは神護景雲四年六月～宝亀二年十二月の内容で、先一部の写経期間にあたり、eは宝亀三年正月～三月のもので始二部の書写がはじまる時期にあたる。料理供養所は、a～dにみられるが、始二部の書写がはじまる告朔解案eからはまったくみられなくなる[37]。そして料理供養所に充てられていた優婆夷や廝女が、厨に充てられているように[38]、以後はここで調理していたものと思われる。

この厨は、天平宝字七年正月三日付造東大寺司告朔解にみえる造東大寺司の管轄下の大炊厨所（五ノ三八〇）を指すものと思われるが、ここは告朔解案aとdで「大炊食口」と出てくる人々を供給した機関である[39]。「大炊食口」は、「所食口」に対するもので東大寺写経所とは別の財源の米を支給された人々のように受け取れるが、たとえば二部大般若経写経事業（天平宝字六年十二月～七年四月）の食口案の「政所食口」[40]は、「経所食口」に対するものであるが、造東大寺司政所に置かれた写経所の米を支給された人々を指していた[41]。「大炊食口」は、先一部がはじまって間もない神護景雲四年六月と七月にあらわれるが（告朔解案a）、これは東大寺写経所が長く活動を中断していたため、やむなく写経所の米を大炊厨所に充てて調理していたものと思われる。そしてその後、多くの用具や食器が充てられているように（告朔解案a・b）、写経所の料理供養所が徐々に整備され、神護景雲四年八月以降はここで調理していたのである。そして宝亀二年十月十四日～十二月二十九日に再び「大炊食口」があらわれる（告朔解案d）[42]。すなわち先一部の書写が終息した後、料理供養所が停廃され、再び大炊厨所で調理されるようになったのである。大炊厨所での調理は、宝亀七年六月の今更一部写経事業終了まで続き、そのため「大炊食口」と表記されることもなくなったと考えられる。

次に、先述したように先一部では独立していた東大寺写経所の財政が、始二部では造東大寺司との一体化が推進された。造東大寺司が多くの部局を抱えていた場合、財政の一本化は不可能であり、また同様に大炊厨所のみで調理を賄うこともできないはずである。ここからも造東大寺司の部局がかなり減少しており、規模が縮小されたまま機構の再編成が行われていることがうかがわれる。

さらに光仁天皇即位にともない、その皇子の早良親王が東大寺に介入するようになっていた[43]。「東大寺権別当実忠二十九箇条事」によると、親王禅師（早良親王）と僧正和尚（良弁）より大仏殿副柱の建造を命じられた実忠は、宝亀二年四月に諸匠夫等を率いて自ら近江国信楽杣まで赴いている[44]。また実忠は早良親王によって宝亀五～九年に寺主、同十一年には造瓦別当に任命されている[45]。このように早良親王は宝亀元年の親王宣下から同十一年の立太子の間に東大寺に関係しており、寺務・造寺・教学を主導する超越的立場にあった[46]。すなわち光仁天皇は西大寺写経所を停廃し、その事業を東大寺写経所に引き継がせたが、その際には東大寺写経所の規模を縮小し、造東大寺司の機構を再編成するとともに、東大寺・造東大寺司を牽制するために早良親王を送り込んでいたのである。

二　写経所財政と月借銭

1　先一部の財政

先一部写経事業は、実忠が直轄する写経事業であった。そしてその別当には天平勝宝初年から約一四年間ずっと主典の地位に止まり、仲麻呂の乱後に外従五位下を授けられた(47)大判官の美努奥麻呂が任じられた。しかし帳簿には円智・奉栄も別当として署名しており、東大寺僧が重責を担っていたことが知られる。

先一部写経事業は、神護景雲四年五月二十日ごろから装潢による準備作業がはじまり、六月中頃から経師の書写が開始された(48)。最初に招集された経師は六月十三日に浄衣を支給された八名であり（六ノ七）、このうち五人は、かつて東大寺写経所に出仕していたメンバーであった。さらに一一人の経師が少し遅れて七月三日に浄衣を支給されたが（六ノ八）、このなかには端数を残したまま書写を中断し、西大寺写経所から移ってきた経師二人(49)が含まれている。その経師招集の経緯は不明であるが、先一部が優先されたことは間違いないであろう。

先一部写経事業の財政は、奉写一切経司から紙や墨などが支給されているものの、基本的には造東大寺司からの銭と現物の支給で賄っている。これは度重なる物資下充の請求に応えてもらえず、かわりに造東大寺司からその封戸の徴収権を譲渡されていた造石山寺所の財政(50)や、現物がほとんど支給されず、節部省から大量の調綿を下充され、これを交易して銭に換えていた二部大般若経写経事業(51)の財政よりも、古代国家の現物給与の原則に沿ったものであった。このことは先一部写経事業に財源が優先的に配分され、財政的に豊かであったことを示している。そして帳簿をみる限り、安都雄足が行っていたような季節間価格差や地域間価格差を利用した財政運用の痕跡もない。吉田孝氏があきらかにしたように、雄足の財政運用は自身の私財運用をともない、また官司の財源が窮乏した際には私財で補うものであった。しかし先一部の運営に参加していた僧は、本来、私に園宅財物を蓄え、売買・貸借によって利益を収めることを禁じられていたのであり(52)、彼らが雄足の如く、巧みな財政運用を行っていたとは考えにくい。雄足の造石山寺所別当への任用には、彼の経済力も評価されたと考えられるが(53)、そもそも僧が別当に任用され、運営に携わっていることからも、先一部ではこのような財政運用が求められていなかった可能性が高い。そして月借銭解が残っていないように、先一部では月借銭運用も行われていなかったと思われる(54)。

2　始二部の財政と月借銭

始二部は称徳天皇発願の一〇部一切経に含まれるもので、当初は西大寺写経所で書写されていたが、光仁天皇の政治決断により先一部写経事業が終息した後、東大寺写経所に場を移した。宝亀三年二月中旬に書写がはじまるが、四月に別当が美努奥麻呂から造東大寺司主典の葛井荒海に交替したものと思われる。始二部財政の特徴は、くり返し述べてきたように造東大寺司と東大寺写経所の財政の一体化が推進されたことである。これは銭に代わって現物が東大寺写経所に支給されたことを示すが、いずれにしろ造東大寺司から下充されていることには変わりない。むしろ始二部財政の特異な点は、ここに一切経司から大量の銭や物資が充てられていたことである(55)。

〔史料1〕奉写一切経所解（六ノ三七九～三八九）

「自二本司一元来銭十四貫二百十六文」

奉写一切経所解　申請用雑物等事

合新銭二十一貫七百十五文雑物売直

一十三貫絁十五匹直十匹別九百文 五匹別八百文
五貫八百文庸并黒綿一百屯直屯別五十八文
一貫九百十五文庸布十段直七段別二百文 二段別一百七十文 一段百七十五文
一貫文商布八段直段一百二十五文
用尽人々月借料

（略）

*「合」黄紙三十七万五千八百三十一張
二十七万五千九百五十一張請経所用且
九万九千八百八十張収正倉
*「合」軸二万三千二百九十九枚　（略）
*「合」墨五百九十二廷

（略）

*「合」米二十一石九斗二升八合　（略）
*「合」醤三石二斗七升悪　酢四石一斗二升交糟
「合」滑海藻七百十四斤　大豆四石七斗已上四種収厨「即充」
*「問」小豆二石六斗四合　（略）
*「合」辛櫃一百六合　（略）
*「合」折櫃一百十七合

（略）

「合」* 書机八十八前 請経所

（略）

「合」* 陶枚坏九百五十四口　（略）

「問」* 陶盤四百十八口

（略）

土片坏九百六十口　（略）

土窪坏三百四十口 用四十口 残三百十口　　土盤一百八十九口 用五十口 残一百三十口

土鋺形三百六十八口

（略）

右、従二奉写先一切経司一、請来雑物之用残等如レ件、以解、

宝亀三年八月十一日案主上馬養

主典葛井連

この文書は、東大寺写経所が一切経司から請けた銭や現物の用途と残物を造東大寺司に報告したものである[56]。銭をはじめ、紙や墨、絁などの繊維製品、米や副食物、櫃類や机、食膳用具など六十三種に及ぶ。このうち銭や紙・墨、繊維製品、そして米や副食物などは一切経司が消費した残存分なので、櫃類や机、食膳用具、そしてまだ装着されていなかった[57]軸の数量を他の写経事業の用度案などと比較したい。

たとえば天平宝字二年の金剛般若経一〇〇〇巻写経事業の七月二十四日付東寺写経所解案（十三ノ四七六～四七七）

では麦埦一五〇口・羹坏二〇〇口・片盤一五〇口・饗坏一五〇口を申請しており、同二年の金剛般若経一二〇〇巻写経事業の十月十一日付東大寺写経所請銭文案（十四ノ一八八～一八九）と十月十二日付東大寺写経所請銭注文（四ノ三四五～三四六）では朱頂軸一二〇〇枚分の直銭を請求している。また天平宝字六年十二月から大規模に行われた二部大般若経写経事業（一二〇〇巻）の用度案（十六ノ五九～六八）では、軸一二〇〇枚、辛櫃六合、折櫃五八合、大笥五八合、水麻笥一二口、経机五〇前、切机四前、中取四前、陶水埦三〇口、坏一二〇口、佐良一二〇口、塩坏一二〇口、片埦一二〇口が請求されている。これに対し〔史料1〕は、軸二万三一九九枚、辛櫃一〇六合、折櫃一一七合、長折櫃二六合、大笥四六合、小明櫃四一合、水麻笥二五口、枚麻笥八口、書机八八前、校書長机四前、中取六前、陶枚坏九五四口、陶盤四一八口、土埦二二口、土片坏九六〇口、土窪坏三四〇口、土盤一八九口、土鋺形三六八口である。ここから〔史料1〕は、かなりの規模であったことがうかがわれる。すなわちここに記される物資は、写経所一つ分の財政に匹敵するものであり、旧一切経司の財政そのものであったと考える。

　始二部写経事業は、一切経司において三七二三巻が書写されたことが告朔解案ｊ～ｔ[58]に記されている。しかしこの三七二三巻が、実際には西大寺写経所において書写されていたことが、山下有美氏[59]によってあきらかにされた。銭用帳二年十月八日条では「自西大寺奉請経雇夫四人功」とあり、また二年六月一日から十二月二十九日までの告朔解案ｄの食口の項目に仕丁三〇人、自進二七〇人、雇人夫四人の合計三〇四人が「自西大寺奉請一切経」とあって、始二部写経事業の引継ぎにあたり、二年十月に西大寺から大量の経典を運び込んでいることがわかる。すなわち一切経司は西大寺写経所に置かれていたのであり、ここで始二部が書写されていたのである[60]。このように始二部の東大寺写経所での書写とともに一切経司の停廃、つまり西大寺写経所の撤収も決定し、宝亀二年二月には西大寺写経所（＝一切経司）の財政が丸ごと東大寺写経所に吸収されたのである。

このように始二部の財政の特徴は、従来の造東大寺司の下充方式の他に、旧西大寺写経所の財政が丸ごと吸収されていることにある。そしてこの旧西大寺写経所の財政のうち、当面消費する予定のないものを、月借銭の財源としたのである。〔史料1〕では、絁一五匹・庸并黒綿一〇〇屯・庸布一〇段・商布八段の売直が、すべて月借銭に使われている。このうち絁一五匹は早くも写経所で銭に換えられ、二月二十日に納銭されているが（十九ノ一一三）、山下氏はこれ以前にも月借銭解がみえることから、正月三十日に納銭された（十九ノ一一三）〔史料1〕の追筆の「銭十四貫二百十六文」も月借銭の財源になったとする。初期の月借銭については、前欠の月借銭請人歴名（六ノ三二四～三二五）により、宝亀三年二月二十一日から四月十八日までに合計二三貫五〇〇文が貸与され(61)、またこの期間内に月借銭請人歴名に記載されていない月借銭解の合計額が九五〇文なので(62)、少なくとも二四貫四五〇文を貸与していることがわかる。これは正月三十日と二月二十日の納銭額の二七貫二一六文に近く、山下氏の述べるようにこれらの旧一切経司からの銭と絁の売直が月借銭の財源に充てられたのであろう(63)。

しかしこのような月借銭の大規模な運用は、西大寺写経所（＝一切経司）では行われていなかったと考える(64)。月借銭は銭を丸ごと元手として貸与するので、これを大規模に運用するためには大量の銭が必要であった。そして〔史料1〕の物資は、西大寺写経所の財政そのものであり、追筆の「銭十四貫二百十六文」の分は、本来は西大寺写経所が必要物資を購入するために下充された銭であり、余分な銭はなかったのである。すなわち月借銭運用は、旧西大寺写経所財政を丸ごと包含するという始二部の特異な財政構造から派生したのである。

月借銭運用の目的は、いうまでもなく財源を増殖することにあった。初期の月借銭は、少なくとも二四貫四五〇文を投じており、その利子も一ヶ月につき三貫一七八文に及んだ(65)。月借銭は月毎に利率がかかるため、時間の経過が利益を増やした。〔史料1〕に絁一五匹・庸并黒綿一〇〇屯・庸布一〇段・商布八段の売直が「用尽　人々月借料」とあるように、常に「用尽」の状態にあることが理想的であり、そのために下級官人たちに間を置かずに頻繁に貸与されたと思われる。当時の情勢を考えると、光仁天皇による写経事業の見直し、東大寺写経所の規模縮小、造東大寺司の機構の再編成などにより、この写経事業は逆風のなかにあったといえる。そして一〇部一切経がそもそも称徳天皇の発願であり、結果的には更二部（更一部・今更一部）の書写を終えた段階で打ち切りにされたように(66)、光仁天皇はそれほど積極的ではなかった可能性が高い。実態は不明であるが、この始二部写経事業はより一層の財源の増殖が必要だったのかもしれない。

3　始二部財政の実態

月借銭運用は、始二部の公的な帳簿には記載されていない。始二部写経事業の財政に関する帳簿としては、告朔解案・銭用帳・銭納帳・雑物納帳・食口案、そして下銭并納銭帳がある。宝亀年間の告朔解案は情報量が多く、しかも銭納帳や銭用帳との記載の不一致が比較的少ないことが特徴である(67)。しかしこの告朔解案にも月借銭は見えない。また銭納帳には、告朔解案に記載のない造東大寺司や大判官美努奥麻呂からの借銭が記されているが、ここにも月借銭は存在しない。唯一記載されるのは下銭并銭納帳であり、その宝亀三年十月十四日条には「下銭七百文　又下一百文雑用銭内／六百文月借韓国形見等」、十一月二十七日条には「納銭六貫六百三文／四貫八百十三文出挙料（略）」とあるように、月借銭の下充や本・利を含めた納銭が記載されている。さらに下銭并銭納帳には銭納帳に見られなかった土師諸土・出雲小万呂・韓国形見など多くの官人の借銭とその返済も記されている。このように下銭并銭納帳は、宝亀三年九月十四日から十月二十一日（二十ノ三〇八～三一〇）と、同年十一月二十四日から三十日（二十ノ三一〇～三一二）までの記事しか存在しないものの、写経所内の財政の実態が記されているのであり、ここから操作されて銭納

帳・銭用帳、そして告朔解案が作られていったのである。(68)

この下銭并納銭帳には、「司之」「雑用料、雑徭之内」「出挙料、出挙之内」「葛井典之」など財源の区分らしきものがみえる。これらは月借銭に書き込まれた財源と同じ表現であることから多くの研究者(69)が注目した。現状では「司」と「出挙」と「一切」が同じもので(70)、「司」は一切経司を指し(71)、また「葛井典之」は葛井荒海の銭(72)、「雑用」は、諸経費に充てられるために造東大寺司から来た銭(73)と解釈されている。このように写経所内では財源を区分し、下銭并納銭帳の大体の傾向としては、月借銭は出挙料から、写経事業に直接関わる経費―たとえば縫帙功料や買菁直・筆直料など―は雑用料から支出されている(74)。ただしこれらの財源の区分はそれほど厳密ではなかったと思われる。

〔史料2〕下銭并納銭帳　宝亀三年十月十四日条（二十ノ三〇九～三一〇）

同日下銭七百文　又下一百文雑用銭内

六百文月借韓国形見等*「出挙之内」*「返上」

二百文買菁直付山辺千足*「返上」

ここで十四日に下銭された七〇〇文と一〇〇文のうち後者は「雑用銭内」であり、また内訳で韓国形見等が借りた六〇〇文が「出挙之内」であることから、前者は出挙料であったと思われる。そして二〇〇文を使って菁が買われているので、これは出挙料と雑用料の両方から支出されたと考えられる。菁は蔬菜で、経師などの食用に供されたと考えられるので、雑用料から支出されてよさそうなものである。また興味深いのは、十一月二十五・二十八日条で「出挙之内」から買絁直料が支出されていることである（二十ノ三一一・三一二）。袍や衫・袴として使うならば当然雑用料から支出されるべきではないか。さらに十月十三日・十一月二十八日条では上馬養・赤染玉宮の借用が雑用料として分類されている。とくに赤染玉宮は月借銭である可能性が高く、通常ならば出挙料から支出されるべきものである。

このように写経所では一応財源を区分していたが、必要に応じて臨機応変に支出されていたと思われる。

そして〔史料2〕の菁は、先一部では写経所が購入していたが（六ノ一二五）、始二部では告朔解案に記載されていないので、公式な帳簿では造東大寺司が直接購入していたことになっている。また十一月二十五・二十八日条で購入された絁も、告朔解案には記載されていない。このように公的な帳簿では、造東大寺司が購入したという体裁を装っているものの、実際には写経所が購入しているのである。

下銭并納銭帳には、財源として出挙料・雑用料と並んで「葛井典之」が出てくる（十一月二十七日条、二十ノ三一一）。山下氏は、月借銭請人を造東大寺司に報告した文書（二十五ノ三五八～三五九）に荒海の私銭を財源としたもの[75]も報告され、また下銭并納銭帳に「葛井典之」と記されることから、これは造東大寺司が公認する財源で、荒海が月借銭の元手として提供した私銭であるものの、その利息は私利とはならず写経所に提供されていたとする。しかし管見の限りでは荒海の私銭が報告された例はみえない[76]。さらに下銭并納銭帳が写経所内の実態を示す帳簿であることを考えれば、別当の私銭を堂々と記していても不自然ではない。

官人の公務に便乗した私財運用は一般的だったのであり、別当の葛井荒海が月借銭を利用して、私利を得るために私銭を投入していた可能性は否定できない。しかしまた別当が写経所の財政に責任を負う立場にあったことを考えると、資金が不足した場合には、私銭を提供していた可能性もある。月借銭解には財源として他に「上之」や「石之」がみられ、前者は写経所の案主である上馬養の私銭、後者も某石勝の私銭と思われるが、後者は下銭并納銭帳にも記載されず、また造東大寺司にも報告されない、もっとも非公式な財源であった[77]。これらの財源も月借銭を利用して私利を獲得していた可能性と月借銭の財源を私銭で補充していた可能性とが考えられるのである。

このように写経所の財政区分として大きく出挙料と雑用料とがあり、出挙料は一切経司からきた銭と物資の売直料とをもとに、月借銭として貸与され、雑用料は造東大寺司から下充された銭で写経事業の必要経費に支出された。しかし実際には財源区分にとらわれず臨機応変に支出されており、また官人の私銭が私利獲得、あるいは財源補充のために投入・提供されていた。そして表向きは造東大寺司との財政の一体化が推進されているものの、実際には写経所は自主的に物資を購入していたのである。

4　月借銭運用の意義

銭出挙は、天平十六年（七四四）に官司に公廨銭一〇〇〇貫を配ったことをきっかけにその体制が大きく整ったと考えられており(78)、東大寺写経所においても天平勝宝二年に出挙銭が運用されていたことが確認できる（三ノ三九五）。つまり宝亀年間の月借銭運用は、もともと行われていた銭出挙を大規模に行ったものである。東大寺写経所は旧西大寺写経所の財政を吸収すると、まず消費する予定のなかった絁一五匹を銭に換えた。その売値は一匹あたり八〇〇文と九〇〇文であり(79)、売却による利益よりも、早く銭に換えて月借銭運用による利益を得ようとしていた。これは基本的に「安い物を買って高く売る」という売買行為で稼いできた、これまでの写経所の財政運用と根本的に異なっている。すなわちかつて安都雄足は、米価の春高秋低という季節変動や地域における材木の価格差を利用して売買することで利益を得ていたのであり、これは石山寺写経所の米や東塔所の材木など彼が別当を勤める所の財源そのものを直接運用する方法であった(80)。しかし天平宝字六年の米価高騰により、二部大般若経写経事業では大きな損失をこうむった(81)。この経験をもとに写経所が自らのリスクを抑えるために考え出した運用方法が、大規模な月借銭の貸付だったのではないだろうか。

宝亀の月借銭の特色として山下氏(82)は、布施など将来の支給物を質とできること、質や返済期限は形式的なもので本利の返済に重きが置かれたこと、そして利息が高く、利息の上限がないことを挙げている。すなわち写経所は誰もが借りられるよう条件をゆるくし、それと裏腹の関係で、上限なしの高い利息を設定したとする。しかし月借銭の最大の特徴は最低一〇〇文から貸しているように、小口で幅広く大勢の人々に貸すことが想定されている点にある。これはとりもなおさず、下級官人を借り手と考えているのであり、実際に写経生のほか、写経所で働く舎人・優婆夷・仕丁、造東大寺司の官人・仕丁、そして僧侶までが借りている。この方法においては、一人や二人の返済が滞っても小口なのでその被害額は少なく、写経所の損失は限定される。また請人がこれを運用してもしなくても、損をしても得をしても、あらかじめ一定の利息を支払うことが決まっているので、写経所にとっては、安全で確実な財政運用方法であった。すなわち裏を返せば、下級官人に経済的損失をこうむるリスクを負わせる運用方法だったのである。

そして二部大般若経写経事業においては、下級官人は経済的損失をこうむっていた[83]。この写経事業では節部省から大量の調綿が下充されたが、写経所はこれを下級官人に割り当て、交易によって銭に換えさせたうえで写経所に納めさせた[84]。その請人は、造東大寺司の次官・判官・主典・史生、写経所の別当・案主・領・校生・装潢のほか、まったく関係のない竪子・節部少録・節部省掌・神祇大録・文部史生・内史局佐官・蔵人などに及んだ[85]。そして三〇〇屯の調綿売却を請け負った竪子の飯高息足については、次の史料がある。

〔史料3〕飯高息足状（十六ノ三四〇～三四一）

謹恐惶請二処分一

所レ賜綿三十連先日仰給直屯別六十五文者今所レ請屯別充二六十文一可レ申状　且進二納銭十四貫一

右、縁二先日宣一、如レ数将レ進思食、遣二外国一交易、附不レ能レ人、毎二物売一減、不レ堪二望心一、仍望請垂二鴻恩寵一、依二所レ請状一領納幸甚、今所レ遺銭、依二墾田来一、随二宣旨状一、追可二奉上一、子細事趣、含二使師口状一

不レ勝二至憑一、伏乞二処分一、

天平宝字七年二月二十九日　飯高息足

謹上　佐官尊　左右辺

「先日仰給直屯別六十五文」とあるように、あらかじめ飯高息足は安都雄足から屯別六五文で売るように申しつけられていたが、畿外で人を遣わして交易させたところ安値で売却してしまった。困窮した息足は屯別六〇文に下げるように歎願し、とりあえず一四貫を納めた。そして売料綿下帳によれば三月三十日に四貫九〇〇文を納めたので（十六ノ七六）、屯別六三文に下げられたことがわかる(86)。息足の正確な調綿の売却額は不明であるが、屯別六〇文を歎願していたことからも、少なくとも九〇〇文は損失をこうむっていたと思われる。このように写経所はあらかじめ売却額を決めておくことで、調綿売却による損失を避けていたのであり、損失は請人に負わせることを前提としていたのである。月借銭運用は、このような下級官人に損失を負担させる方法を、さらに拡大したものだったのである。

三　下級官人と月借銭

これまで述べてきたように月借銭は、下級官人に経済的損失をもたらすものであった。写経生が生活の苦しさから月借銭を借りていたとする見解(87)は、山下有美氏(88)によって否定されたが、月借銭は写経生たちを生活困窮に陥れた原因の一つとして位置づけられた。このように多くの研究者は、写経生たちの生活が窮迫する事態を想定するが、その根底にあるのは写経生たちの収入の中心が布施であるという認識である(89)。しかし宝亀年間の布施申請解案をみると、布施はその支給時期すら決まっていなかったと思われ(90)、また写経事業そのものも臨時の事業であり、その時々の政治情勢によって、見直され、延期され、時には中止された[91]。布施収入は下級官人にとって、決して安定収入と呼べるものではなかった。むしろ彼らは、布施に頼らないでも生活ができる比較的裕福な人々だったのではないだろうか[92]。

下級官人は、二部大般若経写経事業においては大量の調綿を割り当てられ、これを各々交易して銭に換えていたが、これはすなわち彼らが日常的に交易に深く関わっていたことを示している。また〔史料3〕で「今所レ遺銭、依二墾田来一、随二宣旨状一」とあって、残りの銭は墾田の地子が届いてから納めるとしているように、飯高息足は墾田を経営していた。そして安都雄足は、公務に便乗して越前国や田上山作所近くに墾田を経営していたことが知られる[93]。このように多くの官人たちは、それぞれ交易を行い、墾田を経営するなど私的な経済活動を行っていたと思われる。

また天平宝字五年（七六一）八月二十九日に五貫を借りた丸子人主の月借銭解には、「商銭」とあり（四ノ五〇八）、商業行為をしていたことがわかる。さらに『続日本紀』宝亀十年（七七九）九月甲午（二八）条からは、百姓の出挙銭運用が盛行していたことが知られ、下級官人も便乗していた可能性が高い。このように下級官人たちは出挙銭運用や墾田経営、交易活動によって私財を蓄積していたのである。高額の月借銭を借りた人々は[94]、これらを運用資金として活用していたと思われる。

しかし大半の下級官人は月借銭を少額ずつ請け負っており、直接これを元手に運用していたというよりも、日常的な経済活動から得た利益を少しずつ写経所に納めていたと考える。つまり彼らにとっては月借銭の借用は、そのまま経済的損失をもたらすことを意味した。しかしそれでも彼らが月借銭を借りたのは、月借銭を請け負うこと自体が官人の実績として認知されていたためであろう。そして同時に写経所の別当や案主・領などの知遇を得ることもできた。

鷺森浩幸氏[95]は造石山寺所の案主・領・工の人事において、別当が個人的なつながりをもつ人物を中心に、その人員を編成していること、さらにその領・工などの仲介を得て雇夫の編成が行われていたことを指摘した。すなわち別当や案主・領などの信用を得られれば、新たな事業がはじまる際に経師や工として採用されたのである。さらに写経生には同じ姓の者が多く、(96)そのうち上馬養と装潢の上藤万呂（六ノ五三四）・校生の上氏成（二十三ノ一七二）、丈部浜足と経師丈部益人・丈部奥人（十九ノ二九七～二九八、二十三ノ一一・一七〇）などは、月借銭解によって親子関係にあることがわかる。これらは写経生が、別当や案主・領などに働きかけて子息を採用してもらった可能性が高い。つまり下級官人は写経所内に人脈をつくり、新規事業の人事や写経生の新規採用などにおいて、自身の希望が適うよう努力していたのであり、その手段の一つが月借銭の借用だったのである。

以上のように下級官人の私的経済活動が一般的であり、また彼らは生活に苦しむ人々ではなく、むしろ余裕のある人々で、その財力を使って国家機構のなかで出世していこうとする意欲的な人々であったと捉える。

おわりに

最後に本章の要旨をまとめる。

一、多くの部局を抱えていた造東大寺司は藤原仲麻呂の乱をきっかけに、その規模が縮小され、東大寺写経所の活動も停止された。称徳天皇は西大寺造営に心血を注ぐとともに、西大寺写経所に一切経司を置き、西大寺奉納経など一〇部一切経の書写をはじめた。東大寺・造東大寺司は逆境にあったが、実忠は、称徳天皇から東大寺写経所において先一部写経事業を行う約束を取り付けた。さらにこれは始二部、すなわち称徳天皇発願一〇部一切経よりも優先され、称徳天皇の死後も継続して書写された。そして先一部写経事業が終息した後、光仁天皇は西大寺写経所（＝一切経司）を停廃し、ここで書写されていた始二部写経事業を東大寺写経所において再開させた。

しかしその際には、東大寺写経所と造東大寺司の財政の一本化が推進され、また東大寺写経所の料理供養所を停廃し、その機能を造東大寺司の大炊厨所に移行するなど、東大寺写経所の規模縮小と造東大寺司の機構の再編成が遂行された。

二、西大寺写経所の停廃により、その財政は丸ごと東大寺写経所に吸収された。すなわち始二部では従来の造東大寺司からの下充方式の他に、旧西大寺写経所の財政が加わったのであり、月借銭はこの余剰分をもとに運用された。月借銭運用は、これまでの「安い物を買って高く売る」という売買行為で利益を得ていた写経所の財政運用とは根本的に異なり、大勢の下級官人に小口の月借銭を貸し付けて一定の利息を取るもので、写経所にとってはより安全で確実な財政運用方法であった。

三、多くの下級官人は、出挙銭運用や墾田経営、交易活動などで私富を蓄える富裕な人々で、彼らは月借銭を請け負うことで官人としての実績を積むとともに、写経所の別当や案主・領などの知遇を得て出世に役立てようとしていた。

本章では下級官人を、私富を蓄え、国家機構のなかで出世しようとする上昇志向のある人々と捉えた。下級官人にとって月借銭は出世するための道具であったが、古代国家にとっては大勢の下級官人の私財を搾取し、それを国家機構の運営に役立てる道具であった。その意味で下級官人は、官人としての実務能力のみならず、その財力においても古代国家を下支えしていたのである。

注

（1）　相田二郎「金銭の融通から見た奈良朝の経師等の生活（上）（下）」（『歴史地理』四一ノ二・三、一九二三年）。鬼頭清明「上

馬養の半生」（『日本古代都市論序説』法政大学出版会、一九七七年）。
（2）栄原永遠男「平城京住民の生活誌」（岸俊男編『日本の古代9　都城の生態』中央公論社、一九八七年）。
（3）本章では、野村忠夫氏の貴族と下級官人とが基本的に別の階層として存在し、それぞれ再生産されていたとの認識にもとづき（『官人制論』概論、雄山閣、一九七五年）、下級官人を数十年の官人生活を送りながらも、その位階は六位以下に留まる人々と定義する。
（4）鬼頭氏前掲注（1）論文。
（5）以下、『大日本古文書』は、「巻ノ頁」で示す。
（6）山下有美「月借銭再考」（栄原永遠男編『日本古代の王権と社会』塙書房、二〇一〇年）。
（7）吉田孝「律令時代の交易」（『律令国家と古代の社会』岩波書店、一九八三年、初出、一九六五年）。以下、吉田氏の見解は当論文による。山本幸男「造東大寺司主典安都雄足の『私経済』」（『史林』六八—二、一九八五年）。小口雅史「安都雄足の私田経営—八世紀における農業経営の一形態—」（『史学雑誌』九六—六、一九八七年）。
（8）鬼頭氏前掲注（1）論文。
（9）山下有美「写経機構の変遷」（『正倉院文書と写経所の研究』一一九〜一二八頁、吉川弘文館、一九九九年）。
（10）このほかに始二部の書写と並行して、甲部之注経の残存分、五三巻が書写されている。
（11）書写巻数は、先一部が四五八五巻、始二部が九二一八巻、更二部が九二一八巻である。それぞれの写経事業の期間は、先一部が神護景雲四年五月ごろから宝亀二年九月中頃まで、始二部は同二年十月から物資の購入などの準備がはじまるが、書写が開始されるのは同三年二月十五日からで、同四年六月ごろから順次更一部へ移行し、同五年五月〜六月ごろに続いて今更一部の書写に入り同七年六月ごろに書写が終了した（栄原永遠男「奉写一切経所の写経事業」『奈良時代写経史研究』〈塙書房、二〇〇三年、初出、一九七七年〉）。
（12）山下有美「勅旨写一切経所について—皇后宮職系統写経機構の性格—」（『正倉院文書と写経所の研究』四八一頁、吉川弘文館、一九九九年、初出、一九九六年）。

（13）森明彦「奈良朝末期の奉写一切経群と東大寺実忠」（『正倉院文書研究』七、二〇〇一年）。

（14）銭用帳（十七ノ二三七～三二八、六ノ二〇二～二二一）と雑物請帳（六ノ五〇～八〇、十八ノ五七二～五七三、六ノ一九九～二〇〇、十八ノ五七三～五八〇）によれば、神護景雲四年六月二十九日から七月二十三日までは、別当は大法師円智であり（ただし七月六日から二十一日までは「別当法師　奉栄」とある〈銭用帳〉）、七月二十八日から八月十二日までは別当は大判官美努奥麻呂となり、八月十三日から二十八日までは別当は奉栄となっている。銭納帳（六ノ四二～四九、十九ノ一一二～一一九）では、神護景雲四年六月十三日から八月二十四日までが円智、同四年九月三日から宝亀三年三月十日までが美努奥麻呂である。そして銭用帳では神護景雲四年九月二十日から宝亀三年三月二十一日までは美努奥麻呂とあるのに対し、紙充装潢帳（十七ノ一五四～一六〇）では宝亀元年十二月十九日から同二年八月二十三日まで奉栄となっている。このように別当が複数存在した可能性がある。そして銭用帳の宝亀三年四月十一日条に「別当主典　葛井荒海」が出てくるが、「別当」と表記されるのは他に銭納帳同年四月十八日条、銭用帳六月二十日条などにみられるくらいで、非常に少ない。また銭用帳では宝亀二年十月八日から、雑物請帳では同年十月三日から僧の署名がなくなる。

（15）銭納帳宝亀三年三月十日条（十九ノ一一四）。銭用帳では同年三月十二日条からあらわれる（六ノ二〇八）。また別当としての初見は銭用帳同年四月十一日条である（六ノ二一〇）。

（16）銭用帳・雑物請帳は、始二部の書写開始前の宝亀二年十二月十八日条（十七ノ三二八）・十一月十五日ごろ（最後尾の奉写一切経所解は月日不詳、十八ノ五八〇）をもって閉じられ、銭納帳は同二年八月二十一日条（六ノ四九）で閉じられている。

（17）栄原永遠男「奉写一切経所の財政」（『奈良時代写経史研究』塙書房、二〇〇三年、初出、一九七九年）。

（18）一切経写経事業の財政に関する帳簿としては、告朔解案・銭用帳・銭納帳・雑物請帳・雑物納帳・食口案、そして下銭并納銭帳がある。これらの帳簿は、先一部・始二部までは記載が多いが、更二部以降はほとんど記載されなくなるのが特徴である。唯一、食口案の記載量はほとんど変わらないが、写経事業は宝亀七年六月まで続いているにもかかわらず、同五年十月までで閉じられている。告朔解案は、当初は三～七ヶ月分をまとめて作成していたが、宝亀三年四月（告朔解案f〈後掲注（36）参照〉）からは、一ヶ月分ずつ作成されるようになる。そして七月（告朔解案i）からは告朔解案に調布支出の布施が記載されなくなり、八月（告朔解案 j）には宝亀三年二月一日から八月三十日までの総書写巻数が記載され、九月（告朔解案 k）からは月ごとに総書写巻数を記すので、一ヶ月ごとの書写巻数がわかるようになる。このように告朔解案も次第にその記載が簡略化する。

(19) 森氏前掲注（13）論文。

(20) 『東大寺要録』巻第七、雑事章第十。

(21) 鎮制については、加藤優「東大寺鎮考―良弁と道鏡の関係をめぐって―」（『国史談話会雑誌』二三、一九八二年）。

(22) ただし森明彦氏は、先一部が如法堂に置かれていた期間は二年弱とする（前掲注（13）論文）。すなわち国家鎮護を祈願する斎会に称徳発願の一切経を用いる事の政治的不都合・危険性を感じ取った実忠が、先一部一切経から光仁の発願と位置づけ直された始二部一切経へと経典を変更したとする。

(23) 先述したように先一部の帳簿には、いたるところに実忠の署名があり、彼がこの写経事業を直接監督していたことが窺われる。

(24) 山下氏前掲注（12）論文、四九五頁。

(25) 造東大寺司の官人たちは親仲麻呂派で占められていたが、天平宝字七年正月に坂上大養・上毛野真人が転出すると、反仲麻呂派と思われる佐伯今毛人や吉備真備が長官に任じられ、乱の勃発時には反仲麻呂派で占められていた（岸俊男「東大寺をめぐる政治的情勢―藤原仲麻呂と造東大寺司を中心に―」〈『日本古代政治史研究』塙書房、一九六六年、初出、一九五六年〉）。

(26) 岸俊男「良弁伝の一齣」（『南都仏教』四三・四四、一九八〇年）。

(27) 鷺森浩幸「奈良時代における寺院造営と僧―東大寺・石山寺造営を中心に―」（『ヒストリア』一二一、一九八八年）。

(28) 岸俊男「越前国東大寺領庄園の経営」（『日本古代政治史研究』塙書房、一九六六年、初出、一九五二年）。また先一部の帳簿に東大寺と造東大寺司とを束ねていた実忠の署名が多くみられることは、それだけ造東大寺司の規模が縮小し、実忠が写経事業を直轄できる状況にあったことを示すものであろう。

(29) 実際、造東大寺司・東大寺写経所の役割は、造西大寺司・西大寺写経所へと受け継がれ、技術者や経師も流出していた。たとえば神護景雲三年四月二十四日の西大寺行幸により従五位上になった益田縄手は造西大寺司判官であったと思われるが（福山敏男「西大寺の創建」〈『日本建築史研究　続編』墨水書房、一九七一年〉）、彼はかつて東大寺造営にあたった大工であり、配下の技術者を率いて西大寺を造営していたと思われる。また後述するように西大寺写経所において書写していたことが確認できる経師一五名（山辺千足・高向子祖・壬生広主・桑内真公・船木麻呂・物部常石・刑部真主・巧清成・尾張宮成・占部忍男・坂合部浜足・酒波家麻呂・敢小足・丈部新成・他田建足〈山下氏前掲注（12）論文、表Ⅲ―7参照〉）のうち三名（山辺千足〈五ノ四二二〉・高向子祖〈十五ノ一〇九〉・刑部真主〈十五ノ三五二〉は、天平宝字五～七年に東大寺写経所にいたことが確認できる。すなわち彼らは東大寺写経所の活動が停止したため、西大寺写経所に移って写経事業に従事していたのである。

（30）実忠は仲麻呂の乱に際しては、軍馬の蒭二〇〇〇囲を私的に献上するなどして、称徳天皇・道鏡側につき、乱後は神護景雲三年の西大寺御斎会に煎炭二〇〇石を、翌四年の称徳天皇弓削宮行幸に際して薪三〇〇荷を私的に献上した（松原弘宣「実忠和尚小論―東大寺権別当二十九ヶ条を中心にして―」〈『続日本紀研究』一七七、一九七五年〉）。さらに西隆寺に別院を建て、また道鏡によって発案された百万塔とこれを収納する小塔院の様式を考案し、東大寺の東西小塔院を建立するなどして（堀池春峰「恵美押勝の乱と西大寺・小塔院の造営」〈『日本歴史考古学論叢』吉川弘文館、一九六六年〉）、称徳天皇・道鏡の政策の遂行に尽力した。

（31）山下氏前掲注（12）論文、四七六～四七九頁。

（32）以下、改行は「／」であらわす。

（33）高向子祖（十八ノ二三九）・壬生広主（十八ノ二四六）・桑内真公（十八ノ二二二）・船木麻呂（十七ノ二〇五）・物部常石（六ノ一三三）・刑部真主（十八ノ三六二）・巧浄成（十八ノ三四八）・占部忍男（十八ノ二五七）・坂合部浜足（十七ノ二一三～二一四）・酒波家麻呂（十八ノ三三六～三三七）、敢小足（六ノ一三三）・丈部新成（十八ノ二五七）・他田建足（十七ノ二二七）。

（34）とくに船木麻呂・占部忍男（六ノ九）・坂合部浜足（六ノ八）・他田建足（六ノ八）は神護景雲四年七月三～八日に浄衣をうけており、早い段階から先一部写経事業に参加している。一方で物部常石・敢小足は宝亀元年十月五日に浄衣を請けている

（六ノ一三二）。

(35) 料理供養所は、経堂や温屋とともに写経所内にある施設で、その名称や、箕や酒船・堝・薪・松などを充てられ、優婆夷八十九人や廝女三十三人が従事していることから、ここで調理をしていたと思われる。

(36) 一切経写経事業の告朔解案は、二十四通が残存しており、最初の神護景雲四年九月二十九日付告朔解案aは同四年六月一日から九月二十九日まで、宝亀六年正月付告朔解案xは宝亀六年正月のものと思われるが、宝亀二年一月一日から同四年九月三十日までは継続して残っている（風間亜紀子「文書行政における告朔解の意義」〈『正倉院文書研究』一〇、二〇〇五年〉、矢越葉子「写経所の『告朔解』について」〈『お茶の水史学』五三、二〇一〇年〉）。本章では便宜上、告朔解案にa～xを付す。神護景雲四年九月二十九日付告朔解案a（六ノ八六～一〇七）、宝亀二年三月三十日付告朔解案b（十五ノ一二六、六ノ一三五～一六〇）、同二年五月二十九日付告朔解案c（六ノ一七三～一九八）、同二年十二月二十九日付告朔解案d（六ノ二二三～二四七）、同三年三月三十日付告朔解案e（六ノ二九一～三〇七）、同三年五月十五日付告朔解案f（六ノ三一七～三二三）、同三年五月二十九日付告朔解案g（六ノ三二四～三二九）、同三年七月十一日付告朔解案h（六ノ三六八～三七四）、同三年七月二十九日付告朔解案i（六ノ三七四～三七八）、同三年八月三十日付告朔解案j（六ノ三九一～三九五）、同三年九月二十九日付告朔解案k（六ノ三九八～四〇三）、同三年十月二十九日付告朔解案l（六ノ四〇七～四一五）、同三年十一月三十日付告朔解案m（六ノ四一七～四二二）、同三年十二月三十日付告朔解案n（六ノ四四六～四六三）、同四年正月二十九日付告朔解案o（六ノ四六九～四七三）、同四年二月三十日付告朔解案p（六ノ四七六～四八四）、同四年三月三十日付告朔解案q（六ノ四九八～五〇八）、同四年四月二十九日付告朔解案r（二十一ノ四八四～四九一）、同四年五月三十日付告朔解案s（二十一ノ四九一～四九七）、同四年六月二十九日付告朔解案t（二十一ノ四九七～五〇三）、同四年七月三十日付告朔解案u（二十一ノ五〇三～五一〇）、同四年八月二十九日付告朔解案v（二十一ノ五一一～五一六）、同四年九月三十日付告朔解案w（二十一ノ五一六～五二四）、同六年正月?日付告朔解案x（二十三ノ三二九～三三二）。

(37) 『大日本古文書』の告朔解案nには「料理供養所」とあるが、『正倉院古文書影印集成』の続修別集十二第十五紙裏にはみえない。

（38）告朔解案ｅでは大豆や葅を、告朔解案ｎでは醤・酢・滑海藻・大豆・小豆などの調味料や副食物、𤭖などの食用容器を厨に収めている。
（39）栄原氏前掲注（17）論文。なお、中村順昭氏は、「大炊食口」の「大炊」を一切経司のなかの大炊所、あるいは一切経司が食料を配分されていた官司（たとえば大炊寮）である可能性を想定しているが（「奉写一切経所の月借銭について」〈『律令官人制と地域社会』吉川弘文館、二〇〇八年、初出、一九九二年〉）、本章は栄原説に従う。
（40）この食口案では、天平宝字六年十二月八日から二十一日までは、「政所食口」と「借食口」、二十二日から閏十二月六日までは「政所食口」と「間食口」、同月七日から十一日までは「政所食口」と「経所食口」にわけている（十六ノ二六～三六）。
（41）第Ⅰ部第三章参照。
（42）告朔解案ｄは、宝亀二年六月一日から十二月二十九日の内容を記すが、「大炊食口」に経師が含まれないので、正確には先一部の書写が終了した十月十四日以降になる。
（43）帳簿では奉写一切経料墨紙筆用帳案に「（宝亀二年九月）二十五日下黄紙六張　表紙料充内親禅師御院付刑部広浜」とある（十八ノ四五七）。
（44）佐久間竜「実忠伝考」（名古屋大学文学部国史学研究室編『名古屋大学日本史論集』上、吉川弘文館、一九七五年）。
（45）山田英雄「早良親王と東大寺」（『南都仏教』一二、一九六二年）。佐久間竜「東大寺僧等定について」（『日本歴史』一八五、一九七二年）。
（46）山田氏前掲注（45）論文。永村眞「東大寺別当の成立過程」（竹内理三先生喜寿記念論文集刊行会編『律令制と古代社会』東京堂出版、一九八四年）。
（47）岸氏前掲注（25）論文。
（48）栄原氏前掲注（11）論文。
（49）坂合部浜足と他田建足。
（50）吉田氏前掲注（7）論文。

(51) 松平年一「官写経所の用度綿売却に関する一考察―奈良朝に於ける―」(『歴史地理』六二―六、一九三三年)。伊東彌之助「奈良時代の商業及び商人について」(『三田学会雑誌』四一―五、一九四八年)。横田拓実「天平宝字六年における造東大寺司写経所の財政―当時の流通経済の一側面―」(『史学雑誌』七二―九、一九六三年)。栄原永遠男「奉写大般若経所の写経事業と財政」(『奈良時代写経史研究』塙書房、二〇〇三年、初出、一九八〇年)。吉田氏前掲注(7)論文。中川正和「奉写二部大般若経所の一考察―七六〇年代の写経事業―」(『七隈史学』三、二〇〇二年)。第Ⅰ部第三章参照。

(52) 僧尼令18不得私蓄条に「凡僧尼。不レ得下私蓄二園宅財物一。及興販出息上。」とある。

(53) 小口氏前掲注(7)論文。

(54) 宝亀年間の月借銭解の所見は、宝亀三年二月十四日の當麻鷹養解であり(六ノ二七二)、月借銭運用は始二部の書写が開始された同三年二月中旬の時期にはじまったと思われる。そして同六年十一月十五日の刑部広浜の月借銭が残っているので、少なくとも写経事業が終了する同七年六月の七ヶ月前までは運用されていたことがわかる(二十三ノ五六八～五六九)。

(55) 栄原永遠男氏が論じたように(前掲注(17)論文)、かつて先一部写経事業の際にも一切経司から物資が下充されたが、その時の物資は紙・墨・軸・辛櫃・布綱であり、その品目も量も限定されていた。

(56) 宝亀三年二月六日付の前欠の奉写一切経所請物文案(十九ノ二四四～二四七)と二月二十三日付の奉写一切経所解(十九ノ三一九～三二一)によって、写経所がこれらの物資を二月六日ごろ収納し、八月十一日にその用途と残物を報告し(〔史料1〕)、十二月から写経所の物資として告朔解案に記載するようになることが知られる(告朔解案n～w〈前掲注(36)参照〉、栄原氏前掲注(17)論文)。

(57) 栄原永遠男氏、前掲注(11)論文。

(58) 前掲注(36)参照。

(59) 山下氏前掲注(12)論文、四七五～四七六頁。

(60) 森明彦氏は、甲部一切経と西大寺弥勒堂一切経・薬師堂一切経が同一群に属する経典とし、また西大寺写経所と一切経司は別組織とする。そして西大寺写経所が始二部以外に、さらに甲部一切経と西大寺薬師堂経を書写するだけの能力を有したと考えられないことから、これらは一切経司で書写されたとする（前掲注（13）論文）。しかし〔史料1〕の櫃類や机、食膳用具の数量からも、西大寺写経所はかなり大きな組織と施設をもっていたと考えられる。

また注経五十三巻のみを残していた甲部一切経は、東大寺写経所に引き継がれた後、始二部と同じ期間に、同じ経師によって書写されたことからも、甲部は一切経司の事業として始二部とともに西大寺写経所で書写されていたものと思われる。

（61）「月借銭請人歴名」（六ノ三一四～三一五）の日付は宝亀三年四月十八日であるが、ここに記載される月借銭請人三七人のうち六名は月借銭解が残っている。そのうち石川宮衣には、宝亀三年二月二十一日の月借銭解（十九ノ三一五）があり、丈部浜足・秦度守にはともに二月二十五日の月借銭解（六ノ二七三、二七四）がある。その他、物部道成・秦道形・秦国依もそれぞれ二月三十日・三月五日・四月十四日付の月借銭解がある（六ノ二八五～二八六、十九ノ三一四、三一三）。すなわち二月二十一日ごろから四月十四日ごろまでの月借銭請人の名が記載されているのであり、ここからも二月中旬に運用がはじまったと考えてよいであろう。
（62）宝亀三年二月十四日當麻鷹養解（六ノ二七二）の三〇〇文、二月二十九日刑部広浜解（六ノ二八五）の五〇〇文、四月十二日念林老人解（六ノ三一二～三一三）一五〇文。
（63）そして他の旧西大寺写経所の物資は、浄衣や食用として消費し、食膳用具や道具類は、写経所や政所・正倉・厨などにわけて収納された（〔史料1〕・告朔解案n）。
（64）山下有美氏は、月借銭運用が一切経司の方針を受けたものとする（山下氏前掲注（6）論文）。
（65）利子は、宝亀三年中は月ごと一〇〇文あたり一三文、宝亀四年以降は一五文（山下氏前掲注（6）論文）。
（66）森明彦氏、前掲注（13）論文。
（67）銭納帳と比較できる告朔解案は、a・c～qである。告朔解案dの宝亀二年八月二十八日の納銭二貫（六ノ二二三）が銭納帳に見えないが、銭納帳には告朔解案e・i・l・nに記載のない情報が見える。また銭用帳と告朔解案aを比較すると銭用帳の方が情報量が多いが、告朔解案c・dでは数値の違いが目立ち、始二部にあたる告朔解案e以降になると、むしろ告朔解案の方が銭用帳より情報量が多くなる。

そして雑物請帳と告朔解案とを比較すると、全体的に告朔解案の方が情報量が多い。とくに西薗から来たものは、雑物請帳には記載されておらず、また他の文書で確認できる物資（たとえば告朔解案dに記載される宝亀二年八月十二日、十月十八日、十一月十八日に納入された米〈六ノ二二九〉）も雑物請帳に記載されていない。

(68) その納銭を銭納帳と比較すると十月三日条の三貫が一致するが（鬼頭清明「八、九世紀における出挙銭の存在形態」〈『日本古代都市論序説』法政大学出版会、一九七七年、初出、一九六八年〉。山下氏前掲注（6）論文）、下銭并銭納帳同日条にはこれ以外にも「出挙之内」として六八文の納銭も記しており、月借銭利子の納銭まで記載している。しかし銭納帳には十月十九日条に縫功料の四貫文、十一月二十八日条に縫功料の三貫文など大量の納銭があったことを記すが、下銭并銭納帳では月借銭関係の納銭を除くと十月十二日条の四八文、十一月二十四日条の雑用料一貫四二三文、買菁直の一〇〇文、十一月二十七日条の雑用料二〇〇文しか記していない。一方、下銭を銭用帳と比較すると一致する記載がまったくない。銭用帳は告朔解案に記される筆や綺、水麻笥・針・雇女しか支出として記載しておらず、上級官庁報告用にかなり修飾されていたと思われる。

(69) 鬼頭氏前掲注（68）論文。弓野瑞子「八世紀末の造東大寺司の財政機構についての一考察」（『民衆史研究』一〇、一九七二年）。中村氏前掲注（39）論文。山下氏前掲注（6）論文。

(70) 中村氏前掲注（39）論文。山下氏前掲注（6）論文。

(71) 弓野氏前掲注（69）論文。中村氏前掲注（39）論文。山下氏前掲注（6）論文。

(72) 弓野氏前掲注（69）論文。中村氏前掲注（39）論文。山下氏前掲注（6）論文。

(73) 山下氏前掲注（6）論文。

(74) 鬼頭氏前掲注（68）論文。

(75) 山下氏前掲注（6）論文。

(76) たとえば三年七月十一日から十二月六日までの集計を記す月借銭請人歴名で一貫二〇〇文と記される刑部広浜は（二十五ノ三六〇）、九月七日に荒海から七〇〇文を借りていることが知られるが（十九ノ三〇四）、この分は歴名と数値が一致しない。また九月七日から十二日に貸与された月借銭の請人を記す歴名で秦吉麻呂は六〇〇文とあるが（二十五ノ三五八）、九月八日に荒海から借りた九〇〇文を記しておらず（十九ノ三〇四）、造東大寺司に報告されていなかった可能性が高い。また同様の月借銭請人歴名においても（二十五ノ三五三～三五四、六ノ三一四～三一五）、月借銭解が確認できるものはその財源が「司」や「一切」、すなわち一切経司であり（ただし玉作広長は一貫とあり〈六ノ三一五〉、月借銭解〈十九ノ三一四〉からその内訳は九〇〇文が司で、一〇〇文が上であることが知られるが、さらに抹消されて絁一匹に書き換えられている）、荒海の私銭は含まれない。

(77)　山下有美氏が指摘するように（前掲注（6）論文）、大伴路万呂月借銭解（二十ノ三一八）で、十月十一日の「下充八百文」の財源が「石」で、十月十九日の「下充二百文」の財源が「司出挙之内」とあるが、このうち十月十九日の二百文のみが「出挙之内」として下銭并納銭帳に記載される（二十ノ三一〇）。また鬼頭清明氏が指摘するように（前掲注（68）論文）、別の大友路万呂月借銭解（十九ノ三〇六～三〇七）で一貫を借り、その財源は三〇〇文が「司」、七〇〇文が「石之」であるが、月借銭請人歴名に記載されるのは、「司」の三〇〇文だけである（二十五ノ三五九）。

(78)　『続日本紀』天平十六年四月丙辰（二三）条。鬼頭清明氏は、紫香楽宮造営にあたって官司の財政は多くの出費を必要としたため、政府は一〇〇〇貫を司別に支給してその運営によって利益を上げ、公用に充当せんとしたとする（前掲注（68）論文）。吉田晶氏は、写経生に対する月借銭がかかる司別の公出挙銭の一つであったとし（「八・九世紀における私出挙について」〈大阪歴史学会編『律令国家の基礎構造』吉川弘文館、一九六〇年〉）、鬼頭氏もその運用の内容には、商品の売買のほか、出挙銭のような高利貸しも含まれていたに違いないとする。

(79)　天平宝字六年閏十二月六日では絁を匹別九四〇～一〇五〇文で購入している（十六ノ九四）。

(80)　吉田氏前掲注（7）論文。

(81)　第Ⅰ部第三章参照。

(82)　山下氏前掲注（6）論文。

(83)　鬼頭氏前掲注（68）論文。

(84)　前掲注（51）論文。鬼頭氏前掲注（68）論文。黒田洋子「八世紀における銭貨機能論」（『国史研究』（弘前大学）八七、一九八九年）。

(85)　売料綿下帳（十六ノ七四～七八）・売料綿并用度銭下帳（十六ノ七八～八七）。栄原氏前掲注（51）論文、鬼頭氏前掲注（68）論文。月借銭と異なり写経所の経師があらわれないが、ここに記されるのは、第一段階（宝字六年十二月二十日から閏十二月二日まで）の調綿一万三九二五屯の売却を請け負った人々であり、大口の割り当ても多い。そして第二段階（閏十二月六日以降）で、上馬養・下道主の責任で二〇〇〇屯が売却されるが、こちらの請人は不明であり、この時に経師たちに割り当てられた可能性がある。

(86)　吉田氏前掲注（7）論文。

(87)　前掲注（1）・注（2）論文。

(88)　山下氏前掲注（6）論文。

(89)　相田氏前掲注（1）論文。鬼頭氏前掲注（68）論文。中村氏前掲注（39）論文。

(90)　宝亀二年四月三日付布施申請解案のように一ヶ月分の布施を支給する時もあれば、三ヶ月分の布施を支給する時もある。始二部以降においては、だいたいが三ヶ月分を支給しているが、なかには宝亀四年十月二十九日付布施申請解案のように二ヶ月分の時もある（第Ⅱ部第三章参照）。

(91)　たとえば称徳天皇により一〇部一切経の書写が計画されたにもかかわらず、その死により、結局は西大寺奉納経三部と始二部・更二部の合計七部で終息しており、またその始二部写経事業においては宝亀二年十月から準備がはじめられたにもかかわらず、経師が書写を開始したのは翌年二月からであり、その布施が支給されたのはさらにその後であった。

(92)　また中村順昭氏は写経生が出仕する際は、彼らはまず白丁のままで諸司に出仕をはじめていたことを指摘しているが、これが可能だったのは、彼らがそもそも生活に余裕のある人々であったからではないだろうか（「律令制下における農民の官人化」〈『律令官人制と地域社会』吉川弘文館、二〇〇八年、初出、一九八四年〉）。

(93)　小口氏前掲注（7）論文。

(94)　たとえば宝亀三年四月十八日に四貫文を借りた田豊大山（六ノ三一四）、同三年九月七日に一貫文を借りた刑部広浜や八木宮主（十九ノ三〇三）、同三年九月八日に一貫文を借りた山部針間麻呂や大友路麻呂（十九ノ三〇六）など。

(95) 鷺森浩幸「天平宝字六年石山寺造営における人事システム―律令制官司の一側面―」（『日本史研究』三五四、一九九二年）。

(96) 石田茂作『写経より見たる奈良朝仏教の研究』経師人名年表（東洋文庫、一九三〇年）。

第三章　宝亀年間の布施申請解案の考察

はじめに

神護景雲四年（七七〇）五月～宝亀七年（七七六）六月において、当時の最新の目録にしたがって仏典を洩れなく収集することを目的とする一切経の書写が行われた[1]。この写経事業については、栄原永遠男氏[2]・山下有美氏[3]・森明彦氏[4]の研究があり、重要な点はすべて論じ尽くされている感がある。しかしまだ分析されていない帳簿類が多く存在することに注目し、本章ではこのうち布施申請解案に焦点をあてて考察したいと思う。

一切経写経事業は、栄原永遠男氏によれば、「先一部」「始二部」「更二部（更一部と今更一部）」からなり、それぞれ四五八五巻、九二一八巻、九二一八巻を書写した。その開始と終了については、栄原永遠男氏・山下有美氏によると、先一部は、神護景雲四年五月ごろから準備がはじまり、六月から書写され、宝亀二年九月中ごろに完成した。始二部は、同二年十月から物資の購入などの準備がはじまるが、実際に書写が開始されるのは、同三年二月十五日からであり、同四年六月ごろから順次、更一部へ移行していった。布施申請解では同四年六月二十日、告朔解案では六月末日をもって、これ以前を始二部、これ以降を更一部としている。その後、更一部は同五年五月～六月ごろに書写が終了し、引き続き今更一部の書写に入った。そして同七年六月ごろに今更一部の書写が終了したとする。また甲部之注経は、始二部と平行して書写され、同三年七月まで書写された。

では、この間に作成された布施申請解案をみていきたい。

一　布施申請解案の年代推定

布施申請解案とは、奉写一切経所が経師などの布施（＝給与）を造東大寺司に請求した文書の案であり、布施支給時には支給簿としても使用された。先に結論を述べると、宝亀年間の布施申請解案は次のように整理できる(5)（以下、布施の支給対象となった作業期間、『大日本古文書』の巻・頁、所属の順に記す。所属の詳細や紙背の利用状況については表11に掲げる）。

A神護景雲四年八月六日～宝亀元十一月十一日（六ノ五五～五六、続修後集三十第八紙、続修後集三十(8)）
B宝亀元年十一月十三日～十二月二十六日（六ノ五七、続修後集三十第九紙、続修後集三十(9)）
C宝亀元年十二月二十六日～二年三月二十五日（六ノ六五～六七、続修後集三十第一六紙、続修後集三十(15)）
D宝亀元年十二月二十六日～二年三月二十五日（六ノ一三〇～一三三、続修後集三十第二六・二七紙裏、続修後集三十(23)裏）
E宝亀元年十二月二十六日～二年三月二十五日（十八ノ二五七～二五八、続々修二十五帙四第2・3紙裏）
F宝亀二年三月二十五日～二年閏三月二十九日（六ノ六八～六九、続修後集三十第一九紙裏、続修後集三十(17)）
G宝亀二年閏三月二十九日～四月三十日（六ノ七二～七三、続修後集三十第二三紙、続修後集三十(20)）

H宝亀二年四月三十日~六月十一日（六ノ七九~八〇、続修後集三十第二八紙、続修後集三十(24)）

I宝亀二年四月三十日~六月十一日（十八ノ五八一~五八二、続々修三十九帙第52紙裏）

J宝亀二年四月三十日~六月十一日（十八ノ五七一~五七二、続々修三十四帙一〇第12紙裏）

K宝亀二年六月十二日~九月六日（一八ノ五七七~五七八、続々修三帙八第10紙）

L宝亀二年六月十二日~九月六日（十五ノ六九~七〇、十八ノ五八三、続々修三十九帙三第26紙裏、続々修三ノ八②(9)）

M宝亀二年六月十二日~九月六日（十五ノ七〇~七一、十八ノ五八四、続々修三十九帙三第27紙裏）

N宝亀二年六月十二日~十月ごろ（十八ノ五七八、続々修三帙八第11紙、続々修三ノ八②(9)）

O宝亀二年六月十二日~十月ごろ（十八ノ五八〇、続々修三帙八第13紙、続々修三ノ八②(11)）

P宝亀三年四月ごろ~六月ごろ（十五ノ九五~九七、続々修四十帙二第5・6紙裏）

Q宝亀三年十二月十八日~四年三月二十五日（六ノ四八六~四九七、続修後集二十九第八~一三紙、続修後集二十九(2)）

R宝亀四年三月二十五日~六月二十日（六ノ五二三~五三五、続修後集二十九第一~七紙、続修後集二十九(1)）

S宝亀四年六月二十日~八月二十九日（二十二ノ一九五~二〇六、続々修三帙三第1・2紙、続々修三ノ三①(1)(2)+正集七第二紙裏、正集七①(2)裏+続々修三帙三第三~五紙、続々修三ノ三①(3)~(5)+続修別集七第八紙裏、続修別集七⑧裏+続修別集十第一紙裏、続修別集十①裏+続修四十五第六紙裏、続修四十五⑥裏）

T宝亀四年八月二十九日~十月二十九日（六ノ五四四~五五六、続修別集十一第六~一二紙、続修別集十一(2)）

U宝亀四年十月二十九日~十二月二十四日（六ノ五五七~五六六、続修別集十一第一~五紙、続修別集十一(1)）

表11　布施申請解案の所属と紙背の利用状況

布施申請解案ＡＢＣＦＧＨ

所属	当該文書					紙背				
		年	月日	文書名	『大日本古文書』		年	月日	文書名	『大日本古文書』
続修後集30第8紙		宝亀1	11月13日	布施申請解案Ａ	6-55ℓ9～56ℓ5				空	
〃		〃	11月29日	雑物申請解案	6-56ℓ6～56ℓ12				〃	
続修後集30第9紙		〃	12月26日	布施申請解案Ｂ	6-57ℓ1～ℓ12				〃	
続修後集30第16紙	○	宝亀2	3月25日	布施申請解案Ｃ	6-65ℓ8～67ℓ1	◎	宝亀2	閏3月17日	奉請経巻文	6-164ℓ9～ℓ12
〃		〃	閏3月12日	銭申請解案	6-67ℓ2～ℓ4				空	
続修後集30第19紙		〃	4月3日	布施申請解案Ｆ	6-68ℓ3～69ℓ10				〃	
続修後集30第23紙		〃	5月1日	布施申請解案Ｇ	6-72ℓ3～73ℓ4				〃	
〃		〃	5月10日	雑物申請解案	6-73ℓ5～ℓ11				〃	
続修後集30第28紙		〃	6月11日	布施申請解案Ｈ	6-79ℓ7～80ℓ12				〃	

布施申請解案Ｄ

所属	当該文書					紙背				
		年	月日	文書名	『大日本古文書』		年	月日	文書名	『大日本古文書』
続修後集30第27紙裏	○	宝亀2	3月29日	布施申請解案Ｄ	6-130ℓ8～132ℓ4	◎	宝亀2	6月9日	雑物請帳	6-77ℓ12～79ℓ6
続修後集30第26紙裏	○	〃	〃	〃	6-132ℓ5～133ℓ5	◎	〃	5月26日	雑物請帳	6-77ℓ1～ℓ11

布施申請解案Ｅ

所属	当該文書					紙背				
		年	月日	文書名	『大日本古文書』		年	月日	文書名	『大日本古文書』
続々修25帙4第3紙裏	○	宝亀2	3月29日	布施申請解案Ｅ	18-257ℓ2～ℓ12	◎	宝亀2	5月21日	奉写経所解	18-395ℓ10～396ℓ6
続々修25帙4第2紙裏	○	〃	〃	〃	18-257ℓ13～258ℓ7	◎	〃	〃	〃	18-394ℓ9～395ℓ9

布施申請解案Ｉと年代不明断簡（18-585～586・18-591）

所属	当該文書					紙背				
		年	月日	文書名	『大日本古文書』		年	月日	文書名	『大日本古文書』
続々修39帙2第53紙裏		？	？	布施申請解案	18-585ℓ2～586ℓ10		宝亀2	6／17～20	食口案	17-455ℓ12～457ℓ5
続々修39帙2第52紙裏		宝亀2	6月11日ごろ	布施申請解案Ｉ	18-581ℓ12～582ℓ11		〃	6／15～16	〃	17-455ℓ2～ℓ11
続々修39帙2第51紙裏		？	？	布施申請解案	18-591ℓ4～9		〃	6／14～14	〃	17-454ℓ10～455ℓ1

布施申請解案J

所属		当該文書 年	月日	文書名	『大日本古文書』		紙背 年	月日	文書名	『大日本古文書』
続々修34帙10第12紙裏	○	宝亀2	6月12日	布施申請解案J	18-571ℓ4~572ℓ7	◎	宝亀2	7/13~10/3	墨紙筆用帳	18-456ℓ2~458ℓ1

布施申請解案KNO

所属		当該文書 年	月日	文書名	『大日本古文書』		紙背 年	月日	文書名	『大日本古文書』
続々修3帙8第10紙		宝亀2	9月10日	布施申請解案K	18-577ℓ3~578ℓ4				空	
続々修3帙8第11紙		〃	10月3日	布施申請解案N	18-578ℓ5~ℓ12				〃	
続々修3帙8第13紙		〃	11月15日以降	布施申請解案O	18-580ℓ1~ℓ12				〃	

布施申請解案MLと年代不明断簡（22-208~210）

所属		当該文書 年	月日	文書名	『大日本古文書』		紙背 年	月日	文書名	『大日本古文書』
続々修39帙3第27紙裏	○	宝亀2	9月10日	布施申請解案M	18-584ℓ4~ℓ11 15-70ℓ10~71ℓ5	◎	宝亀2	10/27~28	食口案	19-97ℓ3~ℓ10
〃 続々修39帙3第26紙裏	○	〃	〃	布施申請解案L	18-583ℓ2~ℓ12 15-69ℓ12~70ℓ7	◎	宝亀2	10/23~26	〃	19-96ℓ1~97ℓ2
〃 続々修39帙3第15紙裏	○	?	?	布施申請解案	22-208ℓ9~210ℓ7	◎	宝亀2	9/23~29	〃	19-88ℓ1~89ℓ11

布施申請解案P

所属		当該文書 年	月日	文書名	『大日本古文書』		紙背 年	月日	文書名	『大日本古文書』
続々修40帙2第6紙裏	○	宝亀3	6月ごろ	布施申請解案P	15-95ℓ8~96ℓ8	◎	宝亀5	2/13~21	食口案	22-294ℓ13~296ℓ11
続々修40帙2第5紙裏	○	〃	〃	〃	15-96ℓ9~97ℓ1	◎	宝亀5	2/10~12	〃	22-294ℓ4~ℓ12

布施申請解案RQ

所属		当該文書 年	月日	文書名	『大日本古文書』		紙背 年	月日	文書名	『大日本古文書』
続修後集29第1紙		宝亀4	6月25日	布施申請解R	6-523ℓ11~525ℓ7				空	
続修後集29第2紙		〃	〃	〃	6-525ℓ8~527ℓ5				〃	
続修後集29第3紙		〃	〃	〃	6-525ℓ6~529ℓ4				〃	
続修後集29第4紙		〃	〃	〃	6-529ℓ5~531ℓ2				〃	

所属		当該文書 年	月日	文書名	『大日本古文書』		紙背 年	月日	文書名	『大日本古文書』
続修後集29第5紙		〃	〃	〃	6-531 ℓ3～533 ℓ1				〃	
続修後集29第6紙		〃	〃	〃	6-533 ℓ2～534 ℓ8				〃	
続修後集29第7紙		〃	〃	〃	6-534 ℓ9～535 ℓ9				〃	
続修後集29第8紙		宝亀4	3月28日	布施申請解案Q	6-486 ℓ10～488 ℓ9				〃	
続修後集29第9紙		〃	〃	〃	6-488 ℓ10～490 ℓ10				〃	
続修後集29第10紙		〃	〃	〃	6-490 ℓ11～492 ℓ11				〃	
続修後集29第11紙		〃	〃	〃	6-492 ℓ12～495 ℓ1				〃	
続修後集29第12紙		〃	〃	〃	6-495 ℓ2～497 ℓ1				〃	
続修後集29第13紙		〃	〃	〃	6-497 ℓ2～ℓ13				〃	

布施申請解案S

所属		当該文書 年	月日	文書名	『大日本古文書』		紙背 年	月日	文書名	『大日本古文書』
続々修3帙3第1紙	◎	宝亀4	9月10日	布施申請解案S	22-195 ℓ4～196 ℓ8	○	天平勝宝3	10月11日	左大臣家牒	12-164 ℓ8～165 ℓ2
続々修3帙3第2紙	◎	〃	〃	〃	22-196 ℓ9～197 ℓ13	○	〃	10月8日	東大寺牒	12-163 ℓ11～164 ℓ5
正集7第2紙裏	◎	〃	〃	〃	22-198 ℓ2～200 ℓ1	○	〃	9月18日	東大寺牒	3-526 ℓ3～ℓ13
続々修3帙3第3紙	◎	〃	〃	〃	22-200 ℓ3～ℓ12	○	〃	9月2日	東大寺牒	12-42 ℓ3～ℓ8
続々修3帙3第4紙	◎	〃	〃	〃	22-200 ℓ13～201 ℓ13	○	〃	9月1日	法華寺尼宝浄啓	12-41 ℓ6～ℓ11
続々修3帙3第5紙	◎	〃	〃	〃	22-202 ℓ1～ℓ12	○	〃	8月28日	僧善福法華経本幷帙検納注文	12-41 ℓ1～ℓ3
続修別集7第8紙裏	◎	〃	〃	〃	22-203 ℓ2～205 ℓ3	○	〃	8月14日	具舎衆牒	3-522 ℓ9～523 ℓ11
続修別集10第1紙裏	◎	〃	〃	〃	未収	○	〃	8月13日	薬師寺三綱牒	3-522 ℓ1～ℓ6
続修45第6紙裏	◎	〃	〃	〃	22-205 ℓ5～206 ℓ9	○	〃	8月16日	僧厳智状	3-524 ℓ3～ℓ8

布施申請解案T

所属		当該文書 年	月日	文書名	『大日本古文書』		紙背 年	月日	文書名	『大日本古文書』
続修別集11第6紙		宝亀4	10月29日	布施申請解案T	6-544 ℓ3～545 ℓ8				空	
続修別集11第7紙		〃	〃	〃	6-545 ℓ9～547 ℓ10				〃	
続修別集11第8紙		〃	〃	〃	6-547 ℓ11～549 ℓ11				〃	
続修別集11第9紙		〃	〃	〃	6-549 ℓ12～551 ℓ12				〃	
続修別集11第10紙		〃	〃	〃	6-551 ℓ13～553 ℓ13				〃	
続修別集11第11紙		〃	〃	〃	6-554 ℓ1～555 ℓ4				〃	
続修別集11第12紙		〃	〃	〃	6-555 ℓ5～556 ℓ5				〃	

布施申請解案U

当該文書						紙背				
所属		年	月日	文書名	『大日本古文書』		年	月日	文書名	『大日本古文書』
続修別集11第1紙		宝亀4	12月25日	布施申請解案U	6-557ℓ3~558ℓ13				空	
続修別集11第2紙		〃	〃	〃	6-559ℓ1~561ℓ1				〃	
続修別集11第3紙		〃	〃	〃	6-561ℓ2~563ℓ2				〃	
続修別集11第4紙		〃	〃	〃	6-563ℓ3~565ℓ3				〃	
続修別集11第5紙		〃	〃	〃	6-565ℓ4~566ℓ11				〃	

布施申請解案V

当該文書						紙背				
所属		年	月日	文書名	『大日本古文書』		年	月日	文書名	『大日本古文書』
続々修40帙3第58紙裏	○	宝亀5	9月5日	布施申請解案V	23-1ℓ5~2ℓ10	◎	宝亀6	7/9~14	食口案	23-232ℓ9~233ℓ13

布施申請解案W

当該文書						紙背				
所属		年	月日	文書名	『大日本古文書』		年	月日	文書名	『大日本古文書』
続々修40帙4第88紙裏	○	宝亀6	2月29日	布施申請解案W	15-93ℓ11~95ℓ5	◎	宝亀7	4/5~11	食口案	23-296ℓ5~297ℓ9

布施申請解案X

当該文書						紙背				
所属		年	月日	文書名	『大日本古文書』		年	月日	文書名	『大日本古文書』
続々修40帙3第23紙裏	○	宝亀6	2月29日	布施申請解案X	22-206ℓ13~208ℓ6	◎	宝亀6	3/14~20	食口案	23-203ℓ8~205ℓ5

年代不明断簡（18-589）

当該文書						紙背				
所属		年	月日	文書名	『大日本古文書』		年	月日	文書名	『大日本古文書』
続々修39帙4第9紙裏	○	宝亀3	4月6日以前	布施申請解案	18-589ℓ7~591ℓ1	◎	宝亀3	4/7~13	食口案	19-173ℓ3~175ℓ2

第一次文書には○、第二次文書には◎を付した。

食口案については、西洋子「食口案の復原（1）（2）―正倉院文書断簡配列復原研究資料Ⅰ―」（『正倉院文書研究』四・五、一九九六・一九九七年）を参照した。

V宝亀五年六月二十九日～八月二十九日（二十三ノ一～二、続々修四十帙三第58紙裏）
W宝亀五年十二月二十五日～六年二月二十九日（十五ノ九三～九五、続々修四十帙四第88紙裏）
X宝亀五年十二月二十五日～六年二月二十九日（二十二ノ二〇六～二〇八、続々修四十帙三第23紙裏）

布施申請解案は、事書きは「奉写一切経所解　申請経師等布施物事」からはじまる。内容は、「集計部と歴名部」からなるが、歴名部がなく集計部だけのものもある。ＩＭＰは後欠のため判別できないが、ＡＢＣＦＧＨＪＫＬＮＯＶＷは集計部のみのタイプで、(6)ＤＥＱＲＳＴＵＸは「集計部＋歴名部」のタイプである。集計部のみの布施申請解案は、「集計部＋歴名部」のタイプの省略形ともいえる。「集計部＋歴名部」の布施申請解は、書写した経典の巻数と布施の支給対象となる用紙数（広注・麁注・麁・校紙・装潢紙の張数）、布施合計額とその内訳（広注料・麁注料・麁料・校紙料・装潢紙料）と続き、この後に経師の人数と個々の経師の書写巻数、用紙数、布施の額を記し、校生・装潢も同様に、作業量と布施の額を記す。そして最後に「自△月△日迄△月△日」と作業期間を記し、「奉写経経師等布施物、且所請如件、以解」と結ぶ。集計部のみの布施申請解案は、個々の経師などの書写巻数、用紙数、布施の額が省略されている。

布施申請解案に作業期間が記されているものは、ＡＢＣＥＦＧＨＪＫＱＲＳＴＵＶである。そして作業期間が推定できるものがＩＬＭＮＯＰＷＸとＤである。Ｉは前欠であるが、用紙数や調布の額などの数値がＨと一致するので、宝亀二年四月三十日～六月十一日の内容のものであることがわかる。Ｌは、後欠であるが、本文に「自六月十二日、迄于今月六日」とあり、用紙の数や調布の額がＫと一致するので、宝亀二年六月十二日～九月六日の内容のものであある。Ｍも後欠であるが、用紙の数や調布の額などがＫと一致するので、これも宝亀二年六月十二日～九月六日の内容のものである。ところでＫＬＭは、他の布施申請解案とは異なり、装潢紙・校紙の記載がない。これに対して宝亀二年十月三日の日付をもつNは、装潢紙・校紙のみを記載しているので、宝亀二年六月十二日～十月ごろの作業内容を記したものと思われる。

布施申請解案Oは、すでに栄原永遠男氏が指摘しているように「奉写一切経所請物案帳」（十八ノ五七一～五八〇）の最後に位置し、校紙・装潢紙の数値がNと一致する。したがって宝亀二年六月十二日～十月ごろの内容である。Pは山田英雄氏が指摘するように[7]、宝亀三年七月十一日告朔解案（六月告朔、六ノ三六八～三七四）と、「広注」「麁注」「麁」「枚替」「校紙」の作業量と調布の額が一致する。この告朔解案は、宝亀三年六月一日から三十日の支出を記すので、この間に布施が支給されたことになる。つまり作業期間はこれ以前になるが、宝亀三年七月十一日告朔解案の直前の宝亀三年五月二十九日告朔解案（五月告朔、六ノ三二四～三二九）には、布施の支給が記載されていない。そしてその前の宝亀三年五月十五日告朔解案（四月告朔、六ノ三一七～三二三）により四月六日に調布を請け、布施が支給されていたことがわかる。つまり作業期間は宝亀三年四月ごろ～六月ごろと考えられる。さて山田英雄氏や栄原永遠男氏が指摘したように、WとXは数値が一致する。そして栄原永遠男氏が述べるように、Wには「自去年十二月廿五日、迄今年二月廿九日」や「今更一部」とあるので、WとXは、今更一部の写経事業が行われた宝亀五年十二月二十五日～六年二月二十九日のものである。

布施申請解案Dは「合奉写経六百七十九巻」「用紙一万二千六百七十九張」「応請調布一百五十六端三尺六寸八分」が、Cと一致する。したがって宝亀元年十二月二十六日～二年三月二十五日のもので、Eと同時期である。次に『大日本古文書』DEの史料を掲げておく。

〔史料1〕布施申請解案D

奉写一切経所解　申二請経師并装潢等布施物一事

合奉写経六百七十九巻
　用紙一万二千六百七十九張
応レ請二布施調布一百五十六端三尺六寸八分一
　経師四十人
合 三嶋子公　三十巻五百八十五張　布五端三丈五尺七寸
合 鬼室石次　十四巻二百四十二張 麁百五張注百三十八張　布三端八寸 八寸白万呂
合 安宿戸広成　二十四巻五百八十八張 麁二百九十二張注二百九十六張　布七端六尺二寸四分
*「十五」合 漢部沙弥万呂　九巻二百十三張　布二端五尺四寸六分 官一人
*「十五」合 大羅嶋守　八巻一百六十九張　布一端二丈八尺九寸八分 判官
合 坂上清道　二十巻五百八張 麁二百五十九張注二百四十九張　布六端一丈八分
合◎ 坂本東人　注十巻三百六十四張　布五端九尺八寸 以一張充布六寸
*「四」合◎ 丸部豊成　十九巻三百十二張　布三端五尺四分
合 田中倉人　十巻三百六十九張　布三端二丈八尺九寸八分
合◎ 他田嶋万呂　八巻一百七十九張　布一端三丈三尺一寸八分
合◎ 葛木豊足　十巻二百十張　布二端四尺二寸
合 倉橋部赤人　十五巻二百二十一張　布二端八尺八寸八分
合 別公家足　七巻七十張　布二〈九〉丈二尺四寸

合念林宅成　四十巻四百九張 麁百六十張注二百四十九張　布五端一丈八尺三寸

合答他虫万呂　三十七巻四百三十八張　布四端一丈五尺九寸六分

合◎赤染廣庭　二十巻四百七十張　布四端二丈九尺四寸

合◎中臣鷹取　十巻百九十七張　布一端四丈七寸四分

合◎安宇石勝　十巻三百十二張　布三端五尺四寸二分

合◎秦廣人　五十五巻七百三十一張　布七端一丈八尺四寸二分

*「十五」
合小長谷嶋主　二十巻四百三張 麁二百十九張注百八十四張　布四端三丈三尺三寸八分

合◎岡大津　十六巻三百五十一張　布三端二丈一尺四寸二分

合大坂廣川　十巻注三百二十張　布四端三丈

合◎高橋息嶋　十九巻四百十九張 麁二百八十八張注百三十一張　布四端三丈一尺五寸六分

*「十五」
合錦部人成　十巻一百二十六張　布一端二丈六尺四寸六分

合◎物部白万呂　三十七巻七百三十六張 廣注六十九張麁六百六十七張　布七端三丈五寸四分

合◎物部常石　十六巻三百三十五張　布三端二丈一尺

合壬生年足　十八巻三百六十四張 麁百二十七張注二百三十七張　布四端二丈七尺五寸四分

合◎敢小足　四十一巻八百二十四張　布八端一丈八分

合若倭部益国　十七巻二百三十八張 麁四十七張廣注百九十一張　布三端一（三）丈七尺三十寸九分

合徳足人　十巻□一百九十四張　布一端□丈□尺□寸□分

〔史料2〕布施申請解案E

□　□（百九十四張カ）□□□□□廣注五十二張　麁百四十二張　布二端九尺四寸四分
「合」秦度守　十五巻一百二十九張　布一端一丈二尺一寸八分
「合」秦吉万呂　十巻一百五十五張　布一端二丈三尺一寸
「合」占部忍男　十二巻二百四十二張　布二端一丈七尺六寸四分
「合」民豊川　十巻二百九十七張　布二端四丈七寸四分
「合」不破真助　九巻一百六十張　布一端二丈五尺二寸
「合」中室浄人　六巻一百五十張　布一端二丈一尺
「合」丸部大人　十巻二百七張　布二端二尺九寸四分
「合」香山久須万呂　十九巻百二十二張　布一端九尺二寸四分
「合」衣羅浄川　九巻五十四張　布二丈二尺六寸八分
「合」丈部新成　九巻二百十八張　布二端七尺五寸六分
装潢四人三
矢木宮主　作紙五千張　布五端
上毛野真依　作紙五千張　布五端
氏部小勝　作紙七千張　布七端
以前、自二去年十二月二十六日一、迄二三月二十五日一、奉写経師等布施物、且所レ請如レ件、以解、
宝亀二年三月二十九日味酒廣成

案主上「馬養」

このようにDが後欠でEが前欠であるが、Dの最終行と、Eの第一行は重なると思われる。Dの左端は、『正倉院文書目録』には、次のようにある。

「合」（別筆）　徳足人　十巻〔一百九十四張〕　布二端□〔七〕尺四寸四分（半存）マデ、

Eの第一行は、経師名・巻数が判読不明だが、『大日本古文書』によれば「一九四張」「広注五十二張」「麁百四十二」と「布二端九尺四寸四分」が読みとれる。またDの五行目には「経師四十人」とあるが、Eの経師と合計すると、ちょうど四〇人となる。Dの歴名部に記載される巻数を合計すると五七〇巻になるが、Eの分の一〇九巻と合計すると、Dの二行目の「合奉写経六百七十九巻」と一致する。(8) したがって布施申請解案DとEは内容的に接続しているものと考える。(9)

次に年代不明断簡の考察を行いたい。布施申請解案の歴名部と思われるものが、数点存在するが、このうち『大日本古文書』（十八ノ五八九）、続々修三十九帙四第九紙裏に収められる断簡は、年代の推定が可能である。

〔史料3〕年代不明断簡（十八ノ五八九）

布五端
鬼室石次　八巻　用紙一百六十張
布二端
陽胡穂足　十巻　用紙一百六十張

布二端
山部針間麻呂　十三巻　用紙二百四十張
布三端
石川宮衣　十八巻　用紙四百張
布五端
若和部益国六巻枚替経一百六十巻用紙一百六十張　用紙一百九十五張鹿注
布五端
壬生廣主　十一巻　用紙二百四十張
布三端
秦吉麻呂　十巻　用紙三百二十五張
布五端
金月足　十巻　用紙一百六十張
布二端
三嶋子公　十一巻　用紙二百四十張
布三端
船木麻呂　十五巻　用紙二百四十張

この断簡の裏は、宝亀三年四月七日から十三日の食口案帳に利用されているので、同三年四月六日以前のものである。また布一端あたり麁八〇枚で算出されている。布施申請解案A～Iまでは、布一端あたり麁一〇〇枚、J～Xは麁八〇枚であり、IとJは同時期（宝亀二年四月三十日～六月十一日）であるものの支給基準が異なっている。したがってJ以降、すなわち同二年四月三十日以降のものである。以上のことから、宝亀二年四月三十日から宝亀三年四月七日の間のものと考えられる。そして当断簡の一〇行目には若和部益国のところに、「六巻」「枚替経一百六十巻用紙一百六十張」「用紙一百九十五張麁注」「布五端」と記載され、布一端＝麁注六五枚で計算すると、「布五端」の内訳は、麁注三端、枚替二端となる。さて告朔解案の一部は、写紙数を記載しており、宝亀二年四月三十日から三年四月六日の間には、連続して宝亀二年五月二十九日告朔解案（同二年閏三月一日～五月二十九日、六ノ一七三～一九八）・宝亀二年十二月二十九日告朔解案（同二年六月一日～十二月二十九日、六ノ二二三～二四七）・宝亀三年三月三十日告朔解案（同三年正月一日～三月三十日、六ノ二九一～三〇七）・宝亀三年五月十五日告朔解案（同三年四月一日～四月二十九日、六ノ三一七～三二三）がある。このうち「枚替」について記述があるのは、宝亀三年五月十五日告朔解案の「二端枚替紙一百六十張料」のみであり、断簡（十八ノ五八九～五九一）の「若和部益国」の枚替の紙数と調布の額が一致する。この告朔解案は、宝亀三年四月一日から二十九日までの支出を記し、布施のための調布を四月六日に請けていることがわかる。そして直前の同三年三月三十日告朔解案は、同三年正月五日に装潢紙の布施のための調布を請けていることが記されるのみであり、これ以降は四月六日まで請けていない。栄原永遠男氏が指摘するように、始二部は宝亀二年十月から準備されていたものの、経師による書写が実際にはじまるのは三年二月十五日からであった。したがって、当断簡は宝亀三年二月十五日から四月六日以前の間の作業を記したものであろう(10)。

これまでの考察をまとめると、布施申請解案に記載される作業期間は、図1のようになる。この図は布施申請解案の右に告朔解案、さらにその右に上帙帳の対象期間を示し（上帙帳の点は手実の日付を示している）、それぞれの重複期間をあきらかにした。布施申請解案は、神護景雲四年八月から宝亀二年八月までは連続して残存するが、同二年九

図1　布施申請解案の残存状況

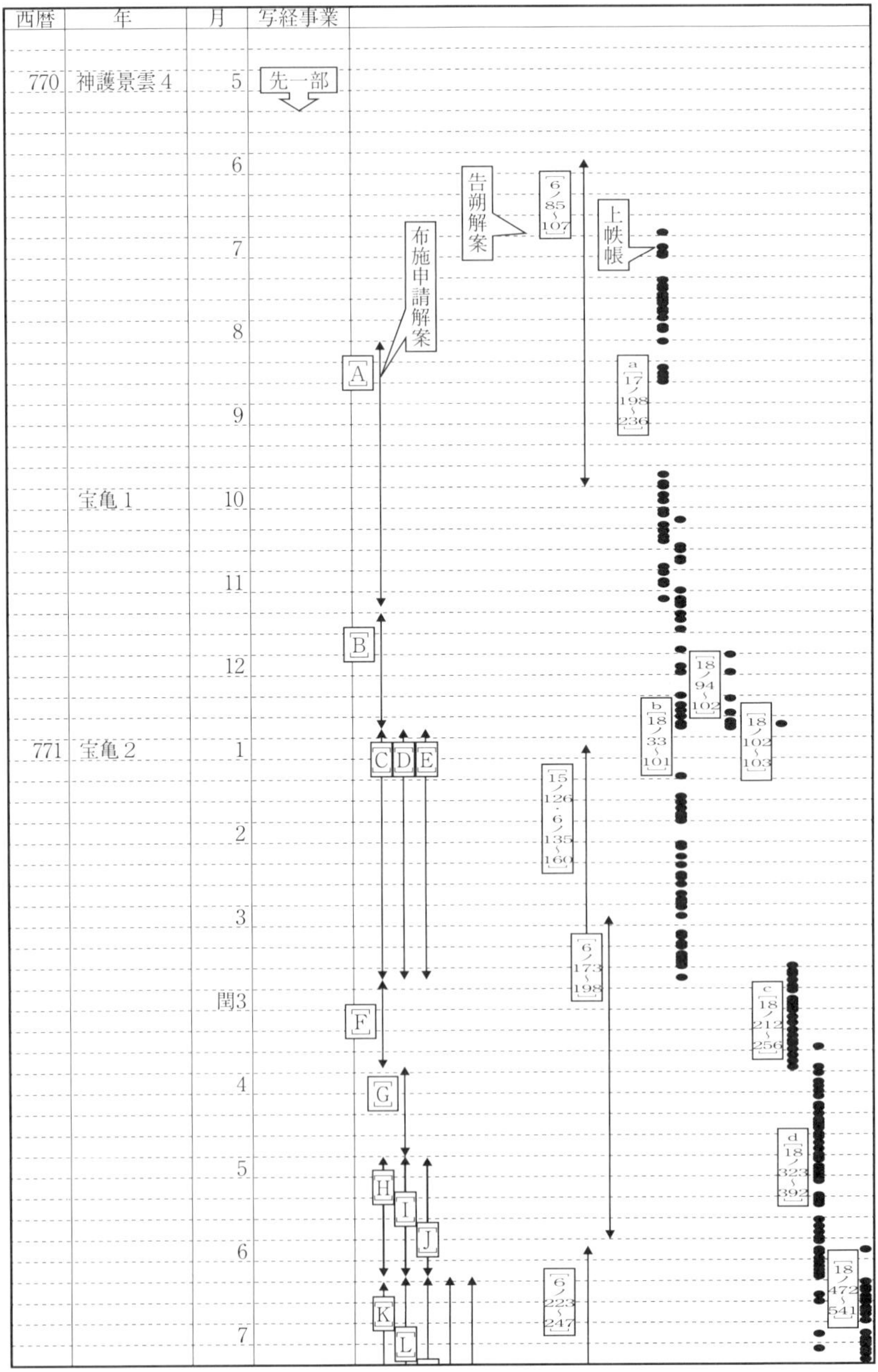

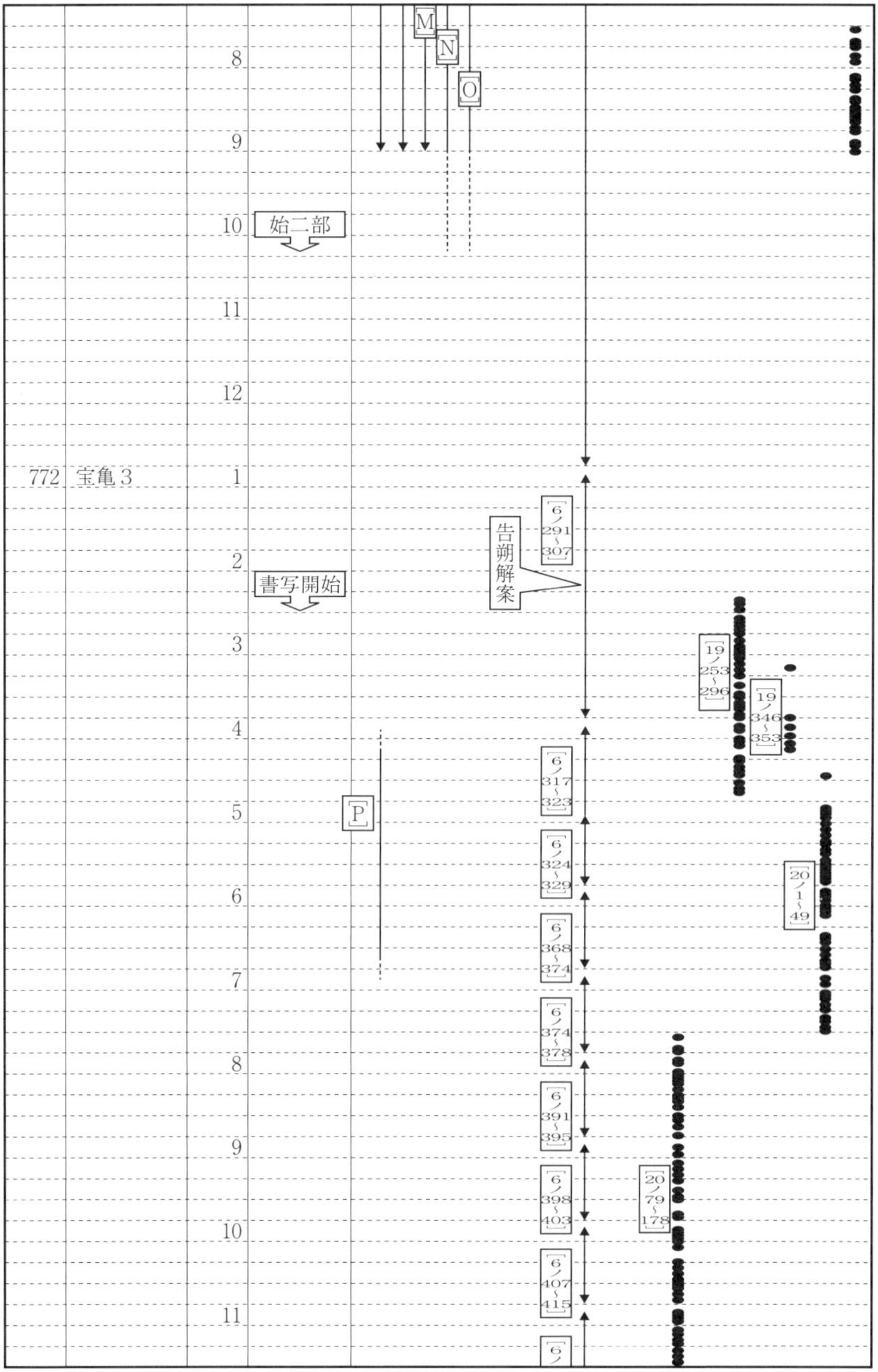

M
N
O
8
9
10
始二部
11
12
772
宝亀3
1
〔6ノ291〜307〕
告朔解案
2
書写開始
3
〔19ノ253〜296〕
〔19ノ346〜353〕
4
〔6ノ317〜323〕
5
P
〔6ノ324〜329〕
〔20ノ1〜49〕
6
〔6ノ368〜374〕
7
〔6ノ374〜378〕
8
〔6ノ391〜395〕
9
〔6ノ398〜403〕
〔20ノ79〜178〕
10
〔6ノ407〜415〕
11
〔6ノ

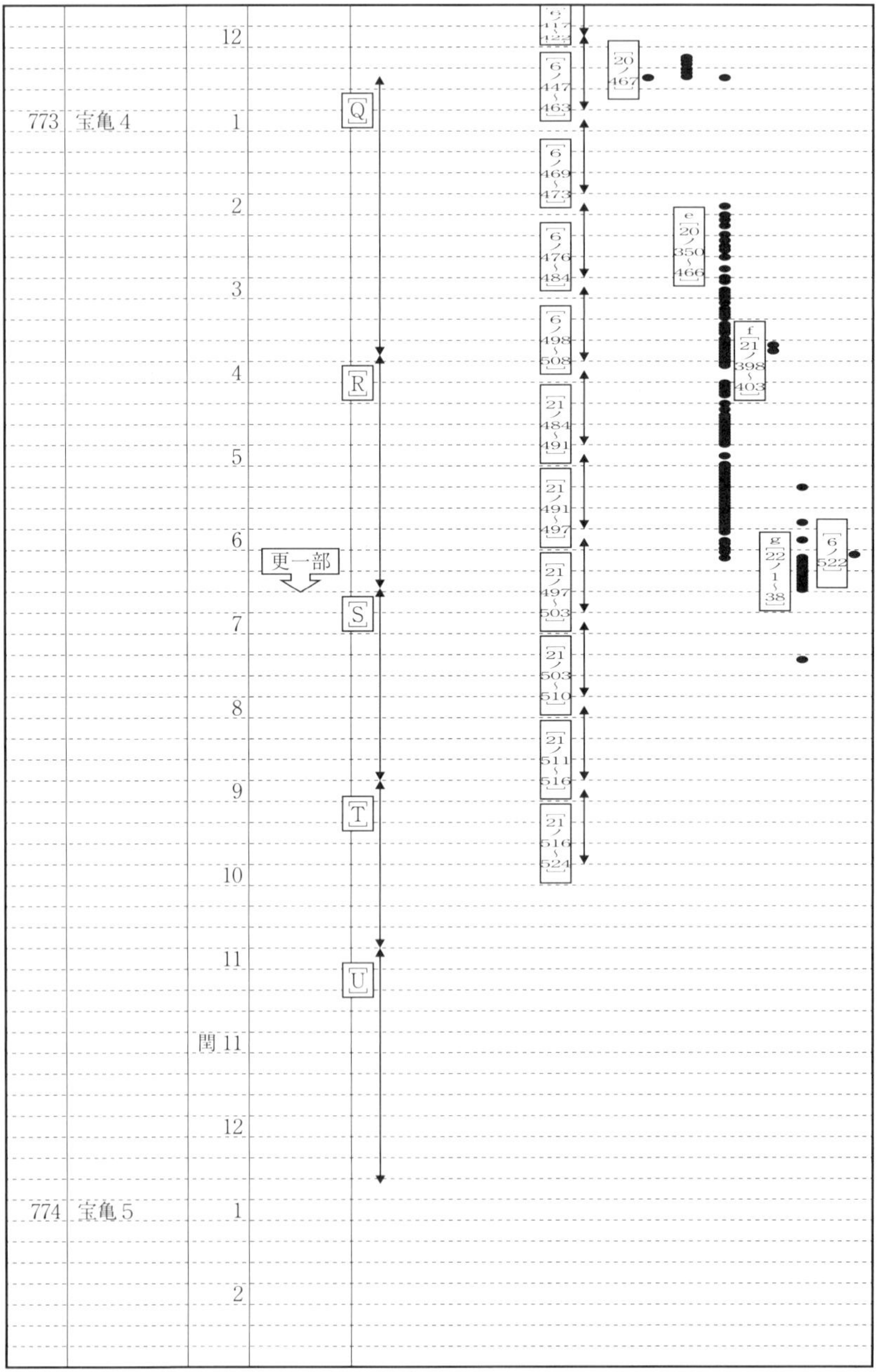

12
773　宝亀4　1
2
3
4
5
6
7
8
9
10
11
閏11
12
774　宝亀5　1
2
更一部
Q
R
S
T
U
6ノ417～422
6ノ447～463
6ノ469～473
6ノ476～484
6ノ498～508
21ノ484～491
21ノ491～497
21ノ497～503
21ノ503～510
21ノ511～516
21ノ516～524
20ノ467
e 20ノ350～466
f 21ノ398～403
g 22ノ1～38
6ノ522

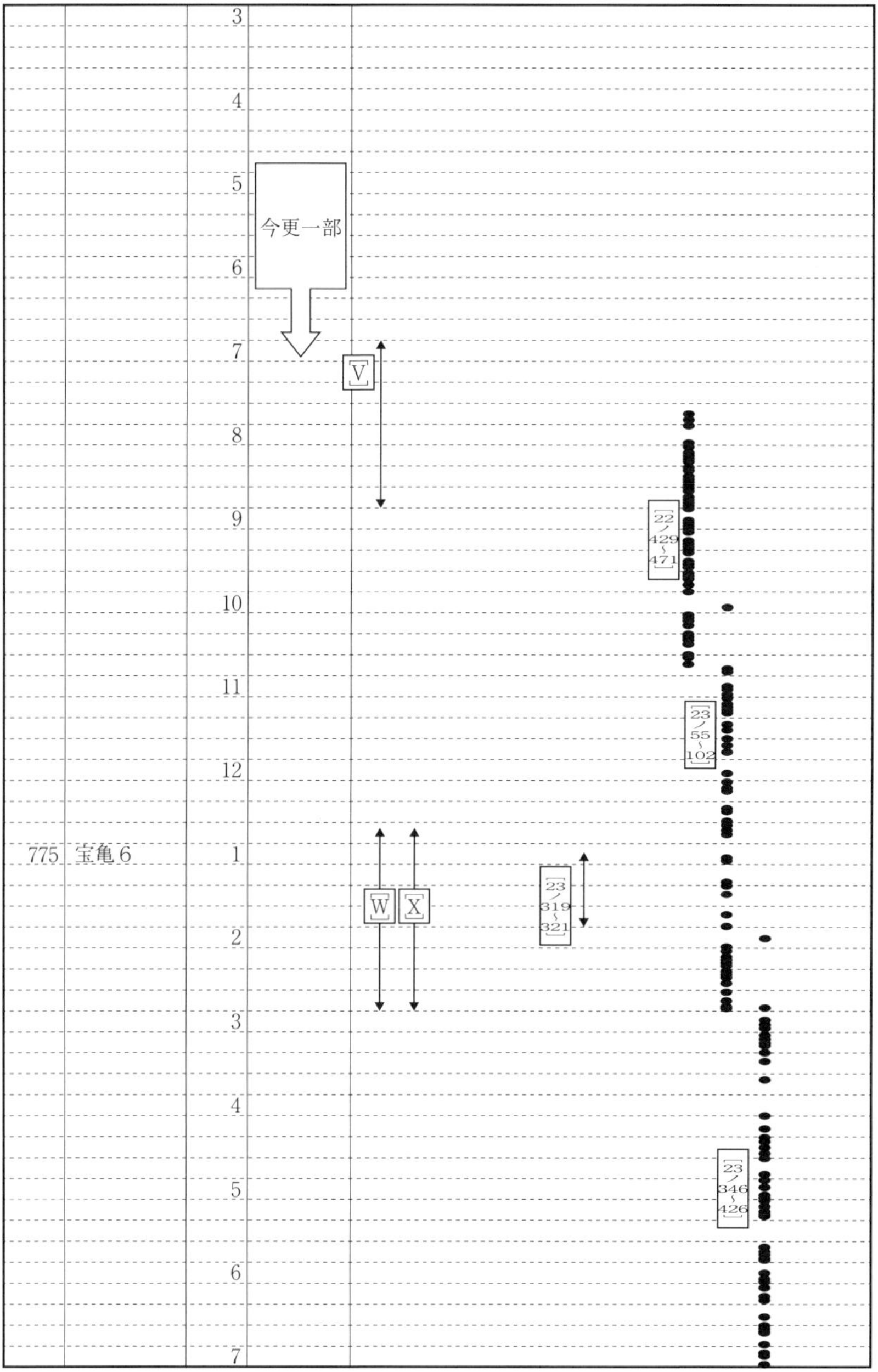
3
4
5
今更一部
6
7
V
8
9
22ノ429～471
10
11
23ノ55～102
12
775　宝亀6
1
W
X
23ノ319～321
2
3
4
23ノ346～426
5
6
7

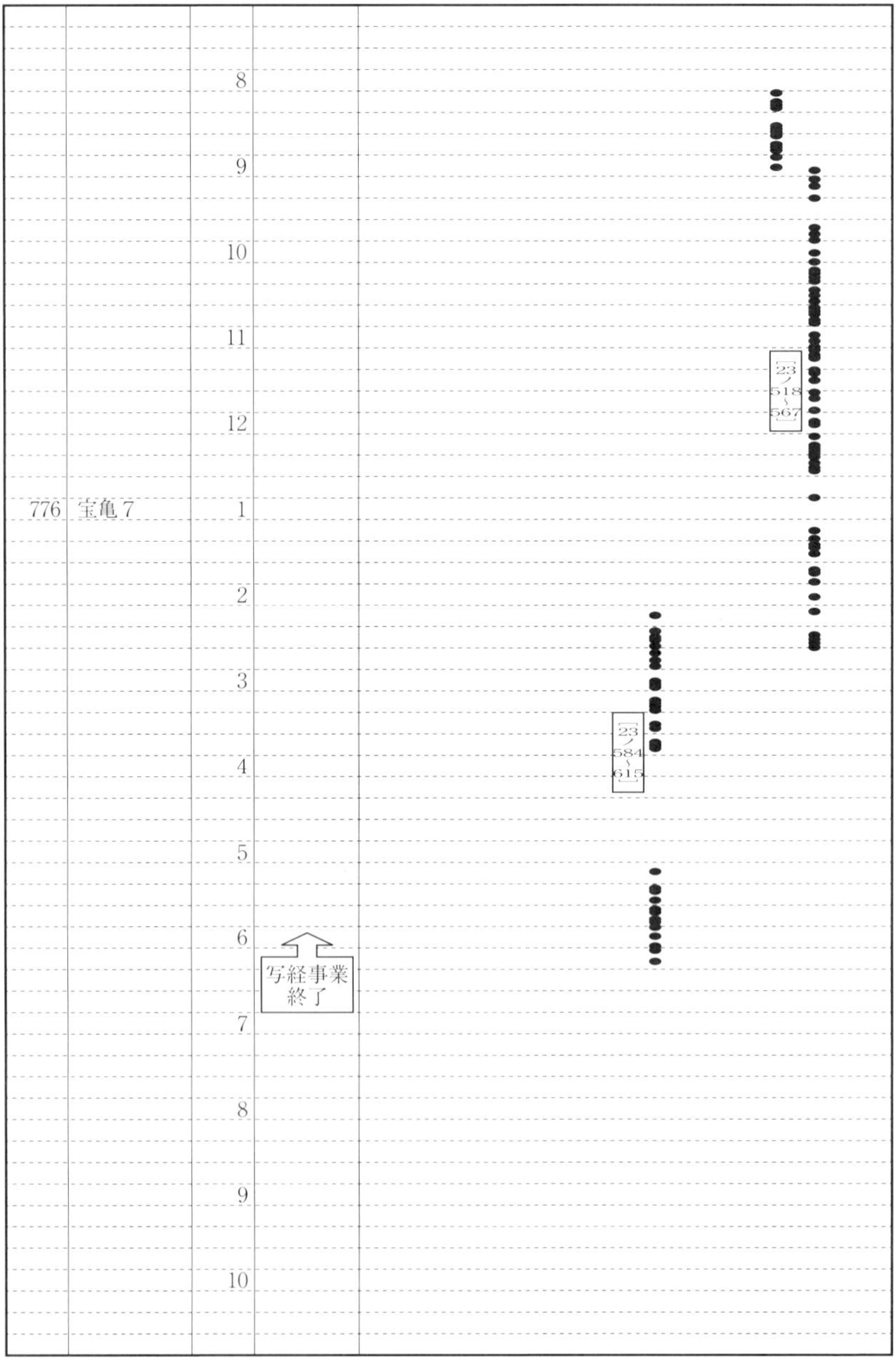
8
9
10
11
12
776 宝亀7 1
2
3
4
5
6
7
8
9
10
写経事業終了
〔23ノ518～567〕
〔23ノ584～615〕

月から三年四月ごろまでは欠となり、同三年四月ごろから六月ごろの布施申請解案Pの後は、同三年十二月までが欠である。そして同三年十二月から四年十二月まで連続して残存するが、同五年一月から六月までは欠であり、同五年六月二十九日～八月二十九日の布施申請解案Vの後は、同五年九月から十二月までが欠である。その後は同五年十二月二十五日から六年二月二十九日までは、W・Xが残存しているが、それ以降は欠となる。

二　布施申請解案の考察

ここではいくつかの布施申請解案をとりあげて、内容をみていきたい。

まず布施申請解案Sについて。Sは、『大日本古文書』（二十二ノ一九五～二〇六）では、続々修三帙三第一・二紙、正集七第二紙裏、続々修三帙三第三～五紙、続修別集七第八紙裏、続修四十五第六紙裏の順に並べられている。しかし『正倉院文書目録』によって続修別集七第八紙裏と続修四十五第六紙裏の間に『大日本古文書』未収の断簡「続修別集十第一紙裏」が挿入されることが指摘されている。その部分の史料を挙げておく。

〔史料4〕布施申請解案S（一部）

（続修別集七第八紙裏）

布三端一丈九尺八分

校生十八人

「上真継」

校紙八千張「加十三」*

（続修別集十第一紙裏）

布五端

下佐美麻呂　校紙一万二千張

布七端二丈一尺

韓国形見　校紙七千二百張

布四端二丈一尺

置始浄成　校紙一万六千張

布十端

紀豊人　校紙九千六百張

布六端

大和水通　校紙一万一千二百張

布七端

小治田宅成　校紙三千二百張

布二端

高向浄成　校紙六千四百張加五百二

布四端

（続修四十五第六紙裏）

布一端二丈一尺

財儀足　校紙五千六百張

布三端二丈一尺「二端加」*

続修別集七第八紙裏の最終行に記載される上真継の布施額は、校紙から算出すると「布五端」となり、続修別集十第一紙裏の第一行目と一致する。しかし続修別集十第一紙裏の最終行は、高向浄成の布施「布四端」であるのに対し、続修四十五第六紙裏の第一行は、「布一端二丈一尺」であり、内容的には接続しない。これについて『正倉院文書目録』続修別集十①裏では左端は「続修四十五⑥裏（二十二ノ二〇五―二〇六）ニ上部接続ス（表裏接続、中下部中間僅欠）」とあり、また「左端ノ「校紙」及ビ「張」ノ文字、続修四十五⑥裏ノ右端ニ附着セル本断簡ノ継目糊代部分ノ紙片ニ微存ス」とあり、続修四十五⑥裏が上部接続することが確認されている。しかし続修別集七第八紙裏には「校生十人」とあり、すでに九人の校生がみえるので、続修別集十①裏と続修四十五⑥裏の間には、一行分が欠けており、校生一人の歴名と校紙数が書かれていたものと思われる。その人物の布施は「布一端二丈一尺」であることから、校紙数は二四〇〇張であることが判明し、他の九人分の校紙と合計すると集計部分の校紙八万一六〇〇張と一致する。

　次に布施申請解案HIJについて。これらは、宝亀二年四月三十日から宝亀二年六月十一日のもので、Iは後欠なので判別できないが、他は集計部のみである。Hは雑物請帳に連なり、IとJは単独文書である。HとIの布施支給基準は同じで、布一端は、広注六五張、麁一〇〇張、装潢一〇〇〇張、校紙三〇〇〇張となる。Iは、Hの数値に麁一六〇張を追加した数値に訂正している。[11] しかし調布の内訳の部分では、麁が修正前の張数であり、修正された布施額も修正後の麁数と計算があわない。[12] そしてJは、HやIと布施支給基準が異なり、布一端がそれぞれ広注五〇張、麁八〇張、装潢紙八〇〇張、校紙二五〇〇張となっている。[13] またHは六月十一日、Jは六月十二日付けになっている。

　これらの布施申請解のうち、正式に採用されたのはどの数値であろうか。参考になるのは告朔解案であり、その一部には、「調布△△端△丈△尺　△月△日請」と書かれた後に、調布の支出の内訳が記載されている。一例として〔史料5〕を掲げる。

〔史料5〕宝亀二年十二月二十九日告朔解案（六ノ二三三～二四七）

奉写一切経所解　申請雑物等事

合新銭二十九貫四百三十三文

六貫四百三十三文去季残

二十三貫當季請

（略）

調布五百八十八端三丈五尺三寸

一百七十二端三丈三尺六月二十二日請

三百六端三丈四尺二寸九月二十六日請

一百九端一丈一尺十一月十九日請

用尽

四百二十四端三丈四尺二寸写紙三万四千三十二張料

三十九端二丈三尺一寸広注二千一百七十五張料以二一端一充二五十五張一

四端二丈九尺八寸麁注三百四張料以二一端一充二六十五張一

三百八十端二丈三尺三寸麁紙三万一千五百五十四張料

九千九百九十張以二一端一充二写紙九十張一

二万一千五百六十四張以二一端一充二写紙八十張一

二十四端装潢紙二万四千張料以二一端一充二作紙一千張一

一百十三端一丈六尺一寸校紙二十五万二百八張料

一十万一千四百端〔以二一端一充二校紙二千六百張一〕

一十四万八千八百八張〔以二一端一充二校紙二千張一〕

二十二端三丈七尺題経四千五百八十五巻料以二一端一充二題経二百巻一

二端三丈五尺更加校経僧七人温帳袜等料

（略）

四丈経堂并曹司手巾四條料條別五尺

（略）

以前、起二去年六月一日一、尽二今月二十九日一、請用雑物并残等及食口、顕注如レ件、以解、

宝亀二年十二月二十九日散位正六位上上村主馬養

別当大判官外従五位下美努連

法師

この傍線部には、「一七二端三丈三尺　六月二十二日請」とあり、六月二十二日に一七二端三丈三尺の調布を請けている。布施以外の調布、二端三丈五尺の校経僧七人温帳袜料と四丈の経堂并曹司手巾四條料を差し引いても一六九端であり、布施申請解ＨＩＪの数値とは一致しない。すなわちはじめＨの用紙数で計算したものの、Ｉで麁を一六〇張追加して計算し、その後、Ｊで布一端あたりの支給基準を変更して、広注五〇張、麁八〇張、装潢紙八〇〇張、校紙二五〇〇張で計算し直した。そしてその後また修正した数値（＝一六九端）が、正式な布施申請解に記載されたと思

われる。

　最後に布施申請解案KLMとNOについて。これらの作業期間は、KLMは宝亀二年六月十二日から九月六日まで、NOは六月十二日から十月ごろまでである。まずKについて。これは雑物請帳に入っており、集計部のみである。経師の布施額のみを記載しており、広注を二六三張増やし、麁を一八三張減らす方向で加筆・修正され、用紙の合計数は、広注と麁の訂正された後の数値で計算されている。またこの修正にあわせて広注・麁の布施額も修正され、布施合計額は「三〇四端一丈二尺五寸六分」から「三〇六端三丈四尺二寸二分」に修正されている(14)。Lは、単独文書で集計部のみであり、経師の布施額のみを記載している。広注と麁の数は、Kで修正された数値である。修正はないが、記載の誤りが多い(15)。Mは単独文書で後欠であり、経師の布施額のみを記載しており、修正はない。広注と麁の数は、Kの修正後の数値であり、布施合計額は、Kの修正後の数値三〇六端三丈四尺二寸二分である(16)。このようにLMは、Kで修正された後の数値を記載しているので、Kが一番古いと思われる。また告朔解案（六ノ二二三～二四七）〔史料5〕の九月二十六日に請けた布施は、三〇六端三丈四尺二寸で、Kの修正後の数値であり、Mの数値と一致する。したがってLとMとではMの方が新しいのではないだろうか。すなわちKで用紙数を修正し、Lで修正後の用紙数で調布額を出すが、さらに修正して、Mの用紙数と布施の額が、正式に採用されたと思われる。

　次に布施申請解案NとOについて。ここではOを史料として挙げておく。

〔史料6〕布施申請解案O

　奉写一切経所解　申請布施物事

　　校紙一十四万八千八百八張

　　装潢紙一万二千□(張)

*「題経四千五百八十五巻」
□□(応賜カ)調布六十九端九尺二寸*「九二四」*「一百九端一丈一尺一寸六分」
□*「丈六尺一寸六分」
□尺□寸校紙一十四万八千八百八張料以一端充二千六百張
□□(十二カ)端装潢紙一万二千張料以一端充一千張
□*「一丈七尺題経四千五百八十五巻料以一端充題経二百巻
□□(以前)、□□(経僧)*「題師」「并装潢等布施物、且所請如□(件)、□□(以解カ)、
□
上馬養

Nは校紙・装潢の布施額を、Oはこれに題経の布施額を足したものを記載している。NとOはともに集計部のみで雑物請帳に連なり、Nの後、三つの解を挟んだ後にOが続く。栄原永遠男氏が指摘するように、Oはその直前（右側）に配列されている文書の示す日付である宝亀二年十一月十五日以降の文書と想定される。校紙・装潢紙の数量はNOともに一致し、布施支給基準も装潢紙は、ともに布一端＝一〇〇〇張であるが、校紙の布施支給基準は、Nが布一端＝二六〇〇張であるのに対し、Oは二六〇〇張から二〇〇〇張へ変更されている。Oは、Nの調布の合計額六九端九尺二寸を修正し、九二端四尺とするが、これは校紙を布一端＝二六〇〇張とした場合の布施五七端九尺八寸二分に、装潢紙の布施一二端と題経の布施二二端三丈八尺八寸五分を足した数値に近い。またOの調布の合計額の下に一〇九

端一丈一尺一寸六分の書き込みがあるが、校紙の布施支給基準を布一端＝二〇〇〇張とした場合の布施の額七四端一丈六尺九寸六分に、装潢紙の布施一二端と題経の布施二二端三丈八尺八寸五分を加算した数値一〇九端一丈三尺八寸一分に近い。そして宝亀二年十二月二十九日告朔解案〔史料5〕には、十一月十九日に調布一〇九端一丈一尺を請けており、端数が切り捨てられている。以上のことから、まず宝亀二年十月三日にNで、題経分なしで布施を計算し、十一月十五日以降にOで題経分を追加するとともに、校紙の支給基準の変更を行って、布施の合計額を算出し、この数値をそのまま請求したと思われる。

三　宝亀年間の布施支給基準の変遷

天平から宝亀にいたるまでの布一端に対する写経量については、すでに山田英雄氏が表を作成されているが、ここではより詳細に検討してみたい。これまで考察した布施申請解案に記載される布一端に対する作業量は表12のようになる（期間が前後するが、告朔解案にみえる作業量も入れた）。宝亀年間の布施の変遷について、少し長いが山田氏の論文を引用する。

［宝亀］元年八月より同二年六月まで、麁紙は一端百張であったが（八［「六」の誤りヵ］55・57・65・68・72・79）、同二年六月十二日の同所解（十八571）では、同年六月十一日（79）と同期間、同一写経の布施でありながら、麁紙八十張一端、広注五十張一端、装潢八百張一端、校紙二千五百張一端とあって、すべての基準が異なっている。両者共に同じ性質の文書である故に、どれを採用するとも決定しかねるが、同二年五月二十一日の奉写経所解（十八394）によると、校経に対する布施が異筆で記され、一端三千枚、即ち十一日の文書［六ノ七九］によっ

ているので、十一日の文書によって支給されたものと思われる。この時以後写紙八十張一端が実現するのであるから、その案が十二日の文書［十八ノ五七一］として試算されたものであろう。宝亀二年十二月二十九日の奉写一切経所解（六227）によると、麁紙に九十張と八十張、校紙に二千六百張と二千張と各二種の計算がみえる。この解文は同年六月一日より十二月二十九日までの写経に関するものである。この期間の文書としては、六月十二日より九月六日の写経に対しては十五70、十八577 583がある。これによると麁紙八十張の分に一致し、又同年十月三日の同所解十八578によれば校紙は二千六百張でその校紙は先の文書の二千六百張分と一致する。以上によると、麁紙九十張、校紙二千張の計算は九月六日乃至十月三日以降の分でなければならない。しかるに同二年九月以降同十二月までの手実が全く存在せず、又その間の同所の食口帳（十九79）をみると、九月十五日よりは毎日の経師は二人以下、校生は一人もみえない。殆ど写経活動は停止していると考えられる。従ってこれより以前の写経と考えられる。そこで六月十一日と十二日の文書で麁紙百張と八十張との両様の計算法があることをのべたことを考え合わせると、この写麁紙九十張、校紙二千六百張は丁度その中間にあたることになる。即ち先の両様の計算法はその中間におちついたものと思われる（傍線部は筆者、［　］は筆者の加筆）。

すなわち山田氏は、一八ノ五七一の文書（J）は、この時以後実現する写紙八〇張一端の試算が宝亀二年六月十二日に行われたとし、告朔解案（六ノ二二三～二四七）のうち麁紙九〇張、校紙二六〇〇張の計算方法は、宝亀二年六月十二日より九月六日のもので、宝亀二年六月十一日の六ノ七九（H）の麁紙八〇張と同月十二日の一八ノ五七一（J）の麁紙一〇〇張の中間にあたり、両様の計算法はその中間におちついたとする。

山田氏も指摘するように、告朔解案（六ノ二二三～二四七）〔史料5〕では、校紙一〇万一四〇〇張が布一端＝校紙二六〇〇張で、一四万八八〇八張が布一端＝校紙二〇〇〇張となっており、布施申請解案O（十八ノ五八〇）が該当

表12　布一端あたりの作業量（1）

至	広注	麁注	麁紙	題経	装潢紙	校　紙	出　典
宝亀1.11.11			100				6-55～56
宝亀1.12.26			100		1000		6-57
宝亀2.3.25	65	70	100		1000		6-65～67
宝亀2.3.25					1000		18-257～268
宝亀2.3.30	65	70	100		1000		6-135～160
宝亀2.閏3.29			100		1000		6-68～69
宝亀2.5.29	65		100		1000		6-173～198
宝亀2.4.30	65		100		1000		6-72～73
宝亀2.6.11	65		100		1000	3000	6-79～80
宝亀2.6.11	65		100		1000	3000	18-581～582
宝亀2.6.11	50		80		800	2500	18-571～572
宝亀2.9.6	55	65→60	80				18-577～578
宝亀2.9.6	55	65	80				15-69～70・18-583
宝亀2.9.6	55						15-70～71・18-584
宝亀2.10ごろ					1000	2600	18-578
宝亀2.10ごろ				200	1000	2600→2000	18-580
宝亀2.12.29	55	65	90・80	200	1000	2600・2000	6-223～247
宝亀3.3.30					1000		6-291～307
宝亀3.4.29	55	65	80		1000	2000	6-317～323
宝亀3.6.30	55	65	80		800	1600	6-368～374
宝亀3.6.ごろ	55	65	80			1600	15-95～97
宝亀4.3.25	55	65	80		800	1600	6-486～497
宝亀4.6.20	55		80		800	1600	6-523～535
宝亀4.8.29	55	65	80		800	1600	22-195～206
宝亀4.10.29	55	65	80		800	1600	6-544～556
宝亀4.12.24	55		80	200	800	1600	6-557～566
宝亀5.8.29	55	65	80	200	800	1600	23-1～2
宝亀6.2.29	55	65	80		800	1600	15-93～95
宝亀6.2.29	55	65	80		800	1600	22-206～208

正されているが、布施の計算は65張でなされている。
頁で示した。

するのは、後者の方である。また麁紙についても、九九九〇張が布一端＝麁紙九〇張、二万一五六四張が布一端＝麁紙八〇張であり、K（十八ノ五七七～五七八）が該当するのも後者である。すなわち告朔解案〔史料5〕に記載され、布施申請解案OKに記載されないものが、校紙一〇万一四〇〇張、麁九九九〇張と、装潢紙二万四〇〇〇張からOの一万二〇〇〇張を引いた装潢紙一万二〇〇〇張と、

	自
布施申請解案A	宝亀1.8.6
布施申請解案B	宝亀1.11.13
布施申請解案C	宝亀1.12.26
布施申請解案E	宝亀1.12.26
告朔解案	宝亀2.1.1
布施申請解案F	宝亀2.3.25
告朔解案	宝亀2.閏3.1
布施申請解案G	宝亀2.閏3.29
布施申請解案H	宝亀2.4.30
布施申請解案I	宝亀2.4.30
布施申請解案J	宝亀2.4.30
布施申請解案K	宝亀2.6.12
布施申請解案L	宝亀2.6.12
布施申請解案M	宝亀2.6.12
布施申請解案N	宝亀2.6.12
布施申請解案O	宝亀2.6.12
告朔解案	宝亀2.6.1
告朔解案	宝亀3.1.1
告朔解案	宝亀3.4.1
告朔解案	宝亀3.6.1
布施申請解案P	宝亀3.4ごろ
布施申請解案Q	宝亀3.12.18
布施申請解案R	宝亀4.3.25
布施申請解案S	宝亀4.6.20
布施申請解案T	宝亀4.8.29
布施申請解案U	宝亀4.10.29
布施申請解案V	宝亀5.6.29
布施申請解案W	宝亀5.12.25
布施申請解案X	宝亀5.12.25

布施申請解案Kは、麁注60張に修
「出典」は、『大日本古文書』の巻・

広注二一七五張からKの一七九〇張を引いた広注三八五張である。そして山田氏の指摘されたごとく、布施申請解案ＯＫに含まれない、九月七日から十二月二十九日までは、写経活動が停止していたのであり、この期間に書写された可能性は低いのである。

しかし告朔解案〔史料5〕の校紙十万一四〇〇張、装潢紙一万二〇〇〇張、広注三八五張、麁九九九〇張の布施額は、それぞれ三九端、一二端、七端、一一一端で合計一六九端であり、これは先に布施申請解案ＨＩＪの検討において、最終的な布施申請解に記載された額と推定したものである。そしてこれに二端三丈五尺の校経僧七人温帳袜料と四丈の経堂幷曹司手巾四條料を加えると、宝亀二年六月二十二日に請けた調布「一七二端三丈三尺」になる。すなわち「校紙一〇万一四〇〇張、装潢紙一万二〇〇〇張、広注三八五張、麁九九九〇張」は、布施申請解案ＨＩＪの期間、つまり同二年四月三十日から六月一日までの作業量なのである。したがって布一端あたり麁紙九〇張、校紙二六〇〇帳とする支給基準も、宝亀二年四月三十日から六月一日までのものである。

以上をまとめると布施支給基準の変遷は、表13のように整理できる。すなわち宝亀元年十二月二十六日では広注六五張、麁注七〇張、麁一〇〇張、装潢紙一〇〇〇張であり、これが同二年四月三十日から広注五五枚、麁九〇張とな

表13　布一端あたりの作業量（2）

	自	広注	麁注	麁紙	題経	装潢紙	校紙	出典
布施申請解案C	宝亀1.12.26	65	70	100		1000		6-65～67
告朔解案	宝亀2.4.30	55		90		1000	2600	6-223～247
布施申請解案K・O	宝亀2.6.12	55	65	80	200	1000	2000	18-577～578・18-580
告朔解案	宝亀3.4～6ごろ	55	65	80		800	1600	6-368～374

り、また校紙二六〇〇張がみえる。そして同二年六月十二日からは麁が八〇張、麁注が六五張となり、また校紙が二六〇〇張から二〇〇〇張へと変化する。その後は同三年四～六月ごろから[17]、装潢紙が八〇〇張、校紙が一六〇〇張に変化する。このように宝亀年間は当初、布一端あたり麁一〇〇張、校紙二六〇〇張、装潢紙一〇〇〇張、題経二〇〇巻であった布施支給基準が徐々に改善され、最終的には布一端あたり麁八〇張、校紙一六〇〇張、装潢紙八〇〇張になるのである。

四　布施申請解案と上帙帳との関係

1　上帙帳について

上帙帳とは、経師が書写した用紙数や経典名などを記して提出した手実を貼り継いだ帳簿である。上帙帳には、布施に関する追記が多くみられ、これをもとに布施申請解案が作成されていたことがわかる。大平聡氏は[18]、天平五年（七三三）から天平勝宝八歳（七五六）まで続けられた五月一日経の手実を分析し[19]、その原記載の内容は、受領経典巻数と既写・未写巻数の内訳、受紙総数とその内訳（用紙・破紙・空紙・返上紙・遺紙）、写了経典各巻の用紙数明細から構成され、追記としては、経師名右肩への墨書「合」字と朱筆合点、用紙紙とそれに対応する布施額、そして日付の次行に記される「勘〇〇」が基本的であるとし、また氏は、経師個々から毎月末に手実が提出されていたが、天平十六年十二月からは事務担当者によって一括して統一的に、かつ布施申請解の作成を前提としての手実の作成が行われるようになったとする。

宝亀年間の上帙帳は、その名のとおり、帙の書写が終わってから提出されるものなので、未写巻数のあるものが少なく、基本的には受紙数総数と破紙・空紙・返上紙などの内訳・正用紙数・写了経典と各巻の用紙数明細から成る。そして提出する日付も、後述する宝亀四年三月末を除けばバラバラである。また追記についていえば、「以△月△日充」のように経典を充てた日付や「検上正用△張」のように用紙数を勘査した記載のあるものが存在する。さらに布施額の追記はほとんどなく、代わりに「未料△張」や「△張布施給了」というように布施支給の対象となる用紙数を記しているものも多い。

さらに神護景雲四年六月〜宝亀二年六月の上帙帳a（十七ノ一九八〜二三六）b（十八ノ三三〜一〇一）c（十八ノ二一二〜二五六）d（十八ノ三三三〜三九二）には「自此左方布施給了」という記載がところどころにみられる。これは山下有美氏が述べるように[20]、この手実より左側のものについては、すでに布施支給が済んでいるという意味であり、布施申請解案の対象期間の区切りと一致する。すなわち布施申請解案を作るのに、上帙帳のどこからどこまでが、すでに布施申請済みで、どこからがまだ申請していないのかを把握するために、このような追記がなされたと考えられる。

2　布施申請解案と上帙帳の比較

ここでは布施申請解案の歴名部に記される個々の経師の用紙数と、上帙帳の各手実に記載される用紙数との比較を行いたい。布施申請解案に歴名部分が残存し、かつその期間の上帙帳が残存するのは、布施申請解案でいえば、ＤＥＱＲしか存在しない（図1参照）。

上帙帳は、すべての手実が完全な形で残存しているとは限らない。上帙帳ｅ（二十ノ三五〇～四六六、続々修二十一帙四第一～四〇一紙）は、宝亀四年二月一日から六月八日までの二一七件、上帙帳ｇ（二十二ノ一～三八）は、続々修二十一帙五第一～一三三紙に宝亀四年六月八日から六月二十日までの手実八五件が貼り継がれている。日付からみてこの二つの上帙帳は接続していたと思われ、また宝亀四年六月七日坂上東人手実（六ノ五二三）は続修三十第一二紙に納められているが、これは上帙帳から切り離された可能性が高い。このように上帙帳は不完全であるが、試みに布施申請解案と上帙帳の用紙数がどれくらい一致するのか調べてみたい。

（1）　布施申請解案ＤＥと上帙帳ｂｃの対応

布施申請解案ＤＥの対象期間は、宝亀元年十二月二十六日から同二年三月二十五日までで、上帙帳ｂ（十八ノ三三一～一〇一）と上帙帳ｃ（十八ノ二二一～二五六）が該当する。前者は宝亀元年十月十日から宝亀二年三月二十五日まで、後者は宝亀二年三月二十日から閏三月二十七日までの手実が貼り継がれている。さて布施申請解案ＤＥと比較すると（表14参照）、上帙帳ｂの宝亀二年三月十七日若倭部益国手実（十八ノ四〇）は、〔史料7〕にあるように、原記載に「正用一百七十五枚」の下に「之中百二十八枚安子石勝写四十七枚若倭部益国写」とあり、安子石勝・若倭部益国をそれぞれ一二八枚、四七枚とすると、Ｄの用紙数と一致する（表14）。

〔史料7〕

若倭部益国畢帙進上事

○合受紙百八十七〔八〕枚　返上五枚　破八枚

七巻法花経七巻　正用一百七十五枚　之中百二十八枚安子石勝写
四十七枚若倭部益国写

第一巻　二十二　二　二十ミ六七　三　二十五　四　二十ミ七八　五　二十七　六　二十ミ七五　七　二十二

宝亀二年三月十七日

「勘長谷部寛麻呂」

「以正月二十一日充」

しかし宝亀二年三月十日大坂広川手実（十八ノ四六）の原記載にある「正用三百三十張」の下の「三十三張写念林宅成」は、布施申請解案に反映されておらず、大坂広川は三三〇張とするとDの正用紙数と一致する（表14）。また丸部豊成手実（十八ノ三九～四〇）は、三月十九日手実（正用一三八枚）が修正され、その上に三月二十四日手実（正用一五〇枚）が貼られているが、三月十九日手実で計算すると布施申請解案Dの正用紙数と一致する（表14）。

布施申請解案E〔史料2〕に記載される経師一〇名は、両上帙帳の手実とつきあわせると布施申請解案の用紙数とすべて一致する（表14）。しかしD〔史料1〕を加えると、経師四〇人中一致するのは、三一人であり、一致率は、約七七・五％である。また浄野人足以下三名は、手実が存在するにもかかわらず、布施申請解に名前がない。また安宿広成や念林宅成などは、手実の用紙数よりも布施申請解案の用紙数の方が少ない。

一方、『大日本古文書』（十七ノ一七六～一九五）には、装潢の手実が収められている。そのなかには、「定七百八十張　布三丈一尺未」など、布施に関する追記をもつものがある。宝亀元年十二月二十六日から同二年三月二十五日までの手実で、布施に関する追記をもつものを探すと、宝亀二年三月十八日上毛野真依手実と同二年三月十八日氏小勝手実（ともに十七ノ一八一）が存在する。氏小勝手実には「継紙八千張、打紙八千四百六十張、界紙一万一千六百六十張」の「合二万八千一百廿張」が記され、「定七千張」とある。大隅亜希子氏によれば(21)、装潢は継・打・界・装書の各工程の作業量を合計して、その四分の一が布施支給対象となる造紙数になる。したがってこの場合は、二万八〇〇

表 14　布施申請解案 DE と上帙帳 b（18ノ33～101），c（18ノ212～256）との比較

b			b			c			手実合計	布施申請解 DE		誤差
日付	巻	用紙	日付	巻	用紙	日付	巻	用紙		巻	用紙	
1.29	10	177							585	30	585	0
									243	14	242	-1
1.28	9	153	12.25		169				757	24	588	-169
									213	9	213	0
									169	8	169	0
									508	20	508	0
									364	10	364	0
									312	19	312	0
									269	10	369	100
									179	8	179	0
									210	10	210	0
									221	15	221	0
									70	7	70	0
									628	40	409	-219
									369	37	438	69
									467	20	470	3
									197	10	197	0
									312	10	312	0
2.6	8	167	1.20	10	177				731	55	731	0
									403	20	403	0
									351	16	351	0
									330	10	330	0
						3.21	9	201	419	19	419	0
									163	10	136	-27
									477	37	736	259
									335	16	335	0
									364	18	364	0
1.29	10	194							628	41	824	196
									238	17	238	0
									194	10	194	0
									129	15	129	0
									155	10	155	0
									242	12	242	0
									297	10	297	0
						3.21	9	160	160	9	160	0
						3.23	6	150	150	6	150	0
						3.20	10	207	207	10	207	0
						3.24		122	122	19	122	0
						3.24	9	54	54	9	54	0
						3.24	9	218	218	9	218	0
									69	—	—	-69
									234	—	—	-234
						3.23	18	128	128	—	—	-128

〇張を四で割った七〇〇〇張が布施支給対象の作紙数となり、一二〇張は切り捨てられたのである。上毛野真依手実には、「継紙一万六千張、打上百五十巻、堺上百五十巻、并二万二千張」とあり、「定二万張、除二千張」とある。これは二万二〇〇〇張のうち布施支給対象になるのが二万張という意味であり、記載されてはいないが、二万張を四で割った五〇〇〇張が布施支給対象の作紙数になったと思われる。これをE〔史料2〕の装潢の作紙数と比較すると、三名の装潢のうちの二名、上毛野真依の五〇〇〇張と氏小勝の七〇〇〇張が一致する。

	b			b			
経師名	日付	巻	用紙	日付	巻	用紙	備考
三嶋子公	3.21	10	192	2.28	10	216	
鬼室石次	3.19	7	138	2.19	7	105	
安宿広成	3.21	7	296	2.14		139	
漢部佐美万呂	2.7	9	213				
大羅嶋守	3.20	9	169				
坂上清道	3.8	10	249	2.7	10	259	
坂本東人	2.18	10	364				
丸部豊成	3.19	10	**138**	3.10	10	174	
田中倉人	2.11	2	269				
他田嶋万呂	2.21	8	179				
葛木豊足	2.25	8	210				
倉橋部赤人	2.30	15	221				
別公家足	3.16		70				
念林宅成	3.17	32	412	2.30	10	216	
答他虫万呂	3.16	8	141	3.1	9	228	
赤染広庭	3.25	10	290	1.12	10	177	
中臣鷹取	3.8	10	197				
安子石勝	1.20	10	184	3.17		**128**	若倭部解
秦広人	3.13	24	159	2.27	13	228	
小長谷嶋主	2.30	10	184	1.23	10	219	
岡大津	2.3.20	6	198	1.25	10	153	
大坂広川	3.10	10	**330**				
高橋息嶋	1.25	10	218				
錦部人成	3.12	10	163				
物部白万呂	3.19	10	226	1.28		251	
物部常石	3.1	10	231	1.27		104	
壬生年足	2.19	10	237	1.22	8	127	
敢小足	3.20	9	169	2.30	13	265	
若倭部益国	3.17	7	**47**	3.1	10	191	
徳足人	3.20	10	194				
秦度守	3.19	15	129				
秦吉万呂	3.19	10	155				
占部忍男	3.17	12	242				
民豊川	3.25	10	297				
不破真助							
中室浄人							
丸部大人							
香山久須万呂							
依羅浄川							
丈部新成							
浄野人足	3.16	10	69				
音太部野上	12.25	10	234				
物部道成							

f		手実合計	布施申請解Q		誤差①	布施給了		誤差②	誤差③
日付	用紙数					e	用紙数		
3.22	210	398	398		0	3.27	210	0	0
		195	195		0			0	0
3.24	182	295	295		0	4.9	182	0	0
3.23	119	406	395		−11	4.26	119	−11	0
		278	259	**残 19**	0	4.6	158	−158	−158
		410	410		0			0	0
		220	435		215	5.14	215	0	0
		72	242		170	4.27	170	0	0
3.24	94	395	395		0	4.9	94	0	0
		467	568		101	4.23	101	0	0
		437	437		0			0	0
		528	522		−6			−6	0
		76	195		119			119	119
		268	320		52			52	52
		453	495		42	4.17	44	−2	−2
		196	361		165	3.29	165	0	0
		268	268		0			0	0
		397	400		3			3	3
		378	400		22			22	22
		257	389		132	3.29	132	0	0
3.23	127	222	222		0	4.19	127	0	0
		350	468		118	3.28	131	−13	0
3.23	29	314	285		−29			−29	−29
		298	289		−9			−9	0
3.23	193	417	417		0	3.3	193	0	0
		186	186		0			0	0
		321	574		253	3.26	128	125	125
		320	522		202	4.7	42	160	160
		415	400		−15			−15	−15
		337	419		82	4.15	82	0	0
3.23	143	591	591		0	4.22	143	0	0
		266	266		0			0	0
		343	534		191	3.26	191	0	0
		204	204		0			0	0
		196	496		300			300	300
		246	357		111			111	111
3.23	169	255	255		0	3.27	169	0	0
		184	240		56	5.21	56	0	0
		135	282		147	4.6	69	78	78
		530	530	**残 30**	−30			−30	−30
		73	160		87	5.11	9	78	78
3.23	79	215	207		−8	4.1	79	−8	−8
		379	480		101	3.27	97	4	4
		530	515		−15			−15	0
		385	385		0			0	0
		389	480		91	4.8	81	10	10
3.23	71	446	498		**0※**			0	0
3.23	161	568	432		−136			−136	−136
3.23	28	105	80		−25	4.28	3	−28	−28
		300	—	—	−300			−300	−300

※3.26 に 52 張

表 15　布施申請解案Qと上帙帳e (20ノ350～466), f (21ノ398～403) との比較

	e		e		e		e	
経師名	日付	用紙数	日付	用紙数	日付	用紙数	日付	用紙数
念林老人	2.9	188						
荊国足	2.21	195						
鬼室石次	2.30	113						
山辺千足	3.8	213	2.9	74				
高向子祖	3.24	176	2.28	102	2.5	0		
陽侯穂足	3.21	164	3.7	246				
丈部浜足	2.25	220						
石川宮衣	2.16	72						
山部針間麻呂	3.12	301						
大宅童子	3.10	383	2.4	84				
小治田乙成	3.24	206	2.28	231				
壬生広主	3.22	162	3.12	157	2.29	183	2.15	26
秦吉麻呂	2.17	76						
金月足	3.15	184	2.13	84				
三嶋子公	2 (3ヵ).24	208	3.20	245				
坂本東人	3.1	196						
桑内真公	3.20	153	2.18	115				
出雲乎麻呂	3.18	248	2.18	149				
他田嶋万呂	3.23	209	2.25	151	2.1	18		
船木麻呂	3.1	204	2.6	53				
物部常石	2.18	95						
占部忍男	3.7	184	2.15	166				
大友路万呂	3.21	226	2.15	59				
他田建足	3.3	247	2.9	51				
田部国守	3.1	224						
秦麻呂	2.30	**186**						
刑部真主	3.9	57	3.2	179	2.9	85		
巧清成	3.11	320						
音太部野上	3.21	218	2.25	197				
五百木部真勝	3.16	269	2.9	68				
漢部佐美麻呂	3.12	373	2.7	75				
坂上諸人	3.18	168	2.12	98				
尾張宮成	3.4	158	2.20	185				
箭集笠麻呂	3.17	**204**						
坂合部浜足	3.19	196						
大羅嶋守	3.3	198	2.5	48				
大坂広川	2.9	86						
答他虫麻呂	3.5	184						
葦浦継手	3.17	135						
秦礒上	3.22	257	2.24	273				
高橋豊河	3.21	45	3.13	28				
物部吉麻呂	3.18	48	3.13	52	3.8	36		
香山久須万呂	3.16	158	2.28	221				
清野人足	3.23	182	3.1	121	2.19	227		
別家足	3.22	194	2.25	191				
中室浄人	3.15	162	2.29	188	2.4	39		
秦正月麻呂	3.13	319	2.5	56				
采女五百相	3.25	161	3.9	178	2.16	68		
生江秋麻呂	3.21	57	3.15	20				
忍海乙成	2.29	**300**						

g		g			g		g			手実合計	布施申請解R		誤差
用紙数	備考	日付	用紙数	備考	日付	用紙数	日付	用紙数	備考	用紙数	用紙数	備考	
(848)	4月からの書写数	6.18	165							737	850		113
94		6.10	216							542	542		0
25		6.16	195							417	465		48
127										525	520		−5
16		6.9	198							483	483		0
16		6.14	152							469	469		0
196										257	310	Qに未料53張	0
188										488	488		0
29		6.13	248		5.27	190				872	872		0
378										662	662		0
15		6.16	**206**	2可除						486	486		0
66	物部常石解									400	400		0
61										424	424		0
128		6.17	26							647	647		0
136										362	362		0
57										416	416		0
18		6.15	59		6.8	204				594	594		0
87										596	596		0
116										517	517		0
193										535	535		0
131										530	530		0
129		6.17	43							500	611		111
73		6.17	13	箭集解						253	253		0
18		6.15	65							504	504		0
89										490	490		0
17		6.14	33		6.9	140				566	509		−57
64										507	507		0
17		6.15	131							706	720	14加秦礒上	0
154										506	506		0
58		6.8	324							436	436		0
84										527	571	6−522に44張	0
36										437	437		0
18		6.14	17		6.12	150				672	672		0
114										275	275		0
46		6.10	166							212	212		0
109		6.20	2	葦浦解						261	261		0
43		6.8	146							373	373		0
										144	144		0
33		6.18	28		6.15	38	6.11	114		642	641		−1
15		6.17	17		6.15	19	6.14	133		1036	1052	音太部から14	2
40		6.13	196							563	563		0
36		6.1	31		5（6ヵ）.13	114	6	**7**	坂合部解	781	781		0
17		6.17	174							678	678		0
27		6.13	80							563	563		0
212										652	652		0
17		6	**10**	坂合部解						622	620		−2
44	巧解									372	372		0
72		6.12	104							694	642	3.26の52張をQへ	0
										250	160		−90
34		6.9	83							566	566		0
36		6.17	68							577	577		0
17		6.15	21		6.12	53				144	244		100
34		6.13	**50**							84	−	−	−84

表 16　布施申請解案 R と上帙帳 e（20ノ350〜466），g（22ノ1〜38）との比較

	e			e			e			e		e		e		
経師名	日付	用紙数	備考	日付	用紙数	備考	日付	用紙数	備考	日付	用紙数	日付	用紙数	日付	用紙数	日付
念林老人	6.8	286		5.12	69		5.8	214		3.27	3					6.19
荊国足	5.14	232														6.20
高向子祖	5.9	178		4.6	19											6.20
鬼室石次	6.3	186	8 可除	5.13	167		4.9	45								6.15
陽侯穂足	5.16	269														6.11
山辺千足	5.22	174		4.26	127											6.18
丈部浜足	5.14	61														6.20
石川宮衣	5.17	256		4.27	44											6.14
山部針間麻呂	5.14	44		5.10	242		4.13	36		4.9	83					6.17
大宅童子	4.23	284														6.8
小治田乙成	5.14	189		4.5	76											6.17
壬生広主	4.20	334														6.20
金月足	6.6	55		5.22	138		4.28	170								6.16
三嶋子公	6.2	114		5.20	230		4.17	149								6.14
坂本東人	5.11	188		3.29	38											7（6ヵ）.15
桑内真公	6.2	63		5.18	296											6.11
出雲乎万呂	5.12	195		4.6	118											6.18
他田嶋麻呂	6.6	326		4.23	183											6.17
船木麻呂	5.22	175		4.25	188		3.29	38								6.10
物部常石	6.1	59		5.24	88		5.9	138		4.19	57					6.20
占部忍男	5.23	176		4.27	188		3.28	35								6.12
大友路麻呂	5.19	80		5.9	248											6.20
他田建足	5.17	167														6.13
田部国守	5.27	196		5.4	176		3.30	49								6.17
秦麻呂	6.1	94		5.18	149		4.27	158								6.14
刑部真主	5.16	129		5.1	190		3.26	57								6.17
巧清成	6.4	**178**	3 可除	5.11	188		4.7	77								6.14
音太部野上	5.30	127		5.16	174		4.24	257								6.17
五百木部真勝	5.26	255		4.15	97											6.16
漢部佐美麻呂	4.22	**54**	3 可除													6.18
坂上諸人	6.4	**0**	可留布施	5.21	262		4.21	181								6.15
尾張宮成	5.29	186		5.13	191		3.26	24								6.20
箭集笠麻呂	5.15	136		5.7	189		4.9	162								6.17
坂合部浜足	6.5	161														6
大羅嶋守																6.10
念林宅成	5.28	**150**														6.18
大坂広川	5.14	184		3.27	**0**	「了」										6.15
答他虫麻呂	5.21	**144**														
葦浦継手	5.28	145		4.29	185		4.6	99								6.2
秦礒上	6.3	186		5.18	139		5.8	258		4.18	269					6.18
高橋豊川	5.16	38		5.11	289											6.18
物部吉麻呂	5.27	15		5.26	121		5.13	50		5.9	289	4.10	118			6.19
常乙足	5.23	263		4.20	224											6.19
香山久須万呂	6.4	178		5.12	278		3.27	**0**	「了」							6.19
清野人足	5.21	164		5.6	276											6.17
別家足	6.6	81		5.23	67		5.16	50		5.11	42	5.7	24	5.2	331	6.13
中室浄人	5.14	243		4.8	85											6.14
秦正月麻呂	6.5	466		3.26	**52**											6.18
采女五百相	4.6	89		3.25	161											
酒波家麻呂	5.25	68		5.17	55		5.12	35		5.4	291					6.15
生江秋麻呂	5.25	71		5.17	148		4.28	254								6.13
丸部人公	6.4	53														6.19
田中倉人																6.17

（2）　布施申請解案QRと上帙帳efgの対応

布施申請解案Qの対象期間は、宝亀三年十二月十八日から同四年三月二十五日までであり、Rは同四年三月二十五日から同四年六月二十日までである。上帙帳e（二十ノ三五〇～四六六）と上帙帳f（二十一ノ三九八～四〇三）、上帙帳g（二十二ノ一～三八）が該当する。上帙帳eは、ほとんどの手実に「未料」の追記がある。

宝亀四年五月二十八日念林宅成手実（二十ノ三六一～三六二）では、〔史料8〕にあるように、原記載に「正用三百二十四張　」の下に「施了百七十四張　未施百五十張」とあり、追記で「未料一百五十張」とある。

〔史料8〕

念林宅成　　上帙

受紙三百六十五張破二　空五　返上三十四　　正月三百二十四張施了百七十四張　未施百五十張

注大品経第一帙十巻　第一三十四　空一　二四十二　空一「破二」　三三十六　空一　四四十　五二十一

六三十一　空一　七三十二　八二十四　破一　九三十五　十二十九　空一

宝亀四年五月二十八日「勘上真継」

*「未料一百五十張」

すでに布施を支給された分が一七四張、まだ支給されていない分を一五〇張と考え、用紙数を一五〇張とすると、Rの用紙数と一致する（表16）[22]。宝亀四年五月二十一日答他虫麻呂手実（二十ノ三六九）は、原記載には「正用二百張」とあるのみで未料に関する記載はないが、追記には「未料一百四十四枚」とあり、これがまだ布施が支給されていないと捉えると、Rと一致する（表16）[23]。また「未料」の追記がないものでも、同年三月十七日箭集笠麻呂手実（二十ノ四二七）と同年二月三十日秦麻呂手実（二十ノ四四三）は、原記載にしたがって、それぞれ未料を二〇四張、一八六張とするとQの用紙数と一致する（表15）。同年三月二十七日大坂広川手実と香山久須万呂手実（ともに二十ノ四一四）は、ともに「了」の追記がある。これを布施がすでに支給されたものと考え、双方ともにこの分を〇張とするとRの正用紙数と一致する（表16）。同年六月四日巧清成手実（二十ノ三五三）には、「未料　可除三」とあるが、正用一八一張から三張を引いた一七八張が、Rと一致する（表16）。また同年四月二十二日漢部佐美麻呂手実（二十ノ四〇二）は、「未料五十七」と「可除三」の追記がある。これも五七から三を引いて「五四張」とするとRの正用紙数と一致する（表16）。しかし上帙帳gの同年六月十六日小治田乙成手実（二十二ノ一三）では「正用二〇六張」の下に「可除二」という追記があるが、Rでは二〇六張が採用されている（表16）。

宝亀四年六月坂合部浜足手実（二十二ノ四）には、「正用一三一張」の左下に「別家足十枚、物部吉麻呂七枚」とあるが、Rではそれぞれ別家足に一〇張、物部吉麻呂に七張加えられた数値になっている（表16）。ただし正用紙ではない部分、たとえば経典各巻の明細の部分で「中巻　之中十張山部諸公写」とある場合は（同年六月十四日石川宮衣手実〈二十二ノ一七〉）、山部諸公の用紙数に反映されていない。坂上諸人にはともに正用一九六張で、ほぼ同じ内容をもつ二つの手実（同年六月三日付と同年六月四日付〈二十ノ三五四・三五五〉）があり、同年六月四日付手実の右余白に「重料者　可留布施」の追記がある。表16では、この二つの手実の用紙数を〇張としたところ、Rと一致した[25]。

さて布施申請解案Qと上帙帳eの用紙数を比較すると一致率は非常に悪い（表15の誤差①参照）。Qに記載される経師四九人中一七人が一致し、一致率は三四・七％である。これはQが、宝亀三年十二月十八日から同四年三月二十日までを対象としているのにもかかわらず、上帙帳eとの重複期間が、同年二月～三月しかないことが原因である。また疑問点として、忍海乙成は手実によると三〇〇張を書写しているにもかかわらず、布施申請解案に名前がみえないこと、経師によっては、手実の用紙数よりも布施申請解案の用紙数の方が少ないことなどがある。Qは、宝亀四年三月二十五日までであるが、秦正月麻呂手実（二十ノ四一五）は、三月二十六日であり、この五二張を加えるとQの正用紙数と一致する（表15）。またQの歴名部には、高向小祖と秦礒上にそれぞれ「残一九」「残三〇」と記す（六ノ四八八、四九四）。高向小祖は一九張を加えるとQの用紙数と一致するが、秦礒上はQの用紙数より三〇張多くなっている（表15）。

先述したように上帙帳eには、「未料△張」「布施給了△張」という記述がみえる。布施申請解案QとRは連続しているので、例えばRの対象期間の手実に「布施給了△張」とあれば、これはQの期間に支給されたということになる。また「未料△張」とあれば、正用紙数からこれを引けばQの期間に支給された分がわかる。よって表15のなかにこのRの対象期間の手実に記載される「布施給了」の正用紙数も入れてみた（表15の「布施給了」）。すると、「布施給了」の用紙数は、上帙帳fの手実の用紙数と、ほとんど一致することに気づく(26)。上帙帳fは、宝亀四年三月二十二日から二十四日の一四件の手実が貼り継がれており、続々修四十帙四第三八～四四、九〇～一〇一紙裏に収められ、紙背は食口案に使われている。これはQの区切りである三月二十五日の直前に、これまでの作業量を出させたものと思われる。通常、上帙帳は帙の書写が終了してから提出するが、上帙帳fの手実には、たとえば宝亀四年三月二十三日物部常石手実（二十一ノ四〇〇）に「受順正理論第八帙十巻　見写七巻　未写三巻」、また宝亀四年三月二十三日大友路万呂手実（二十一ノ三九九）に「十誦律二帙十巻　第十巻見写　用紙二十九張　遺九巻」とあるように、「未写」や「遺」を多く含んでいるのである。

そして「布施給了」の用紙数のうち、上帙帳fに記載されていない分を加えると、Qの正用紙数と上帙帳との一致数は、経師四九人中二四人となり、一致率は約四九・〇％となった（表15の誤差②参照）。またいくつかの手実には「△枚西写」とあり(27)、この枚数分が誤差②と一致する。「西写」とは、山下有美氏が指摘するように(28)、造西大寺司一切経所において書写した分である。したがってこの分を引き、さらに宝亀四年三月一日浄野人足手実（二十ノ四四〇）の「先写」の一五枚を引くと、五人増えて、四九人中二九人が一致し、一致率は約五九・二％になる（表15誤差③参照）。

次に布施申請解案Rと上帙帳の用紙数を比較したい。Rと上帙帳の用紙数の一致率は比較的良好で、Rに記載される五二人の経師のうち四二人が一致し、一致率は約八〇・八％である（表16参照）。しかし田中倉人は、手実によって八四帳書写していることが確認できるにもかかわらず、Rに名前がみえない。またここでも手実の用紙数よりも布施申請解案の用紙数の方が少ない経師が存在する。

先述したように宝亀四年六月七日坂上諸人手実（六ノ五二二）の四四張を加えるとRの用紙数と一致し、さらに秦正月麻呂は、同年三月二十六日手実（二十ノ四一五）の用紙数五二張をQに含ませ、Rから除外するとそれぞれQRの用紙数と一致する（表15・16）。布施申請解案Rでは、音太部野上の部分に「加一四秦礒上」（六ノ五二九）とある。音太部野上の手実の用紙数を合計すると七〇六張であり、Rの用紙数である七二〇張よりもちょうど一四張少ない。この一四張が秦礒上の書写用紙数から加えられたと考えられる。またQの丈部浜足の部分には「未料三丈四尺八寸注五十三張」の追記があったが、丈部浜足のRの用紙数は、手実の用紙数の合計よりも、ちょうど五三張多い。

以上のように、布施申請解案は、その対象期間の上帙帳をもとに作成されているが、上帙帳の手実の記載内容は細かくチェックされ、「布施給了」や「西写」の用紙数、あるいは他の経師の書写分などを差し引いて、布施申請解案の用紙数が決定されていたのである。

五　布施申請解案と告朔解案との比較

先述したように告朔解案の一部は、調布を請けた日付とその数量を記しており、ここから布施申請解案のうち、どの案の数値が正式に採用されたのかを判別することができた。ここでは布施申請解案と告朔解案の全体的な比較を行いたい。

告朔解案		
日付	調布	出典
宝亀 2.1.12 請	1.3.6	15-126・6-135～160
宝亀 2.2.3 請	47.3.6	〃
宝亀 2.3.29 請	186	〃
宝亀 2.4.5 請	103.2.8.1.4	6-173～198
宝亀 2.5.1 請	118.2.1.6.2	〃
宝亀 2.6.22 請	172.3.3	6-223～247
宝亀 2.9.26 請	306.3.4.2	〃
宝亀 2.11.19 請	109.1.1	〃
宝亀 3.1.5 請	20.2.2	6-291～307
宝亀 3.1.24 請	5.1	〃
宝亀 3.3.25 請	2.0.8	〃
宝亀 3.4.6 請	247.1.6.2	6-317～323
(宝亀 3.7.11 付)	285.2.1	6-368～374

布施申請解案と比較可能な告朔解案は、宝亀二年三月三十日告朔解案（十五ノ一二六・六ノ一三五～一六〇、同二年一月一日～三月三十日）、同二年五月二十九日告朔解案（六ノ一七三～一九八、同二年閏三月一日～五月二十九日）、同二年十二月二十九日告朔解案（六ノ二二三～二四七、同二年六月一日～十二月二十九日）、同三年五月十五日告朔解案（六ノ三一七～三二三、同三年四月一日～二十九日、四月告朔）、同三年七月十一日告朔解案（六ノ三六八～三七四、同三年六月一日～三十日、六月告朔）である（図1参照）。この間の同三年三月三十日告朔解案（六ノ二九一～三〇七、同三年正月一日～三月三十日）は経師の布施の支出がなく、また同三年五月二十九日告朔解案（六ノ三二四～三二九、同三年五月一日～二十九日、五月告朔）と同三年

表 17　布施申請解案と告朔解案との比較

布施申請解案					
	自	至	日　付	調　布	出　典
A	宝亀 1.8.6	宝亀 1.11.11	宝亀 1.11.13	120.2.2	6-55〜56
B	宝亀 1.11.13	宝亀 1.12.26	宝亀 1.12.26	44.1.6.3（42.1.4.7）	6-57
C	宝亀 1.12.26	宝亀 2.3.25	宝亀 2.3.25	156.0.3.6.8	6-65〜67
F	宝亀 2.3.25 〃 〃	宝亀 2.閏 3.29 〃 〃	宝亀 2.4.3 〃 〃	合計　133.2.8.1.4 先請　30 今請　103.2.8.1.4	6-68〜69 〃 〃
G	宝亀 2.閏 3.29	宝亀 2.4.30	宝亀 2.5.1	118.2.1.6.2	6-72〜73
H	宝亀 2.4.30	宝亀 2.6.11	宝亀 2.6.11	148.2.7.9.8	6-79〜80
I	〃	〃	〃	150.1.1.8（148.2.9.8）	18-581〜582
J	〃	宝亀 2.6.1	宝亀 2.6.12	183.3.2.8	18-571〜572
K	宝亀 2.6.12	宝亀 2.9.6	宝亀 2.9.10	306.3.4.2.2（304.1.2.5.6）	18-577〜578
M	〃	〃		306.3.4.2.2	15-70〜71、18-584
N	〃	宝亀 2.10 ごろ	宝亀 2.10.3	校紙・装潢紙 69.0.9.2	18-578
O	〃	〃	宝亀 2.11.15 以降	109.1.1.1.6	18-580
P	宝亀 3.4 ごろ	宝亀 3.6. ごろ		285.2.1	15-95〜97

（　）は修正前の数値

七月二十九日告朔解案（六ノ三七四〜三七八、同三年七月一日〜二十九日、七月告朔）以降の告朔解案は、布施に関する記述がない。

さて表17に示したごとく、布施申請解案Gの「一一八端二丈一尺六寸二分」は、告朔解案（六ノ一七三〜一九八）の五月一日に請けた分と同じであり、Pの「二八五端二丈一尺」は、告朔解案（六ノ三六八〜三七四）の調布の額と一致する。告朔解案（六ノ二二三〜二四七）〔史料5〕では、九月二十六日に調布三〇六端三丈四尺二寸を請けているが、これはKLMのうちKMの調布請求額三〇六端三丈四尺二寸二分の分を切り捨てた数値である。また十一月十九日に請けた一〇九端一丈一尺は、Oの一〇九端一丈一尺一寸六分の分を切り捨てた数値である。そして先述したように宝亀二年六月二十二日に請けた調布一七二端三丈三尺は、同二年四月三十日から六月一日までの布施と二端三丈五尺の校経僧七人温帳袜料と四丈の経堂幷曹司手巾四條料を合計した額であった。Ｆは他の布施申請解案と異なり、書写巻数や用紙数を「写先所」「写先」と「写今」にわけ、調布も「先請」と「今請」にわけている。調布請求額も「先請」が三〇端、「今請」が一〇三端二丈八尺一寸四分であり、後者は、告朔解案（六ノ一七三～一九八）の「四月五日請」の一〇三端二丈八尺一寸四分と一致し、前者は、Ｃの一五六端三尺六寸八分とあわせれば、告朔解案（十五ノ一二六・六ノ一三五～一六〇）の「三月二十九日請」の一八六端に近似する。

以上のように、布施申請解案の請求額と、告朔解案で請けた調布の額は一致する。そして宝亀二年三月二十五日、四月三日、五月一日、六月十一・十二日、九月十日と十一月十五日以降に作成された布施申請解案の布施は、告朔解案によって、それぞれ三月二十九日、四月五日、五月一日、六月二十二日、九月二十六日、十一月十九日に調布を請けたことがわかる。布施申請解案が作成されてから、早くて当日、遅くとも十六日後には調布を請けているのである。

また告朔解案（十五ノ一二六・六ノ一三五～一六〇）では宝亀二年正月十二日と二月三日、三月二十九日に調布を請けていることがわかり、このうち三月二十九日の「一八六端」はＣとＦの一部との合計であった。そして告朔解案の調布支出の内訳から正月十二日の「一端三丈六尺」は、舎人綿衣一領料一端と優婆夷・廝女などの袖冠前裳等料三丈六尺の合計で、二月三日の「四七端三丈六尺」はその他、経師・校経僧などの単衣・単袴・温帳などの料であることがわかる。告朔解案（六ノ二九一～三〇七）の正月五日に請けた「二〇端二丈二尺」は、該当する布施申請解案は存在しないが、この告朔解案に記載されるように装潢紙の布施であり、正月二十四日の「五端一丈」と三月二十五日の「二端八尺」は浄衣料である。告朔解案（六ノ三一七～三三三）は、四月六日に調布「二四七端一丈六尺二寸」を請けており、これが布施であることが明記されているものの、該当する布施申請解案は存在しない。

このように告朔解案と重複する期間においては、現存する布施申請解案以外にも、宝亀二年六月二十二日以前にＨ

IJの内容とは異なる布施申請解案が作成されたことに加え[29]、同三年正月五日以前に「二〇端二丈二尺」の装潢の布施申請解案が、そして同三年四月六日以前に経師・校生・装潢生の布施「二四七端一丈六尺二寸」を請求する布施申請解案が作成されていたと思われる。

おわりに

これまで宝亀年間の布施申請解案について、文書の接続関係や年代を推定し、また布施の支給基準の変遷をあきらかにした。そして上帙帳や告朔解案との比較を行った。最後に栄原永遠男氏[30]と山下有美氏[31]の見解に、本章での考察を付け加えて、布施申請解案の作成から布施支給にいたるまでの、おおまかな流れを追ってみたい。

まず経師は、帙の書写が終わると手実を作成して提出する。手実は勘検者の手に渡り、充紙帳によって受紙数が照合され、また充本帳によって本経が点検される。そして用紙数が点検され、正用紙数が確定される。案主は、手実を右側に貼り継ぎ上帙帳にし、これをもとに布施申請解案を作成する[32]。その際、上帙帳の「自此手実左方布施給了」の追記の右側の手実が対象となる。手実の記載内容は細かくチェックされ、たとえば宝亀四年五月二十一日答他虫麻呂手実（二十ノ三六九）では、「未料一百四十四枚」と追記されているので、正用紙数は、この「未料」分で計算した。また宝亀四年二月十五日壬生広主手実（二十ノ四五六）では、「西写」の用紙数を差し引いたり、さらに宝亀二年三月十七日若倭部益国手実（十八ノ四〇）では、他の経師が書写した分を差し引き、これを書写した経師に加算するなどして、各経師の正用紙数を出した。布施申請解案は何種類も作られ、なかには支給基準を変えたり、あるいは写紙用紙数を変更したりして試算をくり返した。布施申請解案が完成すると、これを写して正文が作られ、布施申請解が完成する。布施申請解は造東大寺司に送られ、正式に布施が請求される。そして調布は速やかに給付され、布施の支給が開始される。経師に支給する際には、奉写一切経所に控として保存していた、歴名部つきの布施申請解案を支給簿として用いた。経師が布施を受け取りに来ると、案主は布施申請解案の歴名部の経師名に「合」点などをつけた。また本人ではなく、代理人が受け取りに来た場合は、布施申請解案Tの田部国守の追記に「付氏部小勝」とあるように(六ノ五四九)、代理人の名前を記載する。そして本人も代理人も取りに来ない場合は「司留」と記し、布施は造東大寺司に留め置かれた。布施を支給した後には、上帙帳の該当手実の右端に、「自此手実左方布施給了」と記載し、また事情があって支給されなかった者には「未料」などと追記したのである。

注

(1) 薗田香融「南都仏教における救済の論理(序説)―間写経の研究―」(日本宗教史研究会編『救済とその論理』日本宗教史研究4、法蔵館、一九七四年)。大平聡『正倉院文書と古写経の研究による奈良時代政治史の検討』一九九三〜九四年度科学研究費補助金一般研究(c)研究成果報告書、一九九五年。

(2) 栄原永遠男a「奉写一切経所の写経事業」(初出、一九七七年)。ともに『奈良時代写経史の研究』塙書房、二〇〇三年所収。b「奉写一切経所の財政」(初出、一九七九年)。ともに『奈良時代写経史の研究』塙書房、二〇〇三年所収。以下、とくに断らない限り、栄原氏の見解は当論文による。

(3) 山下有美a「勅旨写一切経所について―皇后宮職系統写経機構の性格―」(初出、一九九六年)、b「写経機構の変遷」(初出、一九九四・一九九五年)。ともに『正倉院文書と写経所の研究』(吉川弘文館、一九九九年)所収。

(4) 森明彦「奈良時代末期の奉写一切経群と東大寺実忠」(『正倉院文書研究』七、二〇〇一年)。

(5) 同時期の布施申請解案は、作成時期の古いものから並べた。

(6) 布施申請解案ＡＢＣＦＧＨは、「奉写一切経所雑物請帳」(六ノ五〇〜八〇)に含まれるものであり、浄衣や米、銭などとともに請求されている。またＫＮＯも、「奉写一切経所請物案帳」（十八ノ五七二～五八〇）に収められている。雑物請帳につらなる布施申請解案は、すべて集計部のみのタイプである。

（7）山田英雄「写経所の布施について」（『日本古代史攷』岩波書店、一九八七年）。以下、山田氏の見解は当論文による。

（8）ただしＤとＥの用紙数の合計はＤの集計部の用紙数一万二六七九張とは一致しない。

（9）ＤとＥの紙の長さの合計は約五五センチであり、一紙の長さとしては問題はなかった。しかしＥの右端が白紙の下に入り込んでいるため、東京大学史料編纂所所蔵の写真帳ではＤの左端とＥの右端の残存文字の接続を確認することはできなかった（加藤友康氏のご教示による）。

（10）他に年代不明断簡（布施申請解案の歴名部分）として、十八ノ五八五～五八六・十八ノ五九一と二十二ノ二〇八がある（表11参照）。十八ノ五八五～五八六と十八ノ五九一は、布一端あたり麁一〇〇枚で布施を算出しているので、宝亀二年六月十一日以前のものだと思われる。十八ノ五八五～五八六は続々修三十九帙二第五三紙裏に収められ、十八ノ五九一は、続々修三十九帙二第五一紙裏に収められている。そして間の続々修三十九帙二第五一紙裏には、宝亀二年四月三十日～六月十一日の布施申請解案Ⅰ（十八ノ五八一～五八二）が存在する。そしてこれらの紙背は、宝亀二年六月十四日から二十日の食口案帳に再利用されている。二十二ノ二〇八は、布一端あたり麁八〇枚で算出しているので、宝亀二年四月三十日以降であると思われる。そして続々修三十九帙三第一五紙裏に収められ、紙背は宝亀二年九月二十三から二十七日の食口案帳に使われているので、宝亀二年四月三十日以降、同二年九月二十三日以前のものと思われる。

（11）用紙数も一万四五四張から一万六一四張に訂正している。

（12）修正後の麁一万二一九張の布施額は、一〇八端七尺九寸八分であるが、「一〇二端二丈四尺七寸八分」となっている。

（13）Ｊの調布の内訳の校紙の布施の額は「三五端」となっているが、「三六端」の誤りだと思われる。

（14）また麁注の布施支給基準が、「六五張」から「六〇張」に修正されているが、布施の計算は六五張でなされている。

（15）用紙合計の「今写」が「二万三千五百八十九」とあるべきところを、「二万三千五百九」としたり、また四行目では広注一七九〇張料とあるところを、八行目では一六九〇張料とし、六行目で麁二万一五六四張料とあるところを、十行目ではＫの修正前の数値である二万一七四七張料としている。さらに用紙二万三六五八張は、麁を二万一五六四張として計算しているのに、麁の布施の額二七一端三丈四尺八寸四分は、麁二万一七四七張として計算されている。

(16) 用紙合計の「今写」の数値は正しく「二万三千五百八十九」としているが、Lと同じく、四行目では広注一七九〇張料とあるところを、八行目では一六九〇張料としている。

(17) 先述したように宝亀三年七月十一日告朔解案（六ノ三六八～三七四）は、宝亀三年六月一日から三十日の間に布施が支給されたことを示すので、書写作業はこれ以前になる。そしてその前は四月六日に布施のための調布を請けていることが知られるので（宝亀三年五月十五日告朔解案〈六ノ三一七～三三三〉）、宝亀三年四月ごろ～六月ごろの作業の布施支給基準であると考えられる。

(18) 大平聡「写経所手実論序説―五月一日経手実の書式をめぐって―」（皆川完一編『古代中世史料学研究』上、吉川弘文館、一九九八年）。

(19) 山下氏前掲注（3）a論文。

(20) 山下有美「正倉院文書研究における帳簿論―宝亀年間の写経所の帳簿管理技術―」（『民衆史研究』五八、一九九九年）。

(21) 大隅亜希子「装潢組織の展開と布施支給の変遷」（『正倉院文書研究』六、一九九九年）、「天平勝宝二・三年の寿量品四千巻書写について―関連帳簿の分析を中心に―」（『南都仏教』七六号、一九九九年）。

(22) 宝亀四年四月十七日三嶋子公手実（二十ノ三九六）、同四年四月十九日物部常石手実（二十ノ三九七）、同四年四月二十八日生江秋麻呂手実（二十ノ三九七）、宝亀四年四月二十六日山辺千足手実（二十ノ三九九）、同四年四月二十三日大宅童子手実（二十ノ四〇一）も未料分が原記載にあり、「未料△張」の追記がある。このうち物部常石・生江秋麻呂・山辺千足・大宅童子は、未料分で計算するとRの用紙数と一致する（表16）。

(23) 宝亀四年五月十四日丈部浜足手実（二十ノ三八〇）の「六十一未料」や同年五月十一日高橋豊河手実（二十ノ三八八）の「未料二百八十九」も同様であり、両者ともRと用紙数が一致する（表16）。

(24) 宝亀四年六月三日鬼室石次手実（二十ノ三五五）にも「可除八張」とあるのでこれも正用紙数から差し引いた（表16）。

(25) また宝亀四年七月（六月ヵ）十五日坂本東人手実（二十二ノ二四）は、正用紙一四六張とするが、内訳を合計すると一三六張となるので、一三六張で計算したところ、Rの用紙数と一致した（表16）。

(26) ただし宝亀四年三月二十三日生江秋麻呂手実の「正用二十八枚」であるが、同年四月二十八日手実の布施支給済枚数は三張である。また秦正月麻呂手実と釆女五百相手実はそれぞれ七一張、一六一張であるが、これに該当する支給済用紙数はみあたらない。その他、布施支給済枚数が判明しているものの、これに対応する手実がみあたらないものは多数存在する。

(27) 具体的には宝亀四年三月八日山辺千足手実（二十ノ四三五）、同年二月十五日の壬生広主手実と占部忍男手実（二十ノ四五六）、同年二月九日他田建足手実（二十ノ四六〇）。

(28) 栄原永遠男氏は、始二部の九二一八巻のうち、三七二三巻は奉写一切経司が書写したことをあきらかにし（前掲注（2）a論文）、山下有美氏は、さらにこの奉写一切経司書写分は、造西大寺司一切経所に委託されて書写されており、これが宝亀二年十月ごろ、甲部一切経とともに造東大寺司奉写一切経所に運び込まれ、その事業が引き継がれたことをあきらかにした（前掲注（3）a論文）。

(29) 告朔解案（六ノ二二三〜二四七）〔史料5〕の一六九端。

(30) 栄原永遠男「正倉院文書の世界」（『古代日本文字のある風景―金印から正倉院文書まで―』国立歴史民俗博物館、二〇〇二年）。

(31) 山下氏前掲注（20）論文。

(32) 大平聡氏は、後一写経において「麻呂」「万呂」が一つの布施申請解では統一した書き方をされているので、手実から布施申請解を作成する際は、「手実をみながら書いたのではなく、二人の事務官が、一人が手実を読み上げ、もう一人がその読み上げを聞きながら書くという作業」が行われたとする（「写経所の帳簿より見た賃金支給システム」〈『官営工房研究会会報』二・三、一九九五年〉）。しかし宝亀年間の布施申請解案RSUにおいては、一つの布施申請解案において「麻呂」と「万呂」、「浄」と「清」が混同されている。

終　章　正倉院文書と奈良時代政治史

一　東大寺写経所とその財政

東大寺正倉院に伝わる正倉院文書は約一万点といわれるが、実はその大半は帳簿である。これらは江戸時代末期から行われた整理作業によって原形が著しく損なわれた(1)。しかし財政関係の帳簿には、予算書にあたる用度案、物資の収納を記す銭納帳・雑物納帳、支出を記す銭用帳・銭下充帳・雑物用帳・食物用帳・食口案、決算報告書にあたる告朔解などがあり、当時の具体的な財政執行のあり方がうかがえる。これらは天平宝字二年・同六年、宝亀のはじめに集中しており、本書もこの期間を対象にした。

さて帳簿からその時々の写経所の財政を解明することができるが、そればかりではなくここからさまざまな問題が論じられてきた。吉田孝氏(2)は、天平宝字六年（七六二）の保良宮遷都にともなう石山寺造営事業において、造東大寺司と造石山寺所の財政が逼迫し、石山寺写経所や別当の安都雄足から米を借用していたことを指摘したが、さらに官人が官物や私物を積極的に売買し、商人として交易活動に深く関わっていた実態を克明に描写した。

本書においても第Ⅰ部第一章では、橘奈良麻呂の変の翌年の天平宝字二年（七五八）において仲麻呂は、各官司にまたがって六〇〇人に大般若経を一人一巻ずつ書写させる知識経書写を企画し、これには各官司から下級官人を写経所に召集し、彼らを仲麻呂派として取り込んでいく意図があったことを指摘した。また第Ⅱ部第一章は、藤原仲麻呂の乱の原因となった天平宝字末年の物価高騰の実態を分析し、称徳・道鏡政権がこれを収拾するために、和同開珎・万年通宝の価値を十分の一にして、和同開珎を回収し、万年通宝と同価の神功開宝を発行するという優れた経済政策を実施していたことを指摘した。さらに第Ⅱ部第二章では光仁天皇が、西大寺写経所を停廃し、その事業と財政とを東大寺写経所に引き継がせるとともに造東大寺司と東大寺写経所の規模を縮小し、ここに早良親王を送り込んでいたことを指摘することができた。このように奈良時代政治史のうえでいくつか重要な指摘をすることができたと思う。

写経所財政においては、前掲の吉田氏論文で、雄足が石山寺写経所の米を用いて、春に高値で売却して秋に安値で購入していたこと、また造石山寺所の残材を、東塔所の材や雄足の私材とともに、高嶋山小川津から泉津に回漕し、榲榑の地域間価格差を利用して売却していたことなど、利潤獲得行為がみられることを指摘した。吉田氏の指摘以来、別当による利潤獲得行為が関心を集め、山本幸男氏(3)は安都雄足の利潤獲得行為を前提にして、天平宝字二年の写経所財政における具体的な銭運用を解明しようとした。しかし同六年の二部大般若経写経事業を検討した栄原永遠男氏(4)は、写経所が物価騰貴をまったく顧慮せず、必要物資を前もって購入するようなことはしなかったと述べ、雄足の利潤獲得行為に対し、否定的な見解を示した。

本書においても利潤獲得行為の有無を検討した。第Ⅰ部第一章では、安都雄足が写経所別当となってはじめて担当した天平宝字二年の御願経書写を検討したが、この財政は、御願経料を割いて知識経を書写する経師の食費などに流用していることが大きな特徴であり、利潤獲得行為は見出せなかった。第Ⅰ部第三章では二部大般若経写経事業の財政を検討したが、栄原氏が検討したように物資の購入において変わった行為はなかった。しかしこれは米価高騰により、有効な財政運用ができないままに必要に迫られて、なし崩し的に物資を購入していたと解釈した。つまり二部大般若経写経事業は、利潤獲得行為を行わなかったのではなく、行えなかったと考えた。さらに宝亀年間（七七〇～七八〇）の一切経写経事業では先一部は、利潤獲得行為はみられず、始二部では、これまでのように物資を直接売買するのではなく、月借銭を少額ずつ下級官人に貸し付け、これに利子をつけて返却させるという方法での利潤獲得行為がみられた。

このように写経所の利潤獲得行為は、天平宝字六年の造石山寺所・石山寺写経所と宝亀年間の始二部写経事業（以降）にみられる。つまり写経所は常に利潤獲得を狙っていたのではなく、その時々の権力者の要請によってその運用方法を変えていたのである。天平宝字二年の藤原仲麻呂の関心は知識経書写の成功にあったのであり、安都雄足は御願経料から流用するという方法で知識経書写を支援していた。続く同六年の造石山寺所・石山寺写経所においては、安都雄足は季節間価格差や地域間価格差を利用して、積極的に利潤を追求するが、それは同五年からの不作、そして平城宮大改造・保良宮造営により財政が逼迫していたため低予算で成し遂げることが求められていたのであろう。また同六年十二月からはじまる二部大般若経写経事業においても同様に、利潤を追求する予定であったと思われる。

宝亀年間において先一部は、僧侶によって運営され、財政的にも優先されたこともあって、利潤獲得行為はみられなかった。その後、始二部写経事業では西大寺写経所から引き継いだ大量の銭を元手に、大規模な月借銭運用を行った。始二部からの月借銭運用は、写経所自身が季節間価格差や地域間価格差を利用して売買するのではなく下級官人に売買させるものであった。天平宝字六年の米価高騰と同八年の物価高騰を経験した写経所は、米価が秋の収穫期に必ず下がるという保証がないことを悟ったのであり、そのリスクを自ら負うのではなく、下級官人に負わせることを思いついたのである。その結果、下級官人は日常の経済活動から得た利益から利子を払うこととなり、写経所はより安全で確実な方法で利潤を獲得できるようになった。

一方、写経所財政は造東大寺司と写経所の関係を教えてくれる。皇后宮職の写経機関として発展した写経所は、天平十三年（七四一）から皇后宮職から離れ、福寿寺に場所を移して福寿寺写経所となり、同十四年五月末ごろ金光明寺造物所の管下に入り金光明寺写経所となった。そして同十九年冬に東大寺写経所となり、同二十年七月にその上級官司である造東大寺司が成立した(5)。しかしすでに造東大寺司の管轄下にあるはずの天平宝字二年（七五八）の写経所財政をみると、御願経料の多くが光明皇太后の関係部署から下充されており、物資の受け取りにおいては写経所の舎人を紫微中台官人のもとに遣わしている。また残物を造東大寺司のみならず、嶋院にも返却している。このように依然、紫微中台の強い影響下に置かれていたことがわかる。

天平宝字六年においては、写経所別当で造東大寺司主典である安都雄足が、石山寺写経所や造石山寺所・東塔所の別当を兼ねながら、それぞれの財政を融通しあい、また作業量も調整しながら、いくつもの事業を同時に進めていたことが知られる。造東大寺司においては、政所・大炊厨所・造物所・造仏所・木工所・絵所・鋳所・造瓦所・造香山薬師寺所・造上山寺菩薩所・甲賀山作所・田上山作所・高嶋山作所・泉津木屋所などの所を抱え、最盛期を迎えており、写経所は名実ともに造東大寺司の管轄下にあった。しかしこのころ造東大寺司は、石山寺・東大寺・造東大寺司を統率する良弁の強い影響下にあった。

そして仲麻呂政権の末期においては、造東大寺司において仲麻呂派と称徳・道鏡派の攻防により人事がめまぐるしく交替し、仲麻呂の乱後に称徳・道鏡政権は西大寺建立に心血を注ぎ、東大寺写経所が休止状態となった。この西大寺・造西大寺司の出現により、東大寺・造東大寺司の結束は固くなったと考えられ、その後の実忠直轄の先一部写経事業は東大寺写経所において東大寺僧の主導のもとに行われた(6)。やがて先一部が終結すると光仁天皇は西大寺写経所を廃止し、その写経事業と財政とを東大寺写経所に引き継がせたが、造東大寺司・東大寺写経所の規模を縮小した。すでに栄原永遠男氏(7)は、先一部は造東大寺司や奉写一切経司から支給された現物や銭は、いったん写経所の財政に組み込まれ、そこからの支出とされているが、始二部になると、大炊厨所による食米の直接支給の方式が拡大され、米・副食物・布施調布などにおいても、造東大寺司から直接支給されるようになることを指摘し、ここから造東大寺司財政に対する写経所の自立性が失われたこと、そして当時、造東大寺司財政の一本化が進展していた可能性を指摘した。これはまさに造東大寺司・写経所の規模縮小を意味していたのである。そしてこのころは光仁天皇の皇子である早良親王が、寺務・造寺・教学を主導する超越的存在として東大寺・造東大寺司に君臨していた。つまり宝亀年間においては、造東大寺司・東大寺写経所は早良親王の強い影響下に置かれていたのである。

このように東大寺写経所は、藤原仲麻呂・良弁・早良親王などの強い影響下に置かれていたのであり、その時々の政治情勢に翻弄されていたのである。

二　下級官人と奈良時代政治史

かつて井上薫氏(8)が指摘したように、トネリは全国のあらゆる階級から貢進され、京に滞在して律令官人として出身仕官していた。古代国家は優秀な人材を全国から集めようとしたのであり、これに応えて地方豪族、すなわち在地の有力者が下級官人として官司に仕えた。平城宮出土の式部省関係考選木簡(9)からは、八世紀の下級官人の六～七割は京・畿内、残りの三～四割が畿外の出身者であったことが知られ、実際に全国から集まっていたことがわかる。

序章で述べたように、下級官人は貴族とは身分や待遇において隔絶した差があり、彼らは何十年働いても低い位階に留まっていたことから、貴族に虐げられた憐れな人々と考えられてきた。しかし本書でみてきたように、下級官人は官司を運営するうえで欠かせない要員であった。第Ⅰ部第二章で検討した写経所別当安都雄足の権限は、所の人事・財政・業務に留まらず、その新置や停廃にまで及んでいた。そして造東大寺司の政所は彼ら所の別当たちが、人材の配置や財源の配分について協議をする場であった。天平宝字六年当時の安都雄足は、石山寺写経所のほかに、造石山寺所や東塔所の別当を兼ねていたため、石山寺写経所は上馬養が、造石山寺所は下道主が案主として実務を担い、さらに甲賀・田上山作所では領が現場で作業手順を決め、労働力の配置や食事・功賃などの手配などを行っていた。このように別当のみならず案主や領までもが重要な役割を果たしていた。また長上の船木宿奈万呂や司工の穂積川内が私財を提供していることを考えると（五ノ八六など）、かなり広範囲の下級官人が重責を担っていたと思われる。そしてこれは造東大寺司に限ったことではない。たとえば同二年に義部（刑部）省中解部の韓国毛人は、写経所で行われた義部省分の知識経書写において自ら経師として書写するとともに、写経所から米や銭を借り（十四ノ四七）、その費用を賄っていたのであり、義部省の知識経書写の責任者であったことがわかる。つまり時の権力者である仲麻呂が最も力を入れていた知識経書写を、義部省は韓国毛人に一任していたのである。すなわち古代国家の官司運営は、その基底部を下級官人に丸投げしていたのである。

そして吉田孝氏があきらかにしたように、造東大寺司の封戸租米は郡司や軍団の大少毅など在地の有力者の協力のもとに納入されていたのであり、さらに徴収にあたった造東大寺司史生の従七位下麻柄全麻呂も在地の有力者であった。また造東大寺司の庄である宇治司所は、山城国宇治郡大国郷に本貫をもつ矢田部造麻呂が東大寺に家地を売ったものであるが（十五ノ一二八）、その領は彼の戸主である従八位上宇治連麻呂であった。このように造東大寺司は、在地とつながりをもつ下級官人を積極的に採用し、彼らの影響力や財力、人脈を活用しながら官司運営を行っていたのである。

一方、越前国史生として赴任した安都雄足がその後も長く越前国と関係をもち続けたことが指摘されている。たとえば越前国司は雄足に紫絁の購入を依頼し（四ノ二八七）、雄足は上京してきた足羽郡の主帳に調布の購入を依頼しており（十六ノ九二）、また足羽郡の書生は越前国の安都宅の米を送っている（四ノ三六六〜三六七）。このように官司運営をきっかけに在地の有力者と結びつく下級官人も存在した。下級官人は官司運営に便乗して在地に影響力を及ぼしていたのである。そして彼らの役割が大きくなると、政争にも関わるようになってくる。

鷺森浩幸氏[10]は、別当が人事を編成していたことから、別当を中心にグループが形成されていたこと、そして何らかの契機によって、上層の官人と結合すればそれは政治的な党派になっていたのではないかと述べた。つまりこの時期の党派は単なる上層官人の結合ではなく、水面下に多くの下級官人を組織していたことを指摘したのであり、天平勝宝九歳（七五七、八月に天平宝字に改元）の橘奈良麻呂の変は、まさにこのような性格をもっていた。この乱においては、大伴古麻呂・多治比犢養・小野東人・大友古麻呂・賀茂角足・佐伯全成など多くの現職の官人が主謀者とされ、処罰を受けた者の数が四四三人にのぼることからも、名前のあがった現職官人の背後に多くの下級官人が存在していたことがわかる。奈良麻呂の変が一段落した後に、京畿内の村長以上を召集するという、きわめて異例なかたちで詔を発していることからも（『続日本紀』天平宝字元年七月戊午（一二）条）、動揺がかなり広がっていたことがうかがわれる。

そして翌年の光明皇太后の不予をきっかけに、藤原仲麻呂は大炊王（＝後の淳仁天皇）の即位を急ぐとともに、下級官人を掌握するために知識経書写を企画した。これはまず千四百巻経書写において、各官司から下級官人を写経所に召集し、仲麻呂派として取り込み、やがて彼らがそれぞれの官司に戻り、知識経書写を主導することで、さらに支持勢力を増やそうとしていたのである。このように仲麻呂は下級官人の掌握に苦心していたが、状況が一変したのが、天平宝字六年の米価高騰と続く同八年の物価高騰である。多くの下級官人は二部大般若経写経事業の安都雄足のように、官司運営に便乗した私的な経済活動、交易活動や墾田経営、出挙銭運用なども打撃を受けた。下級官人は古代国家からの給与に依存していたのではなく、多様な経済活動を通じて私富を蓄積していたことを考えると、その損害は甚大であったと思われる。この米価高騰と物価高騰により、多くの下級官人が仲麻呂に敵対する孝謙太上天皇（＝後の称徳天皇）・道鏡を支持するようになったと考えられる。そして仲麻呂の乱後、称徳・道鏡政権は、下級官人の期待通りに物価を安定させることに成功した。この時に道鏡を天皇に擁立する動きが出たのも、その背後に下級官人の強い支持があったのではないだろうか。このように橘奈良麻呂の変、藤原仲麻呂の乱、称徳・道鏡政権の成立にいたる政治史には、下級官人の動向が大きく影響していたのである。

一方、仲麻呂の伸張とともに発展してきた東大寺・造東大寺司は追い詰められていた。称徳・道鏡政権は、東大寺に対抗して西大寺を造営し、東大寺写経所を休止状態にして、西大寺写経所で写経事業を展開した。この政権は東大寺と同規模の西大寺を造ろうとしていたのであり、道鏡を頂点に戴く仏教勢力は膨れあがり、絶頂期にあった。そして道鏡を天皇に擁立する動きは、仏教界の代表者を天皇にするということであり、古代国家を純粋な仏教国にするという構想があったものと思われる。これは聖武天皇や光明皇后が展開した仏教政策のある意味、当然の結末であった。しかし宇佐八幡神託事件、そして称徳天皇の崩御により、道鏡は失脚する。

跡を継いだ光仁天皇は西大寺の造営は続けるものの、西大寺写経所は廃止する。そして西大寺写経所で書写していた始二部写経事業は、東大寺写経所に引き継がせるが、造東大寺司・東大寺写経所の規模を縮小し、写経事業も最終的に宝亀七年（七七六）に打ち切った。このように光仁天皇は穏便に仏教勢力を縮減しようとしたのである。しかし天応元年（七八一）に桓武天皇に譲位した際に、早良親王を皇太子に指名したことからも（『同』天応元年四月壬辰〈四〉条）、仏教勢力を排除する考えはなかったと思われる。早良親王は「親王禅師」と呼ばれたように、父光仁天皇の即位により親王となってからも僧侶の身分のままであった。そして山田英雄氏[11]が指摘するように『大鏡』の師尹の条の「法師東宮」は早良親王を指しており、彼は還俗せずに皇太子になっていた可能性がある。[12]先述したように神護景雲三年（七六九）に道鏡という僧侶を天皇に擁立する動きがあったのであり、多くの貴族・下級官人が仏教に深く帰依していたのである。そして宇佐八幡の神託に「我国家開闢以来、君臣定矣。以レ臣為レ君、未二之有一也。天之日嗣必立二皇緒一。无道之人宜二早掃除一」（『同』同三年九月己丑〈二五〉条）とあるように、道鏡の即位が適わなかったのは彼が「皇緒」、すなわち天皇の血統に連なっていなかったからである。その意味では天皇家の血を引き、仏教界の頂点にあった早良親王の即位は、理に適っていたのである。光仁天皇は早良親王の即位において、天皇家の血統と仏教界の代表者を融合させた新しい天皇を創出しようとしていたのである。そして以後は、天皇家の者を出家させ、仏教界の頂点に据えたうえで、天皇として国家を統治させることを考えていたのかもしれない。

　しかしこれに対し、桓武天皇の考えは違った。桓武天皇は強くなりすぎた仏教勢力を政治から排除しようとしたのであり、それゆえ延暦三年（七八四）に東大寺や西大寺などから遠く離れた長岡京への遷都を強行した。そして藤原種継暗殺事件への関与を疑われた早良親王は、皇太子を廃され、淡路国に移送中に絶命するのである。

注

（1）西洋子『正倉院文書整理過程の研究』（吉川弘文館、二〇〇二年）。

（2）吉田孝「律令時代の交易」（『律令国家と古代の社会』岩波書店、一九八三年、初出、一九六五年）。以下、吉田氏の見解は当論文による。

（3）山本幸男「天平宝字二年造東大寺司写経所の財政運用―知識経写経と写経所別当の銭運用を中心に―」（『南都仏教』五六、一九八六年）。

（4）栄原永遠男「奉写大般若経所の写経事業と財政」（『奈良時代写経史研究』塙書房、二〇〇三年、初出、一九八〇年）。

（5）山下有美「勅旨一切経所について―皇后宮職系統写経所の性格―」（『正倉院文書と写経所の研究』吉川弘文館、一九九九年）。

（6）天平神護二年には道鏡とともに円興・基真が法臣・法参議として太政官に進出するなど、当時は僧侶の活躍がめざましかった（『続日本紀』同二年十月壬寅〈二〇〉条）。

（7）栄原永遠男「奉写一切経所の財政」（『奈良時代写経史の研究』塙書房、二〇〇三年、初出、一九七九年）。

（8）井上薫「舎人制度の一考察―兵衛・授刀舎人・中衛舎人―」（『日本古代の政治と宗教』吉川弘文館、一九六一年、初出、一九六〇年）。

（9）『平城宮木簡六　解説』（奈良文化財研究所、二〇〇四年）。

（10）鷺森浩幸「天平宝字六年石山寺造営における人事システム―律令制官司の一側面―」『日本史研究』三五四、一九九二年。

（11）山田英雄「早良親王と東大寺」（『南都仏教』一二、一九六二年）。

（12）ただし高田淳氏・本郷真紹氏は、早良親王は還俗して皇太子になったとする（高田淳「早良親王と長岡遷都―遷都事情の再検討―」〈林陸朗先生還暦記念会編『日本古代の政治と制度』続群書類従完成会、一九八五年〉、本郷真紹「光仁・桓武朝の国家と仏教―早良親王と大安寺・東大寺―」〈『律令国家仏教の研究』法蔵館、二〇〇五年、初出、一九九一年〉）。

あとがき

「まえがき」で述べたように、私が正倉院文書研究をはじめたのは、博士論文を提出した後で、当時は日本学術振興会特別研究員（PD）として東京大学史料編纂所に所属していた。当然、石上英一先生の正倉院文書演習に参加することを考えたが、私には敷居が高く、今の状態では、おそらくついていくことができないだろうと思った。そこで先に何か文書を整理してみようと考え、独学で布施申請解案の検討をはじめた。独学といっても、当時は有富純也氏、矢越葉子氏に多くのアドバイスをいただいた。また指導教員であった加藤友康先生には、懇切丁寧に指導していただいた。心から感謝申し上げたい。

その後、写経所財政の解明を目標に、財政関係の帳簿を検討しようとしたが、その前にまず帳簿を作らなければならなかった。『大日本古文書』編年文書（東京大学史料編纂所編、東京大学出版会、一九〇一～四〇年）に帳簿がそのままの順序で掲載されていることはまれで、『正倉院文書目録』（東京大学史料編纂所編、東京大学出版会、一九八七年～）や岡藤良敬著『日本古代造営史料の復原研究』（法政大学出版局、一九八五年）、山本幸男著『写経所文書の基礎的研究』（吉川弘文館、二〇〇二年）などを参照しながら、『大日本古文書』のコピーを切り貼りし、それぞれの帳簿を作った。この作業に時間と労力を費やしてしまったが、先人たちが自分で帳簿の接続を検討しなければならなかったことを思うと、私の場合はまだ恵まれていた。そして次に先行研究を集めなければならなかったが、その量の多さに驚いた。たとえば造石山寺所関係文書に関する論文は、ダンボール一箱分になった。これまで京職や京戸という、先行研究があまりない分野を扱ってきただけに、これには驚いた。論文を集めるだけで疲れてしまったが、読んでみるとどれも堅実な論文で、考証方法や結論をそのまま活用することができた。その意味では、かえって楽だったのかもしれない。このように最初は戸惑うことが多かったが、しだいに正倉院文書研究にのめり込んでいった。

そうするうちに加藤先生は明治大学へ異動され、指導教員は山口英男先生に引き受けていただいた。正倉院文書演習も石上先生から山口先生に代わっていたこともあり、ここではじめて演習に参加した。そして日本学術振興会特別研究員（RPD）の後には、東京大学史料編纂所の研究支援推進員にしていただき、引き続き恵まれた環境で正倉院文書研究に専念することができた。演習も今日まで参加させていただいている。正倉院文書は江戸時代末期からの整理作業により、現在では正集四十五巻、続修五十巻、続修後集四十三巻、続修別集五十巻、塵芥三十九巻三冊、続々修四百四十巻二冊の巻物に仕立てられた。山口先生の演習は、これを奈良時代の状態に戻すべく、文書を断簡わけし、それぞれの断簡の接続を内容や写真、関連史料から検討していくもので、『正倉院文書目録』がいかにして出来上がっていくのかを知ることができた。そして演習では一か月に一回ぐらい、小報告として正倉院文書に関する研究報告が行われる。本書におさめた論文は、ほとんどこの小報告で発表させていただいた。山口先生、稲田奈津子氏、長島由香氏、東京大学の院生のみなさまからは多くの建設的なご意見をいただいた。厚くお礼申し上げたい。

演習に参加して、『大日本古文書』は誤りが多いため、『正倉院古文書影印集成』（宮内省正倉院事務所編、八木書店、一九八八年〜）やマイクロフィルムの紙焼写真を用いるべきことは理解していたが、実際のところ財政関係の帳簿は字が小さかったり、墨が薄かったり、重ね書きされていたりするため、『大日本古文書』に頼ってしまった。また正倉院文書は『大日本古文書』の巻・頁のみでなく、種別とその巻帙数を記すべきことも承知していたが、散り散りになっている帳簿の種別と巻帙数を論文中に記すと、それだけで複数行にまたがってしまうため、本書では割愛してしまった。これらの点は不適切だったかもしれない。

さて本書の目的は序章でのべたように、八世紀における下級官人の役割をあきらかにすることにあった。しかし出来上がりをみると、それ以上に政治史的な記述が目につく。実は本書の概要を小報告で発表した時、山口先生から実証的な部分とその後の展開の部分（政治史的な記述）を分けた方がよいのではないかとのご指摘をうけた。すなわち私の政治史の解釈に拒絶反応を示した方々は、実証的な部分まで拒絶してしまうのではないかと懸念されたのだった。これはまさに私自身が危惧していたことであった。もともと私が目標としていたのは、写経所財政を解明することであり、本書の書名も当初は『正倉院文書と写経所財政』を予定していた。しかしいざこれを解明してしまうと、ここから何を読みとるかということに関心が向いてしまった。財政、すなわち銭や物資の流れには、権力者の意図が隠されているのであり、これを探っていくことが楽しくなってしまったのである。

しかし一方で本書から政治史的な記述を排除してしまったら、ごく一部の研究者にしか読まれなくなるのではないかという不安もあった。正倉院文書は、その復原作業に膨大な手間がかかり、研究までの道のりが長い。効率よく論文を量産することを目指す研究者は、正倉院文書を敬遠する。近年、このような傾向が強く、とくに若い研究者が正倉院文書研究から離れていっているように思う。このような状況のなかで本書が政治史を語ることで、正倉院文書が『続日本紀』に描かれない政治史の実態を物語っていることを主張したい。そして正倉院文書研究は、その苦労にみあうだけの価値があることを伝えられればと思う。

最後に本書を古代史選書として刊行していただいた同成社と編集委員の先生方、担当していただいた山田隆氏に感謝申し上げたい。

二〇一五年二月

市川　理恵

史料索引

1. 正倉院文書

（　）内は『大日本古文書』の巻ノ頁を示す。

(1) 千巻経・千四百巻経・千二百巻経・知識経〈天平宝字二年〉

東大寺写経所食口帳〈天平宝字二年六月二十二日～八月三十日〉(13ノ337～352)　17, 33
食口帳〈二年九月三日～十月三日〉(16ノ5～9)　14～15
写経所食口案〈天平宝字二年十月二十九日付、十月六～二十九日〉(13ノ352、14ノ14～18、217、216～217、214～215)　21, 33
経師筆墨直充帳（13ノ238～240、25ノ231）　50
金剛般若経紙充帳（13ノ318～331）　50
金剛般若書作充帳（13ノ353～356）　50
写千巻経所銭并衣紙等下充帳（13ノ258～266、371～373、283～284）　18, 49
写千巻経所銭并紙衣等納帳（13ノ243～252）　49
写千巻経所食料雑物納帳（13ノ254～257）　49
写千巻経所食物用帳（13ノ284～298、未収、25ノ248～249、13ノ299～317、25ノ232～233、13ノ473～475、13ノ470～473、14ノ113）　17, 49
千手千眼并新羂索薬師経料銭并衣紙等納帳（4ノ278～280、未収、13ノ252～253）　21, 50, 51
千手千眼并新羂索薬師経料食料雑物納帳（13ノ431～435）　50
千手千眼并新羂索薬師経料銭并衣紙等下充帳（13ノ364～371、267～283）　17, 18, 50
千手千眼并新羂索薬師経装潢紙上帳（13ノ423～426）　50
千手千眼并新羂索薬師経装潢充書造経帳（13ノ419～420）　50
千手千眼并新羂索薬師経校帳（13ノ427～430）　50
千手千眼并新羂索薬師経料自宮来雑物継文（4ノ274）　20, 51
造書経上帳（13ノ421～422）　50
写経所自市買来雑物等納帳（13ノ385～386）　50
一千二百巻金剛般若経紙充帳（14ノ117～137）　39, 50
千二百巻金剛般若経書上帳（14ノ137～161）　50
後金剛般若経経師等食米并雑納帳（14ノ55～60）　21
後金剛般若経経師等筆并墨直充帳（14ノ65～68）　50
後金剛般若経食物用帳（14ノ81～113）　50
後金剛般若経料銭下充帳（14ノ1～14）　19, 27, 52
後金剛般若経装潢紙上帳（14ノ166～169）　50
東大寺写経所間銭下帳（14ノ201～204、15ノ452～453）　16, 19, 20, 22, 26～28, 38, 52
天平宝字二年六月十九日付造東大寺司牒（13ノ241）　18, 21
天平宝字二年七月四日付文書〈千手千眼并新羂索薬師経料自宮来雑物継文内〉(4ノ274)　20, 51
天平宝字二年七月六日付造東大寺司解案〈予算書〉(13ノ373～380)　18, 21, 50
天平宝字二年七月二十四日付東寺写経所解案（13ノ476～477）　163
天平宝字二年七月十五日付安宿豊前銭進送文（25ノ230）　51
天平宝字二年八月三日付造東寺司経師召文（13ノ479）　45
天平宝字二年八月十八日付東寺写経所経師召文（13ノ487～488）　41, 42
天平宝字二年八月十九日付東寺写経所召文（4ノ290～291）　42, 45
天平宝字二年八月二十八日付造東大寺司解（4ノ397～398、293～296）　10～12, 45
〈天平宝字二年八月〉写経注文（13ノ418）　43
〈天平宝字二年八月末〉本銭所用等注文（14ノ48）　37
天平宝字二年九月五日付東寺写経所解案（4ノ301～311）　19
天平宝字二年九月五日付東寺写経所解案（14ノ29～45）　19
〈天平宝字二年九月五日〉東寺写経所解案（14ノ28～29）　19, 30
天平宝字二年九月五日付東寺写経所解案（14ノ29～45）　30
天平宝字二年九月六日付韓国毛人啓(14ノ47～48)　34, 35
天平宝字二年九月七日付安都雄足充米銭注文（14ノ49）　35, 36
天平宝字二年九月八日付坤官布施充当文（14ノ53～54）　29
天平宝字二年九月八日付義部省借用銭注文（14ノ48）　52
〈天平宝字二年九月〉充厨大炊雑物注文（14ノ27）　32, 33
天平宝字二年九月十日付知識写大般若経料紙進送文（25ノ236～237）　44
天平宝字二年九月十一日付奉写経所布施奏請文（14ノ60）　52

天平宝字二年九月十二日付奉写経所庸綿等沽却銭用注文（14ノ62～63） 30～31
天平宝字二年九月十四日付坤官下官葛木戸主状（14ノ63） 13～14
天平宝字二年九月二十一日付造仏司牒（14ノ171） 12～13
天平宝字二年十月三日付東寺写経所牒（25ノ244・255） 40～41
天平宝字二年十月五日付奉写先後経料交替注文案（14ノ187～188） 22
〈天平宝字二年十月五日〉大般若布施銭并先経遺銭等注文案（14ノ242～243） 23
天平宝字二年十月五日付安都雄足報納銭并残銭注文（14ノ51～52） 29
天平宝字二年十月十日付造東大寺司移案（4ノ343～344） 39
天平宝字二年十月十一日付東大寺写経所請銭文案（14ノ188～189） 164
天平宝字二年十月十二日付東大寺写経所請銭注文（4ノ345～346） 164
天平宝字二年十一月三日付東寺写経所解案（14ノ226～234） 20
天平宝字二年十一月十四日付東寺写経所解案（14ノ247～248） 21
天平宝字二年十一月二十日付舎人大網広□勘受物送文（14ノ259） 22
天平宝字二年十一月二十五日付写経所解案（14ノ266） 22
天平宝字二年十一月二十五日付秦馬養収納米検納文（14ノ265～266） 22
天平宝字二年十二月二十五日付経所雑物見注文（14ノ275～276） 22
天平宝字二年十一月七日付大般若経并先後経料銭用帳（14ノ235～238） 24
〈天平宝字二年十一月二十日〉経所雑物見注文案（14ノ198～199） 38
天平宝字二年十一月二十四日付安都雄足布施米注文（14ノ52） 36～37

(2) 造石山寺所関係文書〈天平宝字五～六年〉

造石山寺所食物用帳（5ノ5～22、15ノ378～436、5ノ29～30、25～29、24～25、16ノ177～178） 56, 60, 62, 66～68, 74, 76
造石山寺所銭用帳（4ノ532～536、5ノ355～360、15ノ442～444、5ノ360～362、15ノ450～452、446～450、5ノ362～371、15ノ444～446） 57, 58, 66, 75, 76, 122
造石山寺所黒米報進文案（15ノ248～250） 61, 62, 75
造石山院所貯蓄継文（5ノ65、281、85） 122, 147
造石山寺所解移牒符案（15ノ137～143、311、143～156、未収、15ノ156～159、5ノ113～114、15ノ157～229、5ノ256、15ノ230～234、未収、25ノ246、未収、15ノ85、未収、16ノ1～3、15ノ243～254、16ノ118～120、未収、5ノ385～386、400～402、未収、5ノ439、438、5ノ441～442、444、438～446、16ノ390～399） 76, 91, 122, 124
造石山寺所雑様手実（5ノ261） 122
近江国愛智郡司東大寺封租米進上解案帳（16ノ390～399） 123
田上山作所正月告朔解（15ノ344～348、5ノ77～83） 66, 76
田上山作所二月告朔解（5ノ114～124） 66, 76
田上山作所三月告朔解（5ノ148～160） 66
田上山作所四月告朔解（5ノ221～229、15ノ463～465） 66, 132
甲賀山作所十二月・正月告朔解（5ノ86～94） 66, 67, 73
甲賀山作所三月・四月告朔解（5ノ95～102、15ノ462） 66, 68, 122
米銭請用注文（5ノ285～287） 62, 75
石山院奉写大般若経所食物用帳〈石山寺写経所食物用帳〉（15ノ471～782、5ノ33、15ノ482～486、5ノ23～24、15ノ486～495、5ノ30～32、15ノ496～500） 60～62, 75
石山院奉写大般若経所米売価銭用帳（5ノ266～270、15ノ452～453） 63, 122
天平宝字五年十二月二十六日付甲可山作所解（4ノ526～527） 73
天平宝字六年一月十六日付造石山寺所解（15ノ138） 71
天平宝字六年一月二十日付僧神勇充銭注文（5ノ67） 71
天平宝字六年一月二十六日付符〈造石山寺所解移牒符案内〉（15ノ145・149） 76
天平宝字六年一月二十八日付信楽殿壊運所解（5ノ74～75） 69
天平宝字六年二月三日符〈造石山寺所解移牒符案内〉（15ノ149） 76
天平宝字六年二月二十四日東大寺作物所返抄（5ノ113） 65
天平宝字六年二月二十六日付造東大寺石山院所牒（15ノ154～155） 65
天平宝字六年三月十六日付造東大寺司牒（5ノ143） 65
天平宝字六年三月十七日付造石山寺所牒（5ノ143～144） 71
〈天平宝字六年三月〉石山院牒（15ノ254～255） 71
天平宝字六年四月四日付造石山院解（15ノ180～181） 65
天平宝字六年四月十五日付造石山院所解（15ノ189） 130～131
天平宝字六年四月十五日符（15ノ190） 131～132
天平宝字六年四月要劇銭注文（15ノ189） 131
天平宝字六年五月二日石山政所符（15ノ198）

天平宝字六年閏十二月一日造寺牒案（16ノ111〜112） 63
天平宝字六年閏十二月一日付符（16ノ110〜111） 63
天平宝字六年閏十二月二十三日付造寺司符案〈奉写二部大般若経解移牒案内〉（5ノ333〜334） 74, 114
天平宝字六年閏十二月二十九日造石山寺所解案〈秋季告朔、決算報告書〉（16ノ219〜222、212〜215、15ノ127、16ノ229〜252、191〜195、199〜201、195〜197、186〜188、185〜191、201〜208、197〜199、227〜229、208〜211、5ノ335〜354） 67, 69, 70, 75, 76, 120, 146
天平宝字七年二月十八日付牒（16ノ119〜120） 63
天平宝字七年三月三日付造石山寺院所牒（5ノ400〜401） 63
天平宝字七年五月六日付造石山院所解（5ノ439〜440） 60, 63, 76
天平宝字七年六月十六日付造石山院所解（5ノ445〜446） 74

(3) 十二灌頂経・二部大般若経・仁王経疏〈天平宝字六～七年〉

奉写灌頂経所食口案（16ノ26〜50）
　　　　1, 99, 101, 103, 104, 114, 158, 180
雇人功給歴名帳（16ノ178〜185）
　　　　81, 91〜94, 103, 104, 110, 113, 115
奉写二部大般若経雑物納帳（5ノ300〜306、16ノ121〜129）
　　　　81〜86, 88, 89, 92, 94, 96, 100, 101, 103, 108, 110, 112〜114
奉写二部大般若経銭用帳（16ノ91〜104）
　　　　81〜84, 89, 91, 92, 94, 96〜99, 103, 109, 110, 112〜115, 122, 123, 147, 184, 247
奉写二部大般若経雑物収納帳案（16ノ129〜130） 81, 115
写経料雑物収納并下用帳（16ノ88〜90） 109
売料綿下帳（16ノ74〜78、15ノ292）
　　　　81, 84〜86, 88, 97, 101, 108, 110, 112, 171, 185
売料綿并用度銭下帳（16ノ78〜87）
　　　　81, 84, 89, 91〜93, 97, 110, 112, 113, 123, 147, 185
奉写二部大般若経紙筆墨充帳（16ノ139〜164） 81
二部大般若経本充帳（16ノ164〜170） 81
奉写二部大般若経紙装潢充帳（16ノ137〜138） 81
奉写二部大般若経料雑物納帳（16ノ71〜73、未収） 84, 87〜88
奉写灌頂経料銭用帳〈十二灌頂経銭用帳〉（16ノ17〜21） 91, 93, 103, 104, 106, 115
奉写灌頂経料雑物下帳（16ノ21〜24） 103, 104, 106
奉写二部大般若経仁王経疏経師等解文案（16ノ429〜431） 94
天平宝字六年二月五日付「上馬養銭用注文」（5ノ85） 147
天平宝字六年十一月二十三日付十二灌頂経用度文〈予算書〉（16ノ114ℓ3〜115ℓ9、16ノ14〜15ℓ13、16ノ115ℓ10〜117、16ノ16） 91, 97, 99, 102, 105, 123, 147
天平宝字六年十二月十六日付奉写二部大般若経用度解案〈予算書〉（16ノ59〜68） 102, 109, 164
天平宝字六年十二月十七日付造東寺司主典安都雄足状（16ノ68〜69） 101
〈天平宝字六年十二月〜七年一月〉写経銭用注文（16ノ104〜105） 90〜91
天平宝字六年閏十二月一日付造寺司符案（16ノ109） 107〜108
天平宝字六年閏十二月四日付上馬養銭用注文（16ノ131〜132） 97
天平宝字六年閏十二月六日付経所解案（16ノ132〜134） 94〜95
〈天平宝字六年閏十二月六日以前〉用銭并売綿価注文（16ノ134〜136） 95〜96
天平宝字六年閏十二月十九日付奉写大般若所符案（16ノ112〜113） 90
天平宝字六年閏十二月二十一日付奉写灌頂経所解案（16ノ172〜174） 125
天平宝字六年閏十二月二十三日造寺司符案〈奉写二部大般若経解移牒案内〉（5ノ333） 114
天平宝字七年二月二十九日付飯高息足状（16ノ340〜341） 170〜171
〈天平宝字七年四月〉奉写二部大般若経仁王経疏経師等解文案（16ノ429〜431） 102
天平宝字七年四月二十三日付東大寺奉写大般若所解案〈決算報告書〉（16ノ376〜382）
　　　　84, 91, 97, 99, 103, 106, 109, 113, 116, 148

(4) 一切経〈宝亀年間〉

1）帳簿

奉写一切経所食口帳〈神護景雲四年七月四日〜宝亀二年八月三十一日〉（17ノ329〜486） 176, 237
奉写一切経所食口案帳〈宝亀二年九月一日〜十二月一日〉（19ノ79〜89、6ノ365〜366、19ノ89〜108、20ノ77） 176, 237
奉写一切経所食口案帳〈宝亀三年二月一日〜十二月三十日〉（19ノ151〜171、6ノ366〜367、19ノ171〜195、19ノ243、未収、19ノ195〜196、6ノ332〜335、20ノ78〜79、6ノ335〜342、19ノ196〜206、6ノ342〜345、19ノ206〜242、21ノ

2）月借銭関係

3）告朔解案

奉写一切経料銭用帳（17ノ236〜328）
　　　　　　　　127, 138〜139, 155, 176, 182
奉写一切経所銭用帳（6ノ202〜221）
　　　　　　　　155, 164, 166, 167, 176, 182
奉写二部一切経料銭用帳（19ノ110〜111）
　　　　　　　　　　　　　　　　　148, 166
奉写一切経所銭納帳（6ノ42〜49）　155, 176
奉写二部一切経料銭納帳（19ノ112〜119）
　　　　　　　　　　　　　148, 166, 182, 183
奉写一切経所雑物請帳（6ノ50〜80、18ノ572〜573、
　　6ノ199〜200、18ノ573〜580）
　　　155, 166, 176, 183, 209, 212, 213, 236, 237
奉写一切経料紙充装潢帳（17ノ154〜160）　176
奉写一切経所浄衣用帳（6ノ6〜20）　　　　157
奉写一切経料墨紙筆用帳案（18ノ457）　　　180
奉写一切経所請物案帳（18ノ572〜580）
　　　　　　　　　　　　　　　　　195, 237
下銭并納銭帳（20ノ308〜310, 20ノ310〜312）
　　　　　　　　　　　　　166〜168, 176, 183
宝亀二年三月三十日付奉写一切経所解（15ノ126、
　　6ノ135〜160）　　　　　　　　　　　148
宝亀三年二月六日付奉写一切経所請物文案（19ノ
　　244〜247）　　　　　　　　　　　　　181
宝亀三年二月二十三日付奉写一切経所解（19ノ
　　319〜321）　　　　　　　　　　　　　181
宝亀三年八月十一日付奉写一切経所解（6ノ379〜
　　389）　　　　　　　　　　　　　161〜163
宝亀五年十一月六日付奉写一切経所解（23ノ170〜
　　171）　　　　　　　　　　　　　　　173

奉写一切経所解〈月借銭請人歴名〉（25ノ358〜359）
　　　　　　　　　　　　　　　　168, 183, 184
宝亀三年四月十八日付月借銭請人歴名（6ノ314〜
　　315）　　　　　　　　　　　　165, 182, 184
宝亀三年二月十四日付當麻鷹養月借銭解（6ノ272）
　　　　　　　　　　　　　　　　　　　181, 182
宝亀三年二月二十一日付石川宮衣月借銭解（19ノ
　　315）　　　　　　　　　　　　　　　　182
宝亀三年二月二十三日付奉写一切経所解（19ノ
　　319〜321）　　　　　　　　　　　　　181
宝亀三年二月二十五日付丈部浜足月借銭解（6ノ
　　273）　　　　　　　　　　　　　　　　182
宝亀三年二月二十五日付秦度守月借銭解（6ノ274）
　　　　　　　　　　　　　　　　　　　　182
宝亀三年二月二十九日付刑部広浜解（6ノ285）
　　　　　　　　　　　　　　　　　　　　182
宝亀三年二月三十日付物部道成月借銭解（6ノ
　　285〜286）　　　　　　　　　　　　　182
宝亀三年三月五日付秦道形月借銭解（19ノ314）
　　　　　　　　　　　　　　　　　　　　182
宝亀三年四月二日付玉作広長月借銭解（19ノ314）
　　　　　　　　　　　　　　　　　　　　184
宝亀三年四月十二日付念林老人解（6ノ312〜313）
　　　　　　　　　　　　　　　　　　　　182
宝亀三年四月十四日付秦国依月借銭解（19ノ313）
　　　　　　　　　　　　　　　　　　　　182
宝亀三年四月十八日付田豊大山月借銭解（6ノ314）
　　　　　　　　　　　　　　　　　　　　185
宝亀三年九月七日付刑部広浜連署月借銭解（19ノ
　　304）　　　　　　　　　　　　　　　　183
宝亀三年九月七日付八木宮主月借銭解（19ノ303）
　　　　　　　　　　　　　　　　　　　　185
宝亀三年九月八日付山部針間麻呂月借銭解（19ノ
　　306）　　　　　　　　　　　　　　　　186
宝亀三年九月八日付山部針間麻呂大伴路万呂連署
　　月借銭解（19ノ306〜307）　　　　　　184
宝亀三年九月八日付大友路麻呂月借銭解（19ノ
　　306）　　　　　　　　　　　　　　184, 186
宝亀三年十月付大伴路万呂月借銭解（20ノ318）
　　　　　　　　　　　　　　　　　　　　184
宝亀三年十一月二十七日付丈部浜足月借銭解（19
　　ノ297〜298）　　　　　　　　　　　　173
宝亀五年五月十六日付上馬養父子連署月借銭解
　　（22ノ417〜418）　　　　　　　　　　153
宝亀六年十一月十五日付刑部広浜月借銭解（23ノ
　　568〜569）　　　　　　　　　　　　　181

神護景雲四年九月二十九日付告朔解案 a（6ノ86〜
　　107）　　　　124, 136〜137, 158, 179, 182, 202
宝亀二年三月三十日付告朔解案 b（15ノ126、6ノ
　　135〜160）　　148, 159, 179, 202, 232, 234
宝亀二年五月二十九日付告朔解案 c（6ノ173〜
　　198）　　　　　179, 182, 201, 202, 232〜234
宝亀二年十二月二十九日付告朔解案 d（6ノ223〜
　　247）
　　164, 179, 182, 201〜203, 210〜212, 214〜218,
　　　　　　　　　　　　　　　232, 233, 239
宝亀三年三月三十日付告朔解案 e（6ノ291〜307）
　　　　　　　　　179, 182, 201, 203, 232, 234
宝亀三年五月十五日付告朔解案 f（6ノ317〜323）
　　　176, 179, 182, 195, 201, 203, 232, 234, 238
宝亀三年五月二十九日付告朔解案 g（6ノ324〜
　　329）　　　　　　179, 182, 195, 203, 232
宝亀三年七月十一日付告朔解案 h（6ノ368〜374）
　　　　　　179, 182, 195, 203, 218, 232, 233, 238
宝亀三年七月二十九日付告朔解案 i（6ノ374〜
　　378）　　　　　　　176, 179, 182, 203, 232
宝亀三年八月三十日付告朔解案 j（6ノ391〜395）
　　　　　　　　　　　　　164, 179, 182, 203

宝亀三年十二月三十日付告朔解案 n（6ノ446～463） 164, 179, 181, 204
宝亀四年正月二十九日付告朔解案 o（6ノ469～473） 164, 179, 181, 182, 204
宝亀四年二月三十日付告朔解案 p（6ノ476～484） 164, 179, 181, 182, 204
宝亀四年三月三十日付告朔解案 q（6ノ498～508） 164, 179, 181, 182, 204
宝亀四年四月二十九日付告朔解案 r（21ノ484～491） 164, 179, 181, 204
宝亀四年五月三十日付告朔解案 s（21ノ491～497） 164, 179, 181, 204
宝亀四年六月二十九日付告朔解案 t（21ノ497～503） 164, 179, 181, 204
宝亀四年七月三十日付告朔解案 u（21ノ503～510） 179, 181, 204
宝亀四年八月二十九日付告朔解案 v（21ノ511～516） 179, 181, 204
宝亀四年九月三十日付告朔解案 w（21ノ516～524） 179, 181, 204
宝亀六年正月付告朔解案 x（23ノ319～321） 179, 205

4）布施申請解案

宝亀元年十一月十三日付布施申請解案 A（6ノ55～56） 188, 190, 194, 200, 202, 233
宝亀元年十二月二十六日付布施申請解案 B（6ノ57） 188, 190, 194, 200, 202, 233
宝亀二年三月二十五日付布施申請解案 C（6ノ65～67） 188, 190, 194, 200, 202, 218, 233
宝亀二年三月二十九日付布施申請解案 D（6ノ130～133） 188, 190, 194～200, 202, 220～222
宝亀二年三月二十九日付布施申請解案 E（18ノ256～258） 188, 190, 194, 195, 197～200, 202, 220～222
宝亀二年四月三日付布施申請解案 F（6ノ68～69） 185, 188, 190, 194, 200, 202, 233
宝亀二年五月一日付布施申請解案 G（6ノ72～73） 188, 190, 194, 200, 202, 233
宝亀二年六月十一日付布施申請解案 H（6ノ79～80） 189, 190, 194, 200, 202, 209, 211, 215, 233, 234
〈宝亀二年六月十一日〉布施申請解案 I（18ノ581～582） 189, 190, 194, 200～202, 209, 211, 219, 233, 235, 237
宝亀二年六月十二日付布施申請解案 J（18ノ571～572） 189, 191, 194, 200～202, 209, 211, 215, 233, 235
宝亀二年九月十日付布施申請解案 K（18ノ577～578） 189, 191, 194, 200, 202, 203, 212, 216, 217, 218, 233
宝亀二年九月十日付布施申請解案 L（15ノ69～70、18ノ582） 189, 191, 194, 200, 202, 203, 212, 233
宝亀二年九月十日付布施申請解案 M（15ノ70～71、18ノ584） 189, 191, 194, 201, 200, 203, 212, 233
宝亀二年十月三日付布施申請解案 N（18ノ578） 189, 191, 194, 195, 200, 202, 203, 212～214, 233
宝亀二年九月十日付布施申請解案 O（18ノ580） 189, 191, 194, 195, 200, 202, 203, 212～218, 233
〈宝亀三年六月〉布施申請解案 P（15ノ95） 189, 191, 194, 195, 200, 203, 207, 233
宝亀四年三月二十八日付布施申請解案 Q（6ノ486～497） 189, 192, 194, 200, 204, 224, 225, 229～231
宝亀四年六月二十五日付布施申請解案 R（6ノ523～535） 173, 189, 191, 194, 200, 204, 226～231, 239
宝亀四年九月十日付布施申請解案 S（22ノ195～206） 189, 192, 194, 200, 204, 207～209, 239
宝亀四年十月二十九日付布施申請解案 T（6ノ544～556） 185, 189, 192, 194, 200, 204, 236
宝亀四年十二月二十五日付布施申請解案 U（6ノ557～562） 189, 193, 194, 200, 204, 239
宝亀五年九月五日付布施申請解案 V（23ノ1～2） 193, 194, 200, 205, 207
宝亀六年二月二十九日付布施申請解案 W（15ノ93～95） 193～195, 200, 205, 207
宝亀六年二月二十九日付布施申請解案 X（22ノ206～208） 193～195, 200, 205, 207
年代不明布施申請解案（18ノ585～586） 190, 237
年代不明布施申請解案（18ノ589～591） 193, 199～200, 201
年代不明布施申請解案（18ノ591） 190, 237
年代不明布施申請解案（22ノ208） 191, 237

5）上帙帳・手実

上帙帳 a（17ノ198～236） 202, 219
上帙帳 b（18ノ33～102） 202, 219, 220, 222
上帙帳 c（18ノ212～256） 202, 219, 220, 222
上帙帳 d（18ノ323～392） 202, 219
上帙帳 e（20ノ350～466） 204, 219, 224～230
上帙帳 f（21ノ398～403） 204, 224, 225, 228, 230, 231
上帙帳 g（22ノ1～38） 204, 220, 226～229
宝亀二年三月十日付大坂広川手実（18ノ46） 221
宝亀二年三月十七日付若倭部益国手実（18ノ40） 220, 235
宝亀二年三月十八日付氏小勝手実（17ノ181） 221
宝亀二年三月十八日付上毛野真依手実（17ノ181）

221, 223
宝亀二年三月十九日付丸部豊成（18ノ39～40） 221
宝亀二年三月二十四日付丸部豊成（18ノ39～40） 221
宝亀三年八月三十日付船木麻呂手実（20ノ157） 157
宝亀四年二月九日付他田建足手実（20ノ460） 239
宝亀四年二月十五日付壬生広主手実（20ノ456） 235, 239
宝亀四年二月十五日付占部忍男手実（20ノ456） 239
宝亀四年二月三十日付秦麻呂手実（20ノ443） 228
宝亀四年三月一日付浄野人足手実（20ノ440） 231
宝亀四年三月八日付山辺千足手実（20ノ435） 239
宝亀四年三月十七日付箭集笠麻呂手実（20ノ427） 228
宝亀四年三月二十三日付物部常石手実（21ノ400） 230
宝亀四年三月二十三日付大友路万呂手実（21ノ399） 230
宝亀四年三月二十三日付生江秋麻呂手実（21ノ401） 239
宝亀四年三月二十六日付秦正月麻呂手実（20ノ415） 230, 231
宝亀四年三月二十七日付大坂広川手実（20ノ414） 229
宝亀四年三月二十七日付香山久須万呂手実（20ノ414） 229
宝亀四年四月十七日付三嶋子公手実（20ノ396） 238
宝亀四年四月十九日付物部常石手実（20ノ397） 238
宝亀四年四月二十二日付漢部佐美麻呂手実（20ノ402） 229
宝亀四年四月二十三日付大宅童子手実（20ノ401） 238
宝亀四年四月二十六日付山部千足手実（20ノ399） 238
宝亀四年四月二十八日付生江秋麻呂手実（20ノ397） 238, 239
宝亀四年五月十一日付高橋豊河手実（20ノ388） 238
宝亀四年五月十四日付丈部浜足手実（20ノ380） 238
宝亀四年五月二十一日付荅他虫麻呂手実（20ノ369） 228, 235
宝亀四年五月二十八日付念林宅成手実（20ノ361） 228
宝亀四年六月三日付坂上諸人手実（20ノ354） 229
宝亀四年六月三日付鬼室石次手実（20ノ355） 238
宝亀四年六月四日付坂上諸人手実（20ノ355） 229
宝亀四年六月四日付巧清成手実（20ノ353） 229
宝亀四年六月七日付坂上東人手実（6ノ523） 220
宝亀四年六月七日付坂上諸人手実（6ノ522） 231
宝亀四年六月十四日付石川宮衣手実（22ノ17） 229
宝亀四年六月十六日付小治乙成手実（22ノ13） 229
宝亀四年六月付坂合部浜足手実（22ノ4） 229
宝亀四年七月（六月カ）十五日付坂本東人手実（22ノ24） 239
宝亀六年二月三日付丈部奥人手実（23ノ11～12） 173

(5) その他

天平宝字二年八月十一日付越前国司牒（4ノ287） 247
天平宝字三年五月二十一日付越前国足羽郡書生鳥部連豊名解（4ノ366～367） 247
天平宝字四年四月二十六日付写経所解案（14ノ336～342） 121, 124, 148
〈天平宝字四年十二月三十日ごろ〉造金堂所解（16ノ280～283、306～307、292～294、283～290、300～305、294～296、290～292、296～300、25ノ308～328、330～331、328～330、16ノ223～226、223、216～219、274～275） 124, 150
天平宝字五年八月二十九日付丸子人主月借銭解（4ノ508） 172
天平宝字五年十一月二日付矢田部造麻呂家地売券（15ノ128） 246
天平宝字七年一月三日付造東大寺司告朔解（5ノ380） 52, 158
〈天平宝字七年三月二十一日～五月二十七日〉奉写七百巻経銭用帳（5ノ413～417） 125
天平宝字七年四月二十三日付東大寺奉写大般若経所解〈決算報告書〉（16ノ379） 148
天平宝字七年十二月二十五日付奉写心経一千経用度文案（16ノ424） 124, 126
天平宝字八年一月付東大寺写経所返抄（5ノ467） 111, 116
天平宝字八年三月一日付上山寺悔過所解案（14ノ476） 48
天平宝字八年七月二十九日付造東寺司解案（16ノ536） 125
天平宝字八年七月二十九日付造東寺司解案〈予算書〉（16ノ509） 137
天平宝字八年十月二十一日付写経用紙銭納文（5

2. 続日本紀

事項索引

—た　行—

—な　行—

—は　行—

—ま・や・ら行—

正倉院《しょうそういん》文書《もんじょ》と下級《かきゅう》官人《かんじん》の実像《じつぞう》

■著者略歴■

市川理恵（いちかわ　りえ）

1970年　東京都に生まれる
1993年　東京女子大学文理学部史学科卒業
1996年　東北大学大学院文学研究科博士前期課程修了
2002年　学習院大学大学院人文科学研究科博士後期課程修了
博士（史学）

日本学術振興会特別研究員PD・RPDを経て、
現在、駒沢女子大学兼任講師・聖マリアンナ医科大学非常勤講師。
主要著書
『古代日本の京職と京戸』吉川弘文館、2009年。

2015年8月31日発行

著　者　市川理恵
発行者　山脇洋亮
印　刷　三報社印刷㈱
製　本　協栄製本㈱

発行所　東京都千代田区飯田橋4-4-8（〒102-0072）東京中央ビル　㈱同成社
TEL 03-3239-1467　振替 00140-0-20618

ISBN978-4-88621-703-5 C3321